2024年版

論点別★重要度順

中小企業診断士試験

過去問完全マスター

財務・会計

過去問完全マスター製作委員会[編]

2: FINANCE AND ACCOUNTING

2

同友館

はじめに

1. 中小企業診断士試験が受験生に求めているもの

中小企業診断士試験は，受験生に対して中小企業診断士として活動するための基礎的能力を持っているかを問う試験である。

1次試験では，考える力の土台となる幅広い知識を一定水準で持っているかを問い，2次試験では，企業を実際に診断・助言する上で必要になる情報整理力（読む力）・情報分析・考察力（考える力）・社長にわかりやすく伝える力（書く力・話す力）を持っているかを問うている。

これらは表面上で問われている能力であるが，実はあと2つの隠れた能力を問われている。

それは，「計画立案・実行能力」と「要点把握力」である。

中小企業診断士には，一定の期限までにその企業を分析・診断し，効果的な助言を行うことが求められる。

そのためには，診断助言計画を立案した上で，実行し，その結果を検証し，改善策を立案・実行する能力が必要である（計画立案・実行能力）。

また，自分にとって未知の業種・業態の企業を診断・助言する際には，できるだけ短期間でその企業に関する専門知識を得て，社長とある程度対等に論議できるように準備する能力も必要である（要点把握力）。

したがって，中小企業診断士試験では，1次試験で多岐にわたる領域を短期間で要領よく要点を把握し合格レベルに近づける力が問われており，試験制度全体では1年に1回しか実施しないことで，学習計画を立て効果的に学習を進める能力を問うているといえる。

2. 本書の特徴

本書は，中小企業診断士試験の1次試験受験生に対して，上述した「計画立案・実行能力」と「要点把握力」向上をサポートするためのツールである。

1次試験は7科目の幅広い領域から出題され，合格には平均6割以上の得点が求められるが，1年間で1次試験・2次試験の両方の勉強をするためには最大でも8か月くらいしか1次試験に時間を割くことはできないため，すべての科目のすべての領域

を勉強することは非効率である。

　したがって，受験生はいかに早く出題傾向を把握し，頻出な論点を繰り返し解くことができるかが重要となる。

　では，出題傾向や重要な論点はどのように把握すればよいのか？

　そのためには，過去問題を複数年度確認する必要がある。

　しかし，これまでの市販や受験予備校の過去問題集は年度別に編集されているので，同一論点の一覧性を確保したい場合や論点別に繰り返し解くツールが欲しい場合は，受験生自身が過去問題を出題項目ごとに並べ替えたツールを自ら作成する必要があった。

　これには時間も労力もかかるため，「市販の問題集で論点別にまとめたものがあったらいいのに…」と考える受験生も多かった。

　本書はそのようなニーズに対して応えたものである。

　平成 26 年度から令和 5 年度までの 1 次試験過去問題を収録し，中小企業診断協会の 1 次試験出題要項を参考にして並べ替えたことで，受験生が短期間に頻出の論点を容易に把握し，繰り返し解き，自分の苦手な論点を徹底的に克服することができるよう工夫した。**なお，問題ランク（頻出度）Cの問題と解説については，電子ファイルで「過去問完全マスター」のホームページからダウンロードできる。**（最初に，簡単なアンケートがあります。URL：https://jissen-c.jp/）

　受験生の皆さんは，本書を活用して 1 次試験を効率よく突破し，2 次試験のための勉強に最大限時間を確保してもらいたいというのが，本プロジェクトメンバーの願いである。

本書の使い方

1. 全体の出題傾向を把握する

　巻末に経年の出題傾向を俯瞰して把握できるよう，「**出題範囲と過去問題の出題実績対比**」を添付した。

　問題を解く前にこの一覧表で頻出論点を把握し，頻出な部分から取り組むことをお勧めする。

　また，実際に問題に取り組んでいく際，各章ごとに「**取組状況チェックリスト**」に日付と出来栄えを記入し，苦手論点を把握・克服する方法を推奨するが，出題領域のどの部分が苦手なのかという全体感の把握には活用できない。

　したがって，この一覧表をコピーし，自分が苦手な論点をマーカーなどでマークし

ておけば，苦手論点の全体把握ができるようになる。

2. 各章の冒頭部分を読む

以下のような各章の冒頭部分に，出題項目ごとの頻出論点に関するポイントと出題傾向を記載している。まずは，この部分を読み，頻出論点の内容と傾向を把握してほしい。

---

1. 国民所得概念と国民経済計算

1－① 国民所得概念と国民経済計算

▶▶ 出題項目のポイント

この項目では，診断先企業を取り巻く環境の1つである経済環境のうち，一国の経済の規模を把握するための指標の基礎についての理解を問われる。

一国の経済を測定する国民経済計算とその構成要素の1つである国民所得勘定，そして，国民所得勘定の三面等価の原則，GDPを中心とした国民所得指標に関する知

---

3. 問題を解く

各章の論点別に問題を解き，解説や各章の冒頭部分の説明を読み，論点別に理解を深める。取り組む優先順位がわかるように，各問題の冒頭には「頻出度」をベースに執筆者が「重要度」を加味して設定した「**問題ランク**」をA～Cで記載している。

「頻出度」は，原則として平成26年度から令和5年度の過去10年間で3回以上出題されている論点はA，2回出題されている論点はB，1回しか出題されていない論点をCとしている。ただし，平成13年度からの出題回数も一部加味している場合もある。

また，「重要度」は，論点の基礎となる問題や良問と判断した問題ほど重要であるとしている。取り組む順番はAから始めてB，Cと進めることが最も効率よく得点水準を高めることになる。

4. 解説を読む・参考書を調べる

頻出論点の問題を解き，解説を読むことを繰り返していくと，類似した内容を何度も読むことになる。結果，その内容が頭に定着しやすくなる。これが本書の目指すと

ころである。

　解説については，初学者にもわかりやすいように配慮しているが，市販や受験予備校の参考書のような丁寧さは紙面の都合上，実現することができない。また，本書の解説についてはわかりやすさを優先しているため，厳密さにはこだわっていない。

　なかなか理解が進まない場合もあるかもしれないが，そのような場合は，自分がわからない言葉や論点がわかりやすく書いてある受験予備校や市販の参考書を読んで理解を深めることも必要になる。

　この「興味を持って調べる」という行為が脳に知識を定着させることにもなるので，ぜひ，積極的に調べるという行為を行ってほしい。調べた内容は，本書の解説ページの余白などにメモしておけば，本書をサブノート化することができ，再び調べるという手間を省略できる。

5. 取組状況チェックリストを活用する

　各章の冒頭部分に，「取組状況チェックリスト」を挿入してある。これは，何月何日に取り組んだのかを記載し，その時の結果を記しておくことで，自分がどの論点を苦手としているのかを一覧するためのツールである。結果は各自の基準で設定してよいが，たとえば，「解答の根拠を説明できるレベル＝◎」「選択肢の選択だけは正解したレベル＝△」「正解できないレベル＝×」という基準を推奨する。

　何度解いても◎となる論点や問題は頭に定着しているので試験直前に見直すだけでよい。複数回解いて△論点は本番までに◎に引き上げる。何度解いても×な論点は試験直前までに△に引き上げるという取り組み目安になる。

　時間がない場合は，問題ランクがCやBで×の論点は思い切って捨てるという選択をすることも重要である。逆にランクがAなのに×や△の論点は試験直前まで徹底的に取り組み，水準を上げておく必要がある。

■取組状況チェックリスト（例）

1. 国民所得概念と国民経済計算							
問題番号	ランク	1回目		2回目		3回目	
令和元年度　第1問	A	1／1	×	2／1	△	3／1	◎

4

（おことわり）

　中小企業診断協会は 2023 年9月 11 日，令和 6 年度より，中小企業診断士第 1 次試験における出題内容の表記を変更する旨を発表しました。この変更は，あくまでも表記の変更であり，従前の試験科目の範囲を変更するものではないとしています。本書は，従前の出題内容の表記を用いていますので，ご留意ください。

　また，本書では，令和 5 年度第 1 次試験については，2023 年8月5日，6日開催の試験問題についてのみ扱っています。沖縄地区における再試験問題は含まれていません。

目　　次

第 1 章

簿記の基礎

1. 簿記の原理

▶▶ 出題項目のポイント

　この項目では，複式簿記の基本的原理と勘定科目および財務諸表の構造についての理解を問われる。

　簿記とは，端的にいえば帳簿記入のことであり，世の中の経済事象を取引として記録，計算，報告するための体系的技術である。

　簿記には，単式簿記と複式簿記とがあるが，このうち複式簿記とは，経済取引の二面性に着眼して，1つの取引について原因と結果の両方から捉えて記録していくことにより，資産等の動きや損益を同時に把握することができるように工夫された帳簿記入法である。

　簿記の対象となる取引は，貸借対照表（B/S）項目である資産，負債，純資産，損益計算書（P/L）項目である費用，収益のいずれかに増減変化をもたらすような事象に限られる。

　すべての簿記的取引を二面的に分類することを「仕訳」といい，上記の5つの要素のどれかに属する勘定科目を用いて，借方（左側）と貸方（右側）に金額を記録していく。

　大まかには，費用に属するもの，資産に属するものは借方（左側），収益に属するもの，負債・純資産など企業としての資金調達に属するものは貸方（右側）に記入すると覚えておけばよい。ただし，上記の勘定科目が負の値をとる場合はすべて逆に記入する。

　なお，借方の合計金額と貸方の合計金額とは必ず一致（＝貸借平均の原理）し，財務諸表項目間では，以下の関係が必ず成り立つ。

　　資産＝負債＋純資産

　　純資産＝株主資本（当期純利益含む）＋その他（評価・換算差額等）

　　当期純利益＝収益－費用

▶▶ 出題の傾向と勉強の方向性

　過去に出題された論点は，簿記一巡の手続き（平成16年度第1問），貸借平均の原理（平成14年度第1問，平成19年度第1問），簿記仕訳についての理解を問う問題（平成13年度第1問，平成17年度第1問，平成24年度第1問，令和2年度第2問，

平成25年度第1問），勘定科目の構造（平成22年度第3問，平成23年度第1問）である。

　勉強の方向性としては，複式簿記の基本原理や構造については，直接的に出題される場合のほか，財務・会計科目におけるすべての土台ともなるため，十分な理解をしておく必要がある。

　個別的な仕訳については，すべてを網羅的にマスターする必要はないが，どのような取引事象が簿記の対象となるのかという判断までは最低限できるようにしておきたい。また，主な勘定科目は，財務諸表のどの構成要素に分類されるのかの判別はつくようにしたい。

■取組状況チェックリスト

1. 簿記の原理						
簿記取引						
問題番号	ランク	1回目		2回目		3回目
令和2年度　第2問	B	／		／		／
令和4年度　第2問	B	／		／		／

簿記取引	ランク	1回目	2回目	3回目
	B	／	／	／

■令和 2 年度　第 2 問

　A 社の決算整理前残高試算表は以下のとおりであった。貸倒引当金の仕訳として，最も適切なものを下記の解答群から選べ。

　なお，当社では売上債権の残高に対し 5 ％の貸倒れを見積もり，差額補充法を採用している。

決算整理前残高試算表（一部）　（単位：千円）

現金預金	11,000	支払手形	3,000
受取手形	3,000	買掛金	16,000
売掛金	21,000	貸倒引当金	300
棚卸資産	16,000	借入金	17,000
建物	53,000	資本金	50,000

〔解答群〕

ア　（借）貸倒引当金　　　　300　　（貸）貸倒引当金戻入　　300
　　　　　貸倒引当金繰入　1,050　　　　　貸倒引当金　　　1,050

イ　（借）貸倒引当金　　　　300　　（貸）貸倒引当金戻入　　300
　　　　　貸倒引当金繰入　1,200　　　　　貸倒引当金　　　1,200

ウ　（借）貸倒引当金繰入　　750　　（貸）貸倒引当金　　　　750

エ　（借）貸倒引当金繰入　　900　　（貸）貸倒引当金　　　　900

解答	エ

■**解説**

貸倒引当金に関する問題である。

貸倒引当金とは，受取手形や売掛金等の債権の貸し倒れによる損失リスクに備えて将来の回収不能見込み額を見積もり計上する引当金である。

計上した貸倒引当金の翌期以降の取り扱いについては，洗替法と差額補充法とがある。

洗替法とは，前期末に計上された貸倒引当金について，「貸倒引当金戻入」勘定を用いて取崩し，あらためて当期末の債権に対する貸倒引当金を全額計上し直す方法である。また，差額補充法とは，前期末に計上された貸倒引当金の当期末残高と，当期末に計上すべき貸倒引当金との差額について，「貸倒引当金繰入」または「貸倒引当金戻入」勘定を用いて不足分のみ補充調整をする方法である。

本問では，売上債権の残高に対する貸倒引当率を5％とし，差額補充法を採用しているため，決算整理前残高試算表の貸倒引当金残高300と，売上債権残高（受取手形＋売掛金）の5％との差額を調整することになる。

　・当期末貸倒引当金＝（受取手形 3,000＋売掛金 21,000）× 5％＝1,200……①

　・決算整理前貸倒引当金残高 300　……②

　・貸倒引当金繰入（差額補充法）＝①－②　＝900

よって，エが正解である。

簿記取引	ランク	1回目		2回目		3回目	
	B	／		／		／	

■令和4年度　第2問

　A, B, Cの各商店は, いずれも資産2,000万円, 負債500万円を有する小売業であるが, あるとき各商店ともそれぞれ800万円で店舗を増築した。支払いの内訳は以下のとおりである。

- ・A店は全額を自店の現金で支払った。
- ・B店は建築費の半額を銀行より借り入れ, 残額を自店の現金で支払った。
- ・C店は全額, 銀行からの借り入れであった。

　下表のア〜オのうち, 増築後の各商店の財政状態を示すものとして, 最も適切なものはどれか。

（単位：万円）

	店名	資　産	負　債	純資産
ア	A	2,000	500	1,500
	B	2,000	900	1,100
	C	2,800	1,300	1,500
イ	A	2,000	500	1,500
	B	2,400	900	1,500
	C	2,800	1,300	1,500
ウ	A	2,800	—	2,800
	B	2,800	400	2,400
	C	2,800	800	2,000
エ	A	2,800	500	1,500
	B	2,800	900	1,500
	C	2,800	1,300	1,500
オ	A	2,800	500	2,300
	B	2,800	900	1,900
	C	2,800	1,300	1,500

解答	イ

■解説

簿記の基礎（貸借対照表）について理解を問う問題である。

店舗増築による固定資産増加に対して，A店B店C店の支払資金の調達源泉の違いが貸借対照表（財政状態）に与える影響を考える。

A店の場合は，全額を自店の現金（自己資金）で支払っているため，
・資産：固定資産の増加800万円，現金の減少800万円　→増減なし
・負債　→増減なし

B店の場合は，半額を銀行借入資金，残りを自店の現金により支払っているため，
・資産：固定資産の増加800万円，借入による資金増加400万円，現金の減少800万円　…800万円＋400万円－800万円　→400万円増加
・負債：借入金の増加400万円　→400万円増加

C店の場合は，全額を銀行借入資金により支払っているため，
・資産：固定資産の増加800万円，借入による資金増加800万円，現金の減少800万円　…800万円＋800万円－800万円　→800万円増加
・負債：借入金の増加800万円　→800万円増加

以上により，各店の残高は，以下のようになる。

A店：資産2,000万円，負債500万円，純資産1,500万円　（すべて，増減なし）
B店：資産　2,000万円＋800万円＋400万円－800万円＝2,400万円
　　　負債　500万円＋400万円＝900万円
　　　純資産　2,400万円－900万円＝1,500万円
C店：資産　2,000万円＋800万円＋800万円－800万円＝2,800万円
　　　負債　500万円＋800万円＝1,300万円
　　　純資産　2,800万円－1,300万円＝1,500万円

よって，イが正解である。

2.　会計帳簿

▶▶　出題項目のポイント

　この項目では，会計帳簿の種類および内容と，各帳簿間の関連性等についての基本的な理解を問われる。

　企業等は，各種取引を記録するために，自社の必要に応じて複数の種類の会計帳簿を活用する。

　会計帳簿の種類には，大きく分けて，主要簿と補助簿とがある。

　主要簿とは，仕訳帳と総勘定元帳のことをいう。会計記録の対象となる取引を 1 件ずつ仕訳のかたちにして記録する帳簿が仕訳帳であり，仕訳帳に記録された仕訳を，勘定科目ごとに集計するために転記する帳簿が，総勘定元帳である。

　これに対し，補助簿は，仕訳帳や総勘定元帳とは別に，特定の主要な勘定科目について詳細内容まで記録したい場合等に，各企業の必要に応じて任意で作成されるものである。主なものに，現金出納帳，売上帳，仕入帳等（これらは，仕訳帳を補足する補助記入帳にあたる），商品有高帳，得意先元帳等（これらは，総勘定元帳を補足する補助元帳にあたる）がある。

　また，仕訳帳のうち特殊仕訳帳は，上記の補助簿に対して仕訳帳の役割も持たせたもので，同じ取引を仕訳帳と補助簿の両方に記録する手数を省くことができる。総勘定元帳への転記は，取引ごとに個別に行うほか，一定期間の合計額を一括して行うこともできる。

▶▶　出題の傾向と勉強の方向性

　過去に出題された論点で最も多いのは，各補助簿からのデータ読み取り問題（平成 15 年度第 2 問，平成 17 年度第 2 問，平成 20 年度第 2 問，平成 22 年度第 4 問，平成 24 年度第 2 問）であり，その他は，帳簿組織自体に関する文章題（平成 22 年度第 1 問，平成 26 年度第 1 問），本支店会計に関する問題（平成 16 年度第 5 問，平成 20 年度第 1 問，平成 26 年度第 4 問，平成 27 年度第 2 問，平成 30 年度第 3 問，令和 3 年度第 2 問）などである。

　また，補助簿の種類別の出題回数は，商品有高帳が 4 回，仕入帳が 2 回，売上帳が 1 回となっている。

　したがって，勉強の方向性としては，出題回数が多く，かつ売上原価や利益を算出

するためのデータの読み取り問題として問われやすい，商品有高帳，仕入帳および売上帳等の補助簿の記入の仕組みの理解に重点をおくのがよいだろう。特に，商品の評価方法である先入先出法の具体的な適用については必ず押さえておく必要がある。その他の論点については，対策の優先順位を下げても問題ない。

■取組状況チェックリスト

2. 会計帳簿							
補助簿							
問題番号	ランク	1回目		2回目		3回目	
平成28年度 第1問	A	／		／		／	
令和5年度 第1問	A	／		／		／	
令和元年度 第1問	A	／		／		／	
平成26年度 第1問	C*	／		／		／	
本支店会計							
問題番号	ランク	1回目		2回目		3回目	
平成27年度 第2問	A	／		／		／	
令和3年度 第2問	A	／		／		／	
平成26年度 第4問	A	／		／		／	
平成30年度 第3問	A	／		／		／	
伝票会計							
問題番号	ランク	1回目		2回目		3回目	
平成30年度 第1問	C*	／		／		／	

＊ランクCの問題と解説は，「過去問完全マスター」のHP（URL：https://jissen-c.jp/）よりダウンロードできます。

補助簿	ランク	1 回目		2 回目		3 回目	
	A	／		／		／	

■平成 28 年度　第 1 問

　6 月の A 商品に関する仕入および売上は以下のとおりである。先入先出法を採用しているとき，6 月の売上原価として最も適切なものを下記の解答群から選べ。

			数量	単価
6 月 1 日	前月繰越		10 個	200 円
3 日	仕　入		50 個	190 円
5 日	売　上		30 個	300 円
11 日	仕　入		10 個	210 円
20 日	売　上		20 個	300 円
24 日	仕入戻し		5 個	210 円
30 日	次月繰越		15 個	

〔解答群〕

ア　2,950 円

イ　8,650 円

ウ　9,600 円

エ　15,000 円

解答	ウ

■解説

　商品の入出庫に関する記録から，先入先出法に基づく売上原価を求める問題である。

　先入先出法とは，先に仕入れたものから先に払い出された（販売した）ものとみなす方法である。

　本問の解答手順としては，売り上げた6月5日の30個と，6月20日の20個の2回分に着目し，合計50個の払い出し単価を，先に仕入れたものからあてはめて計算していけばよい。

　200円（6/1前月繰越）× 10個＋190円（6/3仕入）× 40個＝9,600円

　よって，ウが正解である。

補助簿	ランク	1回目	2回目	3回目
	A	／	／	／

■令和5年度　第1問

　7月における商品Aの取引は以下のとおりである。7月の売上原価として，最も適切なものを下記の解答群から選べ。ただし，払出単価の計算には移動平均法を採用している。

日付	摘要	数量	単価
7月1日	前月繰越	10個	100円
7月12日	仕入	30個	120円
7月15日	売上	20個	270円
7月25日	仕入	20個	160円
7月31日	次月繰越	40個	(記載省略)

〔解答群〕

　ア　2,200円

　イ　2,300円

　ウ　2,400円

　エ　2,600円

解答	イ

■解説

　商品の入出庫に関する記録から，移動平均法に基づく売上原価を求める問題である。

　移動平均法とは，商品の仕入れの都度，払出単価（移動平均単価）を算出し，これを払出単価とする方法である。

　本問では，7月の売上原価を求められているが，売上取引は7月15日のみであるため，その際の売上原価を算出する。

　解答手順としては，7月1日の前月繰越10個の在庫金額と，その後に仕入れた7月12日の仕入金額を合計して，この時点の1個当たりの在庫単価を求め，7月15日の売上20個に当てはめて計算すればよい。

　100円（7/1前月繰越）×10個＋120円（7/12仕入）×30個＝4,600円

　4,600円÷（10個＋30個）＝115円　　……7/12時点の移動平均単価

　115円×20個（7/15売上個数）＝2,300円

　よって，イが正解である。

補助簿	ランク	1回目	2回目	3回目
	A	／	／	／

■令和元年度　第 1 問

　8 月の商品 A の取引は以下のとおりであった。8 月の商品売買益として，最も適切なものを下記の解答群から選べ。なお，先入先出法を採用しているものとする。

日付	摘要	数量	単価
8 月 1 日	前 月 繰 越	20 個	300 円
2 日	仕　　　入	100 個	350 円
5 日	仕 入 戻 し	10 個	350 円
16 日	売　　　上	80 個	600 円
19 日	売 上 戻 り	10 個	600 円
31 日	次 月 繰 越	40 個	

〔解答群〕

　ア　　4,500 円

　イ　10,500 円

　ウ　18,500 円

　エ　24,500 円

解答	ウ

■解説

商品の取引記録から，先入先出法による商品売買益を求める問題である。

　先入先出法とは，先に仕入れたものから先に払い出された（販売した）ものとみなして在庫の単価計算を行う方法である。

　本問において8月の商品売買益を求めるためには，8月の売上高と売上原価を算出する必要がある。

①8月の売上取引は，8/16の売上80個と，8/19の売上戻り10個である。
　　売上高＝@600円×80個（8/16売上）－@600円×10個（8/19売上戻り）
　　　　　＝42,000円

②8月の売上原価は，先入先出法に基づいて月末商品棚卸高をまず求めることにより算出するのが近道である。

　8月の月末商品棚卸数量は40個（8/31次月繰越）であるのに対し，8月仕入は90個（8/2仕入100個－8/5戻し10個），月初数量は20個（8/1前月繰越）であるため，先入先出法によると月末商品在庫は，8月に仕入れた在庫から構成されているとみなされる。

　したがって，
　　売上原価＝月初棚卸残高＋当月仕入高－月末棚卸残高
　　　　　　＝@300円×20個＋@350円×（100個－10個）－@350円×40個
　　　　　　＝6,000円＋31,500円－14,000円
　　　　　　＝23,500円

　　商品売買益＝①売上高42,000円－②売上原価23,500円
　　　　　　　＝18,500円

　よって，ウが正解である。

本支店会計	ランク	1回目		2回目		3回目	
	A	／		／		／	

■平成 27 年度　第 2 問

　本支店会計において本店集中計算制度を採用している場合，A 支店から B 支店へ現金 200,000 円を送付したときの B 支店の仕訳として，最も適切なものはどれか。

　　ア　（借）B 支店　200,000　（貸）A 支店　200,000

　　イ　（借）現　金　200,000　（貸）A 支店　200,000

　　ウ　（借）現　金　200,000　（貸）B 支店　200,000

　　エ　（借）現　金　200,000　（貸）本　店　200,000

解答	エ

■解説

本支店会計のうち本店集中計算制度に関する問題である。

本支店会計は，本店・支店それぞれ独立した帳簿を設けて決算まで行うとともに，最終的には全店を合算して会社全体の決算書を作成する方法をとることで，会社全体と各支店独自の業績の両方を把握することを目的とした計算制度である。

支店間取引の計算方法には，支店間の取引を本店と支店間の取引とみなして処理する本店集中計算制度と，本店を経ずに支店間の直接の取引として処理する支店分散計算制度とがある。

本問は前者の場合における仕訳について問われている。

本支店間の取引の場合には，支店の帳簿上，本店に対する債権債務は「本店」勘定という科目で処理し，反対に，本店の帳簿上，支店に対する債権債務は，「支店」勘定という科目で処理する。本店集中計算制度では，支店間取引を本店との取引とみなすため，本問の取引の場合，各店では以下のような仕訳を行う。

- A支店での仕訳：（借）本店　　200,000　（貸）現金　　200,000
- B支店での仕訳：（借）現金　　200,000　（貸）本店　　200,000
- 本店での仕訳：　（借）B支店　200,000　（貸）A支店　200,000

よって，エが正解である。

本支店会計	ランク	1回目	2回目	3回目
	A	／	／	／

■**令和 3 年度　第 2 問**

　本支店会計において本店集中計算制度を採用している場合，A 支店が B 支店の買掛金 200,000 円について小切手を振り出して支払ったときの本店の仕訳として，最も適切なものはどれか。

　　ア　（借）A 支店　200,000　　（貸）B 支店　　200,000

　　イ　（借）B 支店　200,000　　（貸）A 支店　　200,000

　　ウ　（借）買掛金　200,000　　（貸）当座預金　200,000

　　エ　（借）現　金　200,000　　（貸）買掛金　　200,000

解答	イ

■解説

　本支店会計のうち本店集中計算制度に関する問題である。

　支店間取引の計算方法には，支店間の取引を本店と支店間の取引とみなして処理する本店集中計算制度と，本店を経ずに支店間の直接の取引として処理する支店分散計算制度とがある。

　本問は前者の場合における仕訳について問われている。

　支店間の取引の場合には，支店の帳簿上，本店に対する債権債務は「本店」勘定で処理し，反対に，本店の帳簿上，支店に対する債権債務は，「支店」勘定で処理する。本店集中計算制度では，支店間取引を本店との取引とみなすため，本問の取引の場合，各店では以下のような仕訳を行う。

　・A支店での仕訳：（借）本店　　　200,000　　（貸）当座預金　200,000
　・B支店での仕訳：（借）買掛金　200,000　　（貸）本店　　　　200,000
　・本店での仕訳：　（借）B支店　200,000　　（貸）A支店　　　200,000

　よって，イが正解である。

本支店会計	ランク	1回目		2回目		3回目	
	A	／		／		／	

■平成26年度　第4問

　当社は支店分散計算制度を採用しており，本支店間の債権債務は支店勘定と本店勘定をそれぞれ利用して会計処理している。未達事項整理前の本店の支店勘定残高は400,000円（借方残高）であり，決算において判明した未達事項は以下のとおりであった。未達事項整理後の支店の本店勘定貸方残高として，最も適切なものを下記の解答群から選べ。

【未達事項】

・本店から支店に現金70,000円を送付した。

・支店は本店負担の運送費30,000円を支払った。

・支店は本店の売掛金80,000円を回収した。

〔解答群〕

　ア　300,000円

　イ　350,000円

　ウ　380,000円

　エ　450,000円

解答	エ

■解説

本支店会計における未達事項の整理に関する問題である。

本支店会計は，本店・支店それぞれ独立した帳簿を設けて決算まで行うとともに，最終的には両者を合算して会社全体の決算書を作成する方法をとることで，会社全体と各支店独自の業績の両方を把握することを目的とした計算制度である。

支店の帳簿上，本店に対する債権債務は「本店」勘定という科目で処理し，反対に，本店の帳簿上，支店に対する債権債務は，「支店」勘定という科目で処理する。全社合算の決算書作成時には，この本店勘定と支店勘定（＝照合勘定という）は必ず一致させ，相殺処理することになる。

本問においては，未達事項整理前の本店の「支店」勘定残高が与えられたうえで，支店の「本店」勘定残高を求められている。早く解答を導くには，本店の「支店」勘定と最終的には一致するという性質を利用して，本店の「支店」勘定についてのみ未達事項の整理を行い，整理後の残高を求めればよい。

支店では「本店」勘定で計上されているが，本店ではまだ「支店」勘定に仕訳が行われていない取引について，未達取引として認識する。

本店の「支店」勘定

借　　方	貸　　方
400,000 円（整理前残高）	運送費計上 30,000 円
売掛金回収 80,000 円	
450,000 円（整理後残高）	

＊「本店から支店に現金 70,000 円を送付した」取引は，本店ではすでに計上済み。

以上より，本店の「支店」勘定借方残高＝支店の「本店」勘定貸方残高は，450,000 円となる。

よって，エが正解である。

本支店会計	ランク	1回目	2回目	3回目
	A	／	／	／

■平成 30 年度　第 3 問

当社は本店のほかに支店があり，本支店間の債権債務は支店勘定および本店勘定により処理している。当月は，本支店間で以下の資料に記載された取引が生じた。月末時点における本店の支店勘定の残高として，最も適切なものを下記の解答群から選べ。なお，月初の支店勘定および本店勘定の残高はゼロであり，月末における未達事項はないものとする。

【資　料】
(1) 本店は支店の広告宣伝費 30,000 円を現金で支払った。
(2) 支店は本店の買掛金 70,000 円を現金で支払った。
(3) 本店は支店の売掛金 15,000 円を現金で回収した。
(4) 本店は原価 60,000 円の商品を支店に送付した。

〔解答群〕
ア　貸方残高：　45,000 円

イ　貸方残高：115,000 円

ウ　借方残高：　5,000 円

エ　借方残高：　75,000 円

解答	ウ

■解説

本支店会計のうち，本店集中計算制度に関する問題である。

本支店会計は，本店・支店それぞれ独立した帳簿を設けて決算まで行うとともに，最終的には全店を合算して会社全体の決算書を作成する方法をとることで，会社全体と各支店独自の業績の両方を把握することを目的とした計算制度である。

支店間取引の計算方法には，支店間の取引を本店と支店間の取引とみなして処理する本店集中計算制度と，本店を経ずに支店間の直接の取引として処理する支店分散計算制度とがあるが，本問は支店間取引については問われていない。

本支店間の取引の場合には，支店の帳簿上，本店に対する債権債務は「本店」勘定という科目で処理し，反対に，本店の帳簿上，支店に対する債権債務は，「支店」勘定という科目で処理する。

本問の仕訳は以下のとおりとなる。

取引	本店の仕訳				支店の仕訳			
	借方		貸方		借方		貸方	
(1)	支店	30,000	現金	30,000	広告宣伝費	30,000	本店	30,000
(2)	買掛金	70,000	支店	70,000	本店	70,000	現金	70,000
(3)	現金	15,000	支店	15,000	本店	15,000	売掛金	15,000
(4)	支店	60,000	商品	60,000	商品	60,000	本店	60,000

本問は「支店勘定の残高」を問われているので，上記網掛け部分を集計する。

支店勘定	
借方	貸方
(1) 30,000	(2) 70,000
(4) 60,000	(3) 15,000
合計 90,000	合計 85,000

以上より，支店勘定は借方に 5,000 円の残高がある。

よって，ウが正解である。

3. 決算処理一巡

▶▶ 出題項目のポイント

　この項目では，期中取引を経て，企業等の財政状態および経営成績等を取りまとめるための決算処理手続きについての理解が問われる。

　前提として，企業等の経理および会計処理の大まかな流れは，以下のようになっている。

　まず，期中の会計処理として，取引の発生ごとに仕訳を行って仕訳帳等に記帳し，科目ごとに総勘定元帳に転記し，さらに各科目の残高を試算表に集計していく。

　次に，決算時には，残高試算表から精算表上で決算処理手続きを行い，最終的に貸借対照表，損益計算書およびキャッシュ・フロー計算書等の財務諸表を作成する。

　決算処理手続きとは，適正な決算報告のために必要となる各種調整作業のことをいい，主な内容として，たな卸資産の繰越調整，固定資産の減価償却費の計上，引当金の計上，経過勘定項目の計上等，さまざまな項目がある。

▶▶ 出題の傾向と勉強の方向性

　過去に多く出題されているのは，残高試算表（平成 14 年度第 2 問，平成 21 年度第 1 問，平成 18 年度第 1 問），精算表（平成 13 年度第 2 問，平成 15 年度第 3 問，平成 16 年度第 2 問，平成 19 年度第 2 問（設問 1，2，3））からの数値読み取りと，決算整理処理手続きを問う計算問題（平成 14 年度第 3 問，平成 18 年度第 2 問），銀行勘定調整表に関する問題（平成 27 年度第 3 問，令和元年度第 4 問，令和 4 年度第 1 問）である。

　勉強の方向性としては，残高試算表や精算表の構造を把握したうえで，決算整理事項にはどのようなものがあり，それらが残高試算表等ではどのように反映されるのかについて，計算練習を通じて理解しておく必要がある。ただし，複雑な決算整理事項が含まれていたり，処理項目数や勘定科目数が多かったりする場合には，実際の本試験において短時間で正答にたどり着くことが難しいこともある。

　したがって，普段の計算練習の中で，その問題の内容および時間的な面での難易度を見極める力もつけておきたい。そして，本試験でそのような問題が出題された際には，思い切って捨てるか，少なくとも後回しにして，深みにはまらない判断も必要な場合があることに留意する必要がある。

■取組状況チェックリスト

銀行勘定調整表	ランク	1回目	2回目	3回目
	B	／	／	／

■令和元年度　第 4 問

　決算日における当座預金勘定の残高は 960,000 円であったが，取引銀行から受け取った残高証明書の残高と一致していなかった。そこで，不一致の原因を調べたところ以下の事項が判明した。

・決算日に現金 60,000 円を当座預金口座へ預け入れたが，銀行の営業時間外のため，銀行側は翌日付の入金としていた。
・買掛金支払いのため振り出した小切手 30,000 円が，先方に未渡しであった。
・受取手形 20,000 円が取り立てられていたが，通知が未達であった。

　このとき，銀行の残高証明書に記載されていた残高として，最も適切なものはどれか。

ア　　890,000 円

イ　　950,000 円

ウ　　1,010,000 円

エ　　1,070,000 円

解答	イ

■解説

　銀行勘定（当座預金）に関する理解を問う問題である。

　決算日において，銀行側で把握している当座預金口座の残高と，会社側の帳簿上の当座預金勘定残高とが一致しない場合がある。通常，決算にあたっては，銀行から残高証明書を取り寄せて一致を確かめる手続を行うが，残高不一致の場合には銀行勘定調整表を作成し，不一致原因の調査を行い，内容を明らかにする必要がある。

　本問の各不一致原因に対しては，以下のような対応を行う。

①　決算日時点で会社としては銀行口座へ60,000円を預け入れ，帳簿上も入金処理を記録しているが，銀行側は営業時間外のため決算日翌日扱いの入金として処理されていることが原因で不一致が生じている。この場合，銀行勘定調整表上で，銀行側の残高に60,000円を加算する。

②　買掛金支払いのために小切手を振り出し，帳簿上も30,000円の出金処理を行っているが，決算日時点では仕入先に未渡しの場合，帳簿上，当座預金残高に戻す処理を行う（銀行勘定調整表上も，会社側の残高に30,000円加算）。
　　＊決算仕訳は以下のようになる。
　　（借方）当座預金　30,000　（貸方）買掛金　30,000

③　受取手形が取り立てられ預金口座に20,000円の入金があったが，会社への通知が未達である場合，帳簿上，当座預金残高への入金処理を行う（銀行勘定調整表上も，会社側の残高に20,000円加算）。
　　＊決算仕訳は以下のようになる。
　　（借方）当座預金　20,000　（貸方）受取手形　20,000

　以上の調整項目を整理すると，銀行の残高証明書に記載されていた残高は，以下のように算出することができる。

・調整後残高＝当座預金帳簿残高 960,000 ＋② 30,000 ＋③ 20,000 ＝ 1,010,000
・銀行の残高証明書残高＝調整後残高 1,010,000 － ① 60,000 ＝ 950,000

　よって，イが正解である。

銀行勘定調整表	ランク	1回目		2回目		3回目	
	B	／		／		／	

■**平成 27 年度　第 3 問**

　決算日現在の当店の当座預金勘定の残高は 339,000 円であったが，銀行から受け取った残高証明書と一致しなかったので，原因を調査したところ，次の(1)～(3)の事実が判明した。

(1)　福島商店に仕入代金として振り出した小切手 50,000 円が，決算日現在では銀行に未呈示であった。

(2)　得意先宮城商店から売掛金の支払いとして当座預金口座に 71,000 円が振り込まれていたが，決算日までに通知が届いていなかった。

(3)　販売手数料 34,000 円の入金を 43,000 円と誤って記帳していた。

このとき，当座預金の残高として最も適切なものはどれか。

　　ア　351,000 円

　　イ　401,000 円

　　ウ　409,000 円

　　エ　419,000 円

解答	イ

■解説

　銀行勘定（当座預金）に関する理解を問う問題である。

　決算日において，銀行側で把握している当座預金口座の残高と，会社側の帳簿上の当座預金勘定残高とが一致しない場合がある。通常，決算にあたっては，銀行から残高証明書を取り寄せて一致を確かめる手続を行うが，残高不一致の場合にはその原因を調査し，原因内容を把握したうえで必要に応じて修正を行うことになる。

　本問の各不一致原因に対しては，以下のような対応が行われる。

(1)　仕入先に渡し済みの小切手が決算日時点で銀行に未呈示（＝未取付小切手）の場合，会社では小切手振り出し時点で当座預金から仕入代金を支払った処理をしているが，銀行側ではまだ残高が減少していないため，一時的に不一致となる。この場合には会社側では決算日時点では支払い行為は完了しており，特に修正の必要はない。

(2)　すでに決算日時点で銀行口座には振り込まれているが，会社に通知が届いていないことが原因で不一致が生じている場合，会社の帳簿上も入金処理を行う必要がある。
　　・修正仕訳：　（借）当座預金　　　　71,000　（貸）売掛金　　　71,000

(3)　販売手数料収入の入金の記帳誤りのため，会社の帳簿を修正する必要がある。
　　・修正仕訳：　（借）販売手数料収入　9,000　（貸）当座預金　9,000

以上より，当座預金帳簿残高 339,000 ＋(2) 71,000 － (3) 9,000 ＝ 401,000

よって，イが正解である。

銀行勘定調整表	ランク	1 回目		2 回目		3 回目	
	B	/		/		/	

■**令和 4 年度　第 1 問**

　以下の資料に基づき，決算日の調整後の当座預金勘定残高として，最も適切なものを下記の解答群から選べ。

【資　料】

　当店の決算日現在の当座預金勘定残高は 500,000 円であったが，銀行から受け取った残高証明書の残高は 480,000 円であったので，不一致の原因を調査したところ，次の事実が判明した。

① 　仕入先銀座商店へ買掛金 80,000 円の支払いのために振出した小切手が，未取付であった。

② 　得意先京橋商店から売掛金 150,000 円の当座振込があったが，通知未達のため未記入である

③ 　得意先新橋商店が振出した小切手 200,000 円を当座預金口座へ預け入れたが，いまだ取り立てられていない。

④ 　水道光熱費 50,000 円の通知が未達である。

〔解答群〕

　ア　520,000 円

　イ　600,000 円

　ウ　620,000 円

　エ　720,000 円

解答	イ

■解説

銀行勘定（当座預金）に関する理解を問う問題である。

通常，決算にあたっては，銀行から残高証明書を取り寄せて一致を確かめる手続を行うが，決算日において，銀行側で把握している当座預金口座の残高と，会社側の帳簿上の当座預金勘定残高とが一致しない場合がある。残高不一致の場合にはその原因を調査し，原因内容を把握したうえで，会社側の原因による差異であれば，帳簿上の調整を行うことになる。

本問の各不一致原因に対しては，以下のような調整を行う。

① 仕入先に渡し済みの小切手が決算日時点で銀行に未呈示（＝未取付小切手）であることが原因で，会社では小切手振り出し時点で当座預金から仕入代金を支払った処理をしているが，銀行側ではまだ残高が減少しておらず，一時的に不一致となっている。この場合，会社側では決算日時点では支払い行為は完了しており，帳簿上調整の必要はない。

② すでに決算日時点で銀行口座には売掛代金が振り込まれているが，会社に通知が届いていないことが原因で不一致が生じているため，会社の帳簿上も入金処理を行う必要がある。
・修正仕訳： （借）当座預金　　　150,000　（貸）売掛金　　　150,000

③ 得意先から受け取った小切手を銀行に取立依頼のために預け入れ，帳簿上入金処理を行っているが，銀行側でまだ取り立てていない（＝未取立小切手）ため口座未入金の場合，会社側の帳簿上，調整の必要はない。

④ 水道光熱費の口座引き落しが行われているが，会社に通知未達の場合は，会社側で帳簿上，支払処理を行う必要がある。
・修正仕訳： （借）水道光熱費　50,000　（貸）当座預金　50,000

以上より，当座預金帳簿残高 500,000 ＋ ② 150,000 － ④ 50,000 ＝ 600,000

よって，イが正解である。

第 2 章

企業会計の基礎

1.　損益計算書

▶▶ 出題項目のポイント

　この項目では，一定期間の経営成績を報告するための財務諸表である損益計算書（P/L）の構造や作成ルール等について出題される。特に，売上高に関して，収益の認識基準についての理解を問う出題が多くなっている。

　収益の認識基準とは，いつのタイミングで売上を計上するのかという，売上計上の時期に関するルールであり，現在の制度会計においては，収益認識基準には，実現主義の考え方が採用されている。実現主義では，商品等の販売または役務の給付によって実現した時，すなわち，財貨または役務の提供と，対価となる現金および現金同等物の受領があった時に収益を認識（計上）する。

　どのような状態になったときに販売したことになり，収益が実現したとみなすことができるかについて，実現主義の具体的な適用として，以下の内容は押さえておきたい。

〈特殊商品売買〉企業会計原則注解 6

「・委託販売については，受託者が委託品を販売した日をもって売上収益の実現の日とする。

　・割賦販売については，商品等を引渡した日をもって売上収益の実現の日とする。

　・試用販売については，取引先が買取りの意思を表示することによって売上が実現するのであるから，それまでは，当期の売上高に計上してはならない。

　・予約販売については，予約金受取額のうち，決算日までに商品の引渡し又は役務の給付が完了した分だけを当期の売上高に計上し，残額は貸借対照表の負債の部に記載して次期以降に繰延べなければならない。」

〈工事契約〉工事契約に係る会計基準

　　　　　　　長期の請負工事に関する収益の計上について

「工事契約に関して，工事の進行途上においても，その進捗部分について成果の確実性が認められる場合には工事進行基準を適用し，この要件を満たさない場合には工事完成基準を適用する。」

▶▶ 出題の傾向と勉強の方向性

　過去に出題された論点としては，工事契約や特殊商品売買等をとおして収益認識基

準の理解を問う問題（平成22年度第2問，平成18年度第3問，平成29年度第4問，平成30年度第7問，令和3年度第6問，令和4年度第3問）や，棚卸資産の評価について問う問題（平成27年度第1問，平成29年度第1問，令和元年度第6問，令和2年度第1問），勘定科目の内容について問う問題（平成24年度第3問，平成26年度第2問，平成30年度第2問，令和3年度第1問，令和3年度第3問）が挙げられる。

　勉強の方向性としては，収益の認識基準の原則的な考え方や，棚卸資産の評価については押さえておきたい。

■取組状況チェックリスト

1. 損益計算書							
収益認識基準							
問題番号	ランク	1回目		2回目		3回目	
平成30年度 第7問	A	/		/		/	
平成29年度 第4問	A	/		/		/	
令和3年度 第6問	A	/		/		/	
令和4年度 第3問	A	/		/		/	
令和5年度 第2問	A	/		/		/	
経過勘定項目							
問題番号	ランク	1回目		2回目		3回目	
平成29年度 第2問	C*	/		/		/	
令和3年度 第11問	C*	/		/		/	
棚卸資産の評価							
問題番号	ランク	1回目		2回目		3回目	
平成29年度 第1問	A	/		/		/	
平成27年度 第1問	A	/		/		/	
令和2年度 第1問	A	/		/		/	
令和元年度 第6問	A	/		/		/	

勘定科目							
問題番号	ランク	1 回目		2 回目		3 回目	
平成 26 年度　第 2 問	B	／		／		／	
令和 3 年度　第 1 問	B	／		／		／	
平成 30 年度　第 2 問	C＊	／		／		／	
令和 3 年度　第 3 問	C＊	／		／		／	

＊ランク C の問題と解説は，「過去問完全マスター」の HP（URL：https://jissen-c.jp/）よりダウンロードできます。

収益認識基準	ランク	1回目	2回目	3回目
	A	／	／	／

■平成30年度　第7問

　当社は企業向けのセミナーや研修を中心とした業務を営んでいる。決算にあたり以下の一連の取引に対し計上される収益および費用の金額の組み合わせとして，最も適切なものを下記の解答群から選べ。

　　4月20日　7月開講予定のセミナー（全10回，50,000円／回）の受講料総額500,000円を現金で受け取った。
　　5月30日　開講準備にあたり，全10回分のテキスト作成のため現金250,000円を支出した。
　　12月31日（決算日）　全10回のセミナーのうち6回が終了していた。

〔解答群〕
　ア　収益：300,000円　　費用：150,000円

　イ　収益：300,000円　　費用：250,000円

　ウ　収益：500,000円　　費用：150,000円

　エ　収益：500,000円　　費用：250,000円

解答	ア	

■**解説**

役務収益・役務原価の認識について理解を問う問題である。

サービス業は物品ではなく労務やサービス提供によって対価を得る業種である。
① 代金を前受けしたときには，決算に際して前受けした金額のうち，すでにサービス提供を行った分を役務収益として計上する。
② 役務原価の支払い時には，役務収益が計上されるまで仕掛品として計上する。
③ 決算時に，当期にサービスを提供した分について，前受金（負債）から役務収益（売上）に振り替える。当期に提供したサービス原価は仕掛品（資産）から役務原価（費用）に振り替える。

以上に基づき，本問について仕訳していく。

	借方		貸方	
4月20日	現金	500,000 円	前受金	500,000 円
5月30日	仕掛品	250,000 円	現金	250,000 円
12月31日	役務原価　150,000 円　※1		仕掛品　150,000 円	
	前受金　300,000 円		役務収益　300,000 円　※2	

※1　250,000 円 × 6/10　　※2　500,000 円 × 6/10

上記網掛け部分が費用と収益に関する部分になる。

よって，アが正解である。

収益認識基準	ランク	1回目		2回目		3回目	
	A	╱		╱		╱	

■平成 29 年度　第 4 問

　20X1 年度に工事契約を締結し，工事を開始した。20X3 年度に工事が完成し，引渡しを行った。各期の工事収益は工事進行基準により計上している。また，決算日における工事進捗度は原価比例法により算出している。契約に基づく工事収益総額は 240,000 千円であり，当初の工事原価総額の見積額は 180,000 千円である。工事進行基準を適用した場合の 20X1 年度の工事収益として，最も適切なものを下記の解答群から選べ。

【資　料】

	20X1 年	20X2 年	20X3 年
各期の工事原価	90,000 千円	60,000 千円	50,000 千円
次期から完成までの工事原価の見積額	90,000 千円	50,000 千円	―

〔解答群〕

　ア　　90,000 千円

　イ　108,000 千円

　ウ　120,000 千円

　エ　180,000 千円

解答	ウ

■解説

　収益の認識基準のうち，工事契約に関する会計基準について理解を問う問題である。

　工事契約における収益認識基準のうち，工事進行基準とは，決算期末に工事進行程度を見積もり，適正な工事収益率によって工事収益の一部を当期の損益計算に計上する方法である。

　本問において，工事進捗度の見積もり方法として原価比例法を適用しているため，決算日までに実施した工事に関して発生した工事原価が工事原価総額に占める割合を進捗度として，契約に基づく工事収益の総額に乗じて当期の工事収益を計上する。

　20X1 年の工事収益
　＝契約に基づく工事収益総額 240,000 千円 × 20X1 年の実際工事原価 90,000 千円／
　　20X1 年時点の工事原価総額見積額 180,000 千円
　＝120,000 千円

　よって，ウが正解である。

収益認識基準	ランク	1回目		2回目		3回目	
	A	/		/		/	

■**令和3年度　第6問**

収益に関する記述として，最も適切なものはどれか。

ア　検収基準は，契約の解消や返品リスクがない場合に採用される。

イ　出荷基準よりも収益認識のタイミングが早いのは，引渡基準である。

ウ　長期請負工事については，工事進行基準を適用しなければならない。

エ　販売基準は実現主義に基づいている。

解答	エ

■解説

収益の認識基準について，基本的な理解を問う問題である。

　我が国においては，収益認識について，「売上高は，実現主義の原則に従い，商品等の販売又は役務の給付によって実現したものに限る。」とされている（企業会計原則　第二　損益計算書原則三 B)。

ア：不適切である。検収基準は，相手先が納品された商品等を実際に検査して受け入れた時に収益を認識する方法であり，契約の解消や返品リスクがある場合に採用される。

イ：不適切である。商品等の提供の流れとして，商品等を発送（＝出荷）後，相手先が受け取る（＝相手先に引渡す）ことになり，引渡基準は出荷基準よりも収益認識のタイミングとしては遅くなる。

ウ：不適切である。工事契約については，履行義務の充足に係る進捗度を合理的に見積もることができる場合に，工事進行基準が適用される。

エ：適切である。販売基準は実現主義に基づいており，取引先に対する商品の引渡しやサービスの提供等，取引先から現金や資産の支払いを受けることが確実となった時点を基準にして，収益が実現したとみなされる。

　よって，エが正解である。

収益認識基準	ランク	1回目	2回目	3回目
	A	／	／	／

■令和4年度　第3問

収益認識のタイミングとして，最も適切なものはどれか。

ア　委託販売において，商品を代理店に発送した時点

イ　割賦販売において，商品を引き渡した時点

ウ　試用販売において，試用のために商品を発送した時点

エ　予約販売において，商品の販売前に予約を受けた時点

解答	イ

■解説

収益の認識のタイミング（特殊商品売買）について，理解を問う問題である。

ア：不適切である。委託販売では，原則として，代理店（受託者）において，委託された商品が実際に販売された時点で収益を認識する。

イ：適切である。割賦販売では，原則として，商品を引き渡した時点で収益を認識する。

ウ：不適切である。試用販売では，原則として，試用品について顧客による買い取りの意思表示があった時点で収益を認識する。

エ：不適切である。予約販売では，予約された商品の引渡し，または予約された役務の提供が完了した時点で収益を認識する。

よって，イが正解である。

収益認識基準	ランク	1回目		2回目		3回目	
	A	/		/		/	

■**令和 5 年度　第 2 問**

以下の一連の取引の仕訳として，最も適切なものを下記の解答群から選べ。

8/12　　当社は，得意先との間で，25,000 円の商品 B と 35,000 円の商品 C を販売する契約を締結した。合計の代金 60,000 円は，商品 B と商品 C の両方を引き渡した後に請求することになっている。また，商品 B と商品 C の引き渡しは，それぞれ独立した履行義務である。商品 B については，契約を締結した後，直ちに得意先に引き渡した。

8/25　　商品 C を得意先に引き渡した。当社は，商品 B と商品 C の代金に対する請求書を送付する予定である。

〔解答群〕

ア　8/12　（借）契約資産　25,000　（貸）売　上　25,000
　　8/25　（借）売掛金　　60,000　（貸）契約資産　25,000
　　　　　　　　　　　　　　　　　　　　売　上　35,000

イ　8/12　（借）契約資産　25,000　（貸）契約負債　25,000
　　8/25　（借）売掛金　　60,000　（貸）売　上　60,000
　　　　　　　契約負債　25,000　　　　契約資産　25,000

ウ　8/12　（借）契約資産　60,000　（貸）売　上　60,000
　　8/25　（借）売掛金　　60,000　（貸）契約資産　60,000

エ　8/12　（借）契約資産　60,000　（貸）売　上　25,000
　　　　　　　　　　　　　　　　　　　　契約負債　35,000
　　8/25　（借）売掛金　　60,000　（貸）契約資産　60,000
　　　　　　　契約負債　35,000　　　　売　上　35,000

解答	ア

■**解説**

収益の認識基準について理解を問う問題である。

収益の認識基準とは，売上をどのように認識し，どのタイミングで財務諸表上に反映するかという会計基準のことを指す。

従来より，実現主義（商品・サービスの提供と対価の受領があった時点で収益を認識する）の考え方が用いられてきたが，事業内容が多様かつ複雑になるなかで，実現主義の考え方のみでは，収益をいつ認識すべきか判断が難しいため，新しい「収益認識に関する会計基準」が導入された（上場企業・大会社では 2021 年 4 月以降に開始する会計年度より強制適用）。

この新基準では，約束した財又はサービスの顧客への移転を当該財又はサービスと交換に企業が権利を得ると見込む対価の額で描写するように，収益を認識することを基本原則としている（企業会計基準第 29 号 第 16 項）。

これを，本問の一連の取引にあてはめると，以下のようになる。

① 8/12：商品 B 引き渡し時：

    （借方）契約資産   25,000   （貸方）売上   25,000

商品 B は引き渡したが，代金の請求は商品 B と商品 C の両方を引き渡した後に行う契約となっているため，法的な請求権を表す「売掛金」ではなく，対価に対する権利である「契約資産」という科目で処理する。

② 8/25：商品 C 引き渡し時：

    （借方）売掛金   60,000   （貸方）売上   35,000
                                          契約資産   25,000

商品 C も引き渡すことで，商品 B と商品 C の代金について請求書を送付できる状態（法的な請求権発生）となったため，商品 C の対価と合わせて商品 B の契約資産を，売掛金に計上・振替処理する。

よって，アが正解である。

棚卸資産の評価	ランク	1回目		2回目		3回目	
	A	／		／		／	

■平成 29 年度　第 1 問

　次の期末商品に関する資料に基づいて，棚卸減耗費と商品評価損の金額の組み合わせとして，最も適切なものを下記の解答群から選べ。

【資　料】

帳簿棚卸数量	60 個
実地棚卸数量	50 個
原価	@ 200 円
正味売却価額	@ 190 円

〔解答群〕

　ア　棚卸減耗費：1,900 円　商品評価損：500 円

　イ　棚卸減耗費：1,900 円　商品評価損：600 円

　ウ　棚卸減耗費：2,000 円　商品評価損：500 円

　エ　棚卸減耗費：2,000 円　商品評価損：600 円

解答	ウ

■解説

棚卸資産の期末評価に関する問題である。

　棚卸減耗費とは，帳簿上の棚卸数量と実地棚卸で把握した実際の棚卸数量との差として把握される費用または損失である。

　また，商品評価損とは，期末時点の時価（正味売却価額）が取得時の原価よりも下落している場合に，その差額として把握される費用または損失である。

実地数量 50 個　　　帳簿数量 60 個

　棚卸減耗費 =（帳簿数量 60 個 − 実地数量 50 個）× 原価@ 200 円
　　　　　　 = 2,000 円

　商品評価損 =（原価@ 200 円 − 正味売却価額@ 190 円）× 実地数量 50 個
　　　　　　 = 500 円

　よって，ウが正解である。

棚卸資産の評価	ランク	1 回目	2 回目	3 回目
	A	╱	╱	╱

■平成 27 年度　第 1 問

　以下の資料に基づいて，今期の売上原価として最も適切なものを下記の解答群から選べ。

【資　料】

　　期首商品棚卸高　　　　120,000 円
　　当期商品純仕入高　　　650,000 円
　　期末帳簿棚卸数量　　　1,300 個（原価@ 100 円）
　　期末実地棚卸数量　　　1,000 個
　　棚卸減耗損は売上原価とする。

〔解答群〕

　ア　610,000 円

　イ　640,000 円

　ウ　670,000 円

　エ　700,000 円

解答	ウ

■解説

棚卸資産の期末評価に関する問題である。

　本問において，棚卸減耗損は売上原価とするとされていることから，売上原価は，まず期末実地棚卸高を算出し，期首商品棚卸高と当期商品純仕入高の合計額から差し引くことで求めることができる。

　なお，棚卸減耗損とは，帳簿上の棚卸数量と実地棚卸で把握する実際の棚卸数量との差として把握される費用または損失である。損益計算書上，原価性が認められる場合には，売上原価の内訳項目または販売費および一般管理費として計上し，原価性がない場合には，営業外費用または特別損失として計上する。

　売上原価 = 期首商品棚卸高 120,000 円 + 当期商品仕入高 650,000 円
　　　　　　- 期末実地棚卸高 100 円 × 1,000 個 = 670,000 円

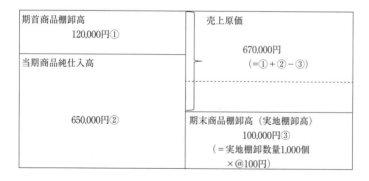

　よって，ウが正解である。

棚卸資産の評価	ランク	1回目	2回目	3回目
	A	/	/	/

■令和 2 年度　第 1 問

　以下の資料に基づき，当期の売上原価として，最も適切なものを下記の解答群から選べ。

【資　料】

　　期首商品棚卸高　　　100,000 円

　　当期商品純仕入高　750,000 円

　　期末商品棚卸高

	帳簿棚卸数量	実地棚卸数量	原　価	正味売却価額
A 商品	120 個	110 個	@ 1,200 円	@ 1,000 円
B 商品	80 個	70 個	@ 1,000 円	@ 1,100 円

　　なお，棚卸減耗損および商品評価損はすべて売上原価に含める。

〔解答群〕

　ア　626,000 円

　イ　648,000 円

　ウ　663,000 円

　エ　670,000 円

解答	エ

■解説

棚卸資産を評価したうえで，売上原価を求める問題である。

売上原価は以下の差引き計算で求められる。
　　　売上原価＝①期首商品棚卸高＋②当月商品仕入高－③月末商品棚卸高

本問では，①および②は所与のため，③を算出する。
　手順としては，期末商品棚卸高の帳簿価額を求めてから棚卸減耗損や商品評価損を考慮するが，本問では，棚卸減耗損および商品評価損はすべて売上原価に含める，とされている。したがって，月末商品棚卸高の実地数量の評価額をストレートに算出して①＋②から差し引けば，売上原価に棚卸減耗損も商品評価損も結果的に含まれ，早く回答にたどり着く。

・A商品：実施棚卸数量は110個，また，時価（正味売却価額）が原価より下がっているため，正味売却価額を期末評価単価として計算する。
　　　A商品の期末商品棚卸高＝110個×@1,000円＝110,000円

・B商品：実地棚卸数量は70個，また，時価（正味売却価額）は原価を上回っているため，期末評価単価は原価のままとして計算する。
　　　B商品の期末商品棚卸高＝70個×@1,000円＝70,000円

期首商品棚卸高 100,000円 ①	売上原価 　　①＋②－③＝670,000円
当期商品純仕入高 　750,000円 ②	月末商品棚卸高 A商品　110個×@1,000円 B商品　　70個×@1,000円 （合計）　　　180,000円 ③

以上より，
売上原価＝期首商品棚卸高＋当月仕入高－期末商品棚卸高
　　　　　＝①100,000円＋②750,000円－③（A商品110,000＋B商品70,000円）
　　　　　＝670,000円

よって，エが正解である。

棚卸資産の評価	ランク	1回目	2回目	3回目
	A	／	／	／

■令和元年度　第6問

棚卸資産の評価に関する記述として，最も適切なものはどれか。

ア　棚卸資産の期末評価において，帳簿価額と比較すべき時価は再調達原価である。

イ　棚卸資産の評価方法として認められている方法のうちに個別法は含まれない。

ウ　棚卸資産の評価方法のうち売価還元法は，取扱品種の極めて多い小売業等の業種において適用される方法である。

エ　簿価切り下げによる評価損は，原則として営業外費用または特別損失に計上する。

解答	ウ

■解説

棚卸資産の評価について理解を問う問題である。

ア：不適切である。通常の販売目的で保有する棚卸資産は，取得原価をもって貸
借対照表価額とするが，期末における時価，すなわち「正味売却価額」（＝
売却市場における売価 − 見積追加製造原価 − 見積販売直接経費）が取得原価
よりも下落している場合には，当該正味売却価額をもって貸借対照表価額と
して評価する（棚卸資産の評価に関する会計基準第7項）。

　　なお，製造業における原材料等のように再調達原価の方が把握しやすく正
味売却価額が当該再調達原価に歩調を合わせて動くと想定される場合には，
継続して適用することを条件として再調達原価を正味売却価額の代わりとす
ることができる（棚卸資産の評価に関する会計基準第10項）。

イ：不適切である。宝石等，個別性が強い棚卸資産の評価方法として，個別法
（＝取得原価の異なる棚卸資産を区別して記録し，その個々の実際原価によ
って期末棚卸資産の価額を算定する方法）も認められている（棚卸資産の評
価に関する会計基準第6-2（1））。

ウ：適切である。売価還元法（＝値入率等の類似性に基づく棚卸資産のグループ
ごとの期末の売価合計額に，原価率を乗じて求めた金額を期末棚卸資産の価
額とする方法）は，取扱品種の極めて多い小売業等の業種において適用され
る（棚卸資産の評価に関する会計基準第6-2（4））。

エ：不適切である。棚卸資産の収益性の低下による簿価切下げ額は，原則として
売上原価，または，棚卸資産の製造に関連し不可避的に発生すると認められ
るときには製造原価として処理する（棚卸資産会計基準第17項）。

　　なお，収益性の低下に基づく簿価切り下げ額が臨時の事象に起因し，かつ，
多額であるときには特別損失に計上する（ただし，重要な事業部門の廃止，
災害損失の発生など限定的な場合に限られる）。

よって，ウが正解である。

勘定科目（割戻）	ランク	1 回目		2 回目		3 回目	
	B	／		／		／	

■平成 26 年度　第 2 問

　当社は，当期において売上割戻契約を得意先 A 社だけと締結した。以下の資料に基づいて，決算における損益計算書に計上すべき売上高として，最も適切なものを下記の解答群から選べ。

【資料】

　当期中の総売上高のうち，850,000 円が A 社を対象とする売上高であり，当期中に実行された売上割戻は 10,000 円であった。また，A 社に対する総売上高のうち 250,000 円が当会計期間の最終月における売上高であり，この売上高に対して 2％の割戻しが翌期に実行されることが見積もられたため，決算において売上割戻引当金が設定された。なお，A 社以外の得意先への売上高合計は 2,500,000 円である。

〔解答群〕

　ア　3,335,000 円

　イ　3,340,000 円

　ウ　3,345,000 円

　エ　3,350,000 円

解答	ア

■解説

　売上割戻に関する会計処理を問う問題である。

　売上割戻とは得意先に対して販売代金の一部を戻すことをいう。得意先との特約により，一定の期間内に一定数量以上の取引を行った場合に，販売代金の一部を減額または払い戻すとする取引慣行に基づくものである。

　売上割戻引当金は当期の取引において発生した売上割戻を翌期に実施する場合に当期の損益計算書上，売上割戻額を売上高から控除するとともに，貸借対照表の負債の部に引当金としてプールしておくための勘定科目である。

　資料より，

　　当社の売上高：2,500,000 円 + 850,000 円 = 3,350,000 円

　　当期に実行された売上割戻：10,000 円

　　売上割戻引当金：250,000 円 × 0.02 = 5,000 円

　以上より，当期に A 社が損益計算書に計上すべき売上高は，

　　3,350,000 円 − 10,000 円 − 5,000 円 = 3,335,000 円

である。

　よって，アが正解である。

勘定科目（売上割引）	ランク	1回目		2回目		3回目	
	B	／		／		／	

■令和3年度　第1問

　得意先への商品販売時に，10日以内に代金を支払えば2％の支払いを免除するという条件をつけた。その売掛金 200,000 円を販売から9日目に回収するにあたり，条件を適用した金額を小切手で受け取った。

　この取引を仕訳するとき，以下の空欄に入る語句として，最も適切なものを下記の解答群から選べ。

（借）現　　　　金　196,000　　　　（貸）売　掛　金　200,000
　　　売上□□□□　　　4,000

〔解答群〕

　ア　控除

　イ　値引

　ウ　割引

　エ　割戻

解答	ウ

■解説

　売上割引に関する会計仕訳処理を問う問題である。

　商品販売において掛取引を行った場合，その掛代金が支払期日前に支払われたときに，その支払期日の短縮による利息分を免除（ディスカウント）する条件とする場合がある。このときの割引額は，売上割引という費用勘定で処理する。

　掛代金の中には代金を後払いする期間に応じた利息が元々含まれていると考えられるため，支払いが早まった期間に応じて，その利息相当分を割り引くという実務である。

　なお，売上値引とは，商品やサービスの質に問題がある場合に，その代金を安くすることをいう。たとえば，不良や破損，数量不足等が該当する。

　また，売上割戻とは，得意先に対して販売代金の一部を戻すことをいう。得意先との特約により，一定の期間内に一定数量以上の取引を行った場合に，販売代金の一部を減額または払い戻すとする取引慣行に基づくものである。

　よって，ウが正解である。

2. 貸借対照表

▶▶ 出題項目のポイント

　この項目では，一定時点の財政状態を報告するための財務諸表である貸借対照表（B/S）の構造や作成ルール等について出題される。特に，資産の部では，手形取引，繰延資産や有価証券，負債の部では，引当金，そのほか，純資産の部について，科目レベルでの意義や処理内容に関する理解を問う出題がされている。

　独立した会計基準が設定されているような科目以外の貸借対照表科目についても，純資産の部を中心に，基本的な内容は出題の可能性がある。

　純資産の部に関する問題は，以下の論点が中心となる。

①会社設立時の資本払込み（会社法第 445 条第 1 項 2 項）

・株式会社の資本金の額は，払込み又は給付をした財産の額とする。（すなわち，払込みの全額を資本金とすることが原則である。）

・前項の払込み又は給付に係る額の 2 分の 1 を超えない額は，資本金として計上しないことができる。（資本金として計上しない額は，資本準備金とする）

②公開会社の設立時発行株式総数（会社法第 37 条第 3 項）

・設立時発行株式の総数は，発行可能株式総数の 4 分の 1 を下ることができない。ただし，設立しようとする株式会社が公開会社でない場合は，この限りでない。

③剰余金配当時の準備金積立（会社法第 445 条第 4 項）

・剰余金を配当する場合には，それにより減少する剰余金の額の 10 分の 1 の額を，資本準備金又は利益準備金として計上しなければならない。

④配当の原資（会社計算規則第 45 条及び第 46 条）

・配当の原資がその他資本剰余金の場合，資本準備金を積み立て，その他利益剰余金の場合には，利益準備金を積み立てることとされている。

・資本準備金又は利益準備金は，合計額が資本金の 4 分の 1 に達するまで積み立てる必要がある。

▶▶ 出題の傾向と勉強の方向性

　過去に多く出題されている論点は，純資産の会計処理や表示について問う問題（平成 13 年度第 4 問，平成 15 年度第 5 問，平成 16 年度第 3 問，平成 17 年度第 3 問，平成 19 年度第 5 問，平成 19 年度第 6 問，平成 22 年度第 5 問，平成 25 年度第 2 問・第 3 問，平成 27 年度第 4 問，平成 29 年度第 3 問，令和 2 年度第 4 問），固定資産の内容や処理に関する問題（令和 4 年度第 11 問，令和 2 年度第 8 問，令和 4 年度第 5 問，平成 30 年度第 5 問），引当金の意義や要件を問う問題（平成 20 年度第 5 問，平成 23 年度第 2 問，令和 3 年度第 5 問），等となっている。このうち，純資産は，会社法改正の影響により，処理方法や表示が変わる等，トピックとなっていたほか，実務でも基本的な理解が必須のため，頻出となっている。純資産については，現在の取り扱いについて過去問を中心にひととおり押さえておくべきである。

■取組状況チェックリスト

2. 貸借対照表					

手形取引

問題番号	ランク	1 回目	2 回目	3 回目
平成 27 年度　第 5 問	C*	／	／	／

圧縮記帳

問題番号	ランク	1 回目	2 回目	3 回目
令和元年度　第 2 問	C*	／	／	／

固定資産

問題番号	ランク	1 回目	2 回目	3 回目
令和 4 年度　第 11 問	B	／	／	／
令和 5 年度　第 3 問	B	／	／	／
令和 2 年度　第 8 問	A	／	／	／
令和 4 年度　第 5 問	A	／	／	／
平成 30 年度　第 5 問	A	／	／	／

負債の会計処理

問題番号	ランク	1 回目	2 回目	3 回目
令和 2 年度　第 9 問	C*	／	／	／
令和元年度　第 7 問	C*	／	／	／
令和 4 年度　第 8 問	C*	／	／	／

引当金

問題番号	ランク	1 回目	2 回目	3 回目
令和 3 年度　第 5 問	C*	／	／	／

純資産

問題番号	ランク	1 回目	2 回目	3 回目
平成 27 年度　第 4 問	A	／	／	／
令和 5 年度　第 7 問	A	／	／	／
令和 2 年度　第 4 問	A	／	／	／
平成 28 年度　第 5 問（設問 1）	A	／	／	／

平成 28 年度 第 5 問（設問 2）	A	／		／		／	
平成 29 年度 第 3 問	A	／		／		／	
令和 4 年度 第 10 問	C*	／		／		／	

＊ランク C の問題と解説は，「過去問完全マスター」の HP（URL：https://jissen-c.jp/）よりダウンロードできます。

固定資産	ランク	1回目	2回目	3回目
	B	／	／	／

■令和 4 年度　第 11 問

　当期は X5 年 4 月 1 日から X6 年 3 月 31 日の 1 年間である。決算整理前の機械勘定の残高は 216,000 円であるが，当期より直接控除法から間接控除法に記帳方法を変更する。この機械は X1 年 4 月 1 日に取得したものであり，耐用年数 10 年，残存価額をゼロとする定額法により減価償却を行っている。

　この機械の取得原価として，最も適切なものはどれか。

　ア　216,000 円

　イ　237,600 円

　ウ　360,000 円

　エ　432,000 円

解答	ウ

■解説

固定資産の減価償却に関する基本的な理解を問う問題である。

本問では，耐用年数 10 年のうち 4 年経過した期首簿価（決算整理前の残高）216,000 円から，取得原価を推定する。

残存価額を 0 とする定額法による減価償却のため，以下のように取得原価を逆算することができる。

216,000 ÷（10 年 − 4 年）× 10 年 = 360,000

よって，ウが正解である。

固定資産	ランク	1回目		2回目		3回目	
	B	/		/		/	

■令和 5 年度　第 3 問

　当社は，X1 年度期首に機械（取得原価 300,000 円，耐用年数 5 年）を購入し，200 ％定率法により減価償却を行っている。保証率は 0.10800，改定償却率は 0.500 である。X4 年度における減価償却費として，最も適切なものはどれか。

ア　18,750 円

イ　25,920 円

ウ　30,000 円

エ　32,400 円

解答	エ

■**解説**

固定資産の減価償却方法に関する理解を問う問題である。

200％定率法とは，毎期首の未償却残高に一定率（償却率）を乗じて減価償却費を計算する方法である。定額法の償却率（＝1÷耐用年数）の2倍が定率法の償却率となることから，200％定率法と呼ばれる。

減価償却費が，最低限確保するべき金額の基準である「償却保証額」（＝取得原価×保証率）を下回る場合に，改定償却率による算出が行われる。

最初に下回った期の期首簿価（＝改定取得価額）に改定償却率を乗じて減価償却費を算出し，それ以降は毎期，その同額で均等償却をしていく。

＜償却率＞
200％定率法の償却率は定額法の2倍であるため，本問では以下のようになる。
　1÷5年×2＝0.4
＜償却保証額＞
　取得原価 300,000 ×保証率 0.10800＝32,400

本問では，取得から4年目（X4年度）時点の減価償却費を求められているため，改定償却率による算出が必要になるか否か（＝償却率による減価償却費が償却保証額 32,400 円を下回るか）を確認していく。

・1年目：300,000 × 0.4 ＝ 120,000　＞償却保証額 32,400
・2年目：（300,000 − 120,000）× 0.4 ＝ 72,000　＞償却保証額 32,400
・3年目：（300,000 − 120,000 − 72,000）× 0.4 ＝ 43,200　＞償却保証額 32,400
・4年目：（300,000 − 120,000 − 72,000 − 43,200）× 0.4 ＝ 25,920　＜償却保証額 32,400

以上より，4年目での償却率による減価償却費が償却保証額を初めて下回ることになるため，4年目の期首簿価を改定取得価額として，改定償却率を使って減価償却費を算出すればよい。

　（300,000 − 120,000 − 72,000 − 43,200）×改定償却率 0.500 ＝ 32,400

よって，エが正解である。

固定資産	ランク	1回目	2回目	3回目
	A	／	／	／

■令和 2 年度　第 8 問

無形固定資産の会計に関する記述として，最も適切なものはどれか。

ア　自社が長年にわたり築き上げたブランドにより，同業他社に比べ高い収益性
　　を獲得している場合には，これを無形固定資産に計上することができる。

イ　自社の研究開発活動により特許権を取得した場合には，それまでの年度に支
　　出された研究開発費を戻し入れ，無形固定資産として計上しなければならな
　　い。

ウ　受注制作のソフトウェアの制作費は，請負工事の会計処理に準じて処理され，
　　無形固定資産に計上されない。

エ　のれんとして資産計上された金額は，最長 10 年にわたり，規則的に償却さ
　　れる。

解答	ウ

■解説

無形固定資産の会計に関する理解を問う問題である。

ア：不適切である。自社が長年にわたり築き上げたブランドにより獲得している
　　超過収益力は，営業権，あるいはのれんと呼ばれる。会計上，無形固定資産
　　として貸借対照表に計上することが認められているのは，営業譲渡や合併な
　　どで営業権を有償取得した場合に限られ，自社で築き上げてきた営業権（自
　　己創設のれん）は，貸借対照表に計上することはできない。

イ：不適切である。研究開発費は，すべて発生時に費用として処理され，研究開
　　発の結果として特許権を取得したとしても，会計上，過年度の費用の無形固
　　定資産への戻し入れ計上は行わない。

ウ：適切である。受注制作のソフトウェアの制作費は，請負工事の会計処理に準
　　じて処理（工事進行基準または工事完成基準を適用）することとされており，
　　棚卸資産として計上される。

エ：不適切である。のれんとして資産計上された金額は，20年以内のその効力
　　がおよび期間にわたり，定額法その他の合理的な方法によって規則的に償却
　　する。

よって，ウが正解である。

固定資産	ランク	1回目	2回目	3回目
	A	／	／	／

■令和4年度　第5問

貸借対照表における無形固定資産に関する記述として，最も適切なものはどれか。

ア　受注制作のソフトウェアについても償却を行う。

イ　人的資産は無形固定資産に含まれる。

ウ　のれんは減損処理の対象となる。

エ　無形固定資産の償却には定額法と定率法がある。

解答	ウ

■**解説**

　無形固定資産の関する会計処理について，理解を問う問題である。

　　ア：不適切である。受注制作のソフトウェアは，請負工事の会計処理に準じて処理することとされており，無形固定資産として償却されるものではなく，棚卸資産として計上される。

　　イ：不適切である。人的資産には収益獲得のための無形の価値があるが，制度会計上は客観的な認識測定ができないため，無形固定資産としての計上はされない。

　　ウ：適切である。のれんとは，企業間における買収や合併等に際して無形固定資産として計上される「超過収益力」や「営業権」などともよばれる概念であるが，価値の低下が認識された場合には減損処理される。

　　エ：不適切である。無形固定資産は定額法により償却される。

　よって，ウが正解である。

固定資産	ランク	1回目		2回目		3回目	
	A	／		／		／	

■平成30年度　第5問

ソフトウェアの会計処理および開示に関する記述として，最も適切なものはどれか。

ア　自社利用目的のソフトウェアのうち，将来の収益獲得または費用削減が確実
　　であるものについては，機械装置等に組み込まれたものを除き，その取得に
　　要した費用を無形固定資産として計上する。

イ　市場販売を目的とするソフトウェアの製品マスターが完成するまでに要した
　　制作費は，最初に製品化されたときに無形固定資産として計上する。

ウ　受注制作のソフトウェアは，その制作に要した費用を無形固定資産として計
　　上する。

エ　無形固定資産として計上したソフトウェアは規則的な償却を行わず，価値の
　　低下時に減損処理する。

解答	ア

■解説

ソフトウェアの会計処理及および開示に関する問題である。

ソフトウェアとは，コンピュータ・ソフトウェアをいい，具体的には①コンピュータに一定の仕事を行わせるためのプログラム，②システム仕様書・フローチャート等の関連文書を指す。

制作目的	会計処理
受注制作	受注制作によって受託したソフトウェアの制作費については，工事契約に関する会計基準に準じて処理する。
市場販売目的	市場で販売する目的で制作したソフトウェアは，最初に製品化された製品マスターの完成をもって研究開発が終了したと判断し，それまでの制作費用は研究開発費として処理し，それ以降の制作費は，無形固定資産（ソフトウェア勘定）として計上する。
自社利用目的	自社利用目的で制作したソフトウェアあるいは外部から購入したソフトウェアの購入金額は将来の収益獲得または費用削減が確実であることが認められるという要件が満たされている場合は無形固定資産として計上する。

ア：適切である。上記表のとおり，自社利用目的のソフトウェアのうち，将来の収益獲得または費用削減が確実であるものについては，機械装置等に組み込まれたものを除き，その取得に要した費用を無形固定資産として計上する。

イ：不適切である。市場販売を目的とするソフトウェアの製品マスターが完成するまでに要した制作費は，最初に製品化されたときに研究開発費として計上する。

ウ：不適切である。受注制作のソフトウェアは，その制作に要した費用を工事契約に関する会計基準に準じて処理する。

エ：不適切である。市場販売目的のソフトウェアは，その製品特性に応じて最も合理的と考えられる償却方法により，自社利用目的のソフトウェアは，利用実態に応じて最も合理的と考えられる償却方法により償却する。

よって，アが正解である。

純資産	ランク	1回目	2回目	3回目
	A	/	/	/

■平成 27 年度　第 4 問

　株主総会の決議により，その他資本剰余金を取り崩して 600,000 円配当することにした。なお，資本金は 4,000,000 円，準備金の合計は 950,000 円である。このとき積み立てるべき準備金の種類と金額の組み合わせとして，最も適切なものを下記の解答群から選べ。

【準備金の種類】

a　資本準備金

b　利益準備金

【金額】

c　50,000 円

d　60,000 円

〔解答群〕

　ア　a と c

　イ　a と d

　ウ　b と c

　エ　b と d

解答	ア

■解説

　剰余金配当時の準備金積み立てに関する理解を問う問題である。

　会社法の規定は，剰余金を配当する場合には，それにより減少する剰余金の額の10分の1の額を，資本準備金または利益準備金として計上することを要請している。

　また，会社計算規則により，配当の原資がその他資本剰余金の場合には，資本準備金を積み立て，その他利益剰余金の場合には，利益準備金を積み立てることとされている。

　さらに，資本準備金または利益準備金は，合計額が資本金の4分の1に達するまで積み立てる必要がある。

　本問では，その他資本剰余金600,000円を取り崩して配当原資としているため，資本準備金を積み立てることになる。

　また，積み立てる必要のある資本準備金の金額は，上記より，以下で算出される金額の小さい方である②の金額となる。

① 　減少するその他資本剰余金の10分の1の額（＝600,000円 × 1/10 = 60,000円）
② 　資本金4,000,000円の4分の1の額である1,000,000円と，資本準備金および利益準備金の合計額950,000円の差額（＝1,000,000円 − 950,000円 = 50,000円）

　よって，アが正解である。

	ランク	1回目	2回目	3回目
純資産	A	/	/	/

■**令和 5 年度　第 7 問**

剰余金の配当と処分に関する記述として，最も適切なものはどれか。

ア　株式会社は，1 事業年度につき，中間配当と期末配当の最大 2 回の配当を行うことができる。

イ　株式会社は，資本剰余金を原資とする配当を行うことはできない。

ウ　取締役会設置会社は，取締役会の決議によって中間配当を実施することができる旨を定款で定めることができる。

エ　役員賞与を支払う場合，その 10 分の 1 の額を利益準備金として積み立てなければならない。

解答	ウ

■解説

剰余金の配当と処分について理解を問う問題である。

ア：不適切である。株式会社はいつでも株主総会の決議によって，剰余金の配当を行うことができる（会社法453条）。

イ：不適切である。剰余金の配当には，利益剰余金を原資とする場合と資本剰余金を原資とする場合の両方がある。

ウ：適切である。取締役会設置会社は，定款で定めることにより取締役会の決議により中間配当を行うことができる（会社法454条5項）。

エ：不適切である。剰余金を配当する場合，それにより減少する剰余金の額の10分の1の額を資本準備金または利益準備金として計上することとされている（会社法454条4項）。役員賞与の支払いではこのような規定はない。

よって，ウが正解である。

純資産	ランク	1回目		2回目		3回目	
	A	／		／		／	

■**令和2年度　第4問**

B社は，定時株主総会において，繰越利益剰余金を原資として 6,000 千円の配当を行うことを決議した。なお，配当を行う前の資本金は 18,000 千円，資本準備金は 1,000 千円，利益準備金は 3,000 千円であった。

このとき，積み立てるべき法定準備金として，最も適切なものはどれか。

ア　資本準備金：100 千円　　利益準備金：300 千円

イ　資本準備金：100 千円　　利益準備金：600 千円

ウ　利益準備金：500 千円

エ　利益準備金：600 千円

解答	ウ

■解説

　剰余金配当時の準備金積み立てに関する理解を問う問題である。

　会社法では，剰余金の配当に際して，それにより減少する剰余金の額の10分の1の額を，資本準備金または利益準備金として計上することとされている。
　資本準備金または利益準備金は，その合計額が資本金の4分の1に達するまで積み立てる必要がある。

　本問においては，
　資本準備金と利益準備金の合計額として，資本金18,000千円×1/4＝4,500千円になるまで積み立てる必要がある。
　すでに，資本準備金1,000千円＋利益準備金3,000千円＝4,000千円が，積み立て済みであるため，法定準備金要積立額は，4,500千円－4,000千円＝500千円となる。

　これに対し，配当に際しての準備金計上額として，配当金6,000千円×1/10＝600千円が算出されるが，上記の必要積立金額を超えている（500千円＜600千円）ため，積み立てるべき最低額は，500千円ということになる。

　よって，ウが正解である。

純資産	ランク	1回目		2回目		3回目	
	A	/		/		/	

■平成 28 年度　第 5 問（設問 1）

次の資料に基づいて，下記の設問に答えよ。

【資　　料】

　　　　（期首）純資産の部　　　　（単位：千円）

　Ⅰ　株主資本

　1　資本金　　　　　　　　　　　80,000

　2　資本剰余金

　　(1)　資本準備金　　　　　　　　1,000

　　(2)　その他資本剰余金　　　　　　100

　3　利益剰余金

　　(1)　利益準備金　　　　　　　　5,000

　　(2)　その他利益剰余金

　　　　繰越利益剰余金　　　　　　1,200

　　　　　　　　　　　　　　　　87,300

期中取引（発生順）

1. 増資にあたり，株式 300 株を 1 株当たり 70 千円の価格で発行し，払込金は当座
　預金とした。
　　なお，会社法が定める最低額を資本金とした。また，株式募集のための費用
　150 千円を小切手を振出して支払った。

2. 株主総会が開催され，繰越利益剰余金の分配を次のように決定した。
　　①　利益準備金　会社法が定める最低額
　　②　配当金　800 千円
　　③　別途積立金　180 千円

期中取引が終わった時点の資本金の金額として，最も適切なものはどれか。

　ア　90,500 千円　　　イ　90,650 千円　　　ウ　101,000 千円　　　エ　101,150 千円

解答	ア

■解説

増資の会計処理に関する基本的な理解を問う問題である。

会社法は，資本金について，以下のように定めている。

会社法第445条

1. 株式会社の資本金の額は，この法律に別段の定めがある場合を除き，設立又は株式の発行に際して株主となる者が当該株式会社に対して払込み又は給付をした財産の額とする。

2. 前項の払込み又は給付に係る額の二分の一を超えない額は，資本金として計上しないことができる。

したがって，資本金の額は，株式会社の設立や株式の発行をした際に，株主が払い込んだお金のうち，1/2以上，ということになる。

本問では，会社法が定める最低額を資本金とした，とされていることから，増資払込金21,000千円（70千円×300株）の1/2である10,500千円が資本金として組み込まれたことになる。

以上より，期中取引終了時点の資本金の金額は，
80,000千円 + 10,500千円 = 90,500千円となる。

よって，アが正解である。

純資産	ランク	1回目		2回目		3回目	
	A	／		／		／	

■平成 28 年度　第 5 問（設問 2）

次の資料に基づいて，下記の設問に答えよ。

【資　　料】

　　　　（期首）純資産の部　　　　　（単位：千円）
　Ⅰ　株主資本
　1　資本金　　　　　　　　　　　　　80,000
　2　資本剰余金
　　⑴　資本準備金　　　　　　　　　　1,000
　　⑵　その他資本剰余金　　　　　　　　100
　3　利益剰余金
　　⑴　利益準備金　　　　　　　　　　5,000
　　⑵　その他利益剰余金
　　　　繰越利益剰余金　　　　　　　　1,200
　　　　　　　　　　　　　　　　　　87,300

期中取引（発生順）

1. 増資にあたり，株式 300 株を 1 株当たり 70 千円の価格で発行し，払込金は当座
　預金とした。
　　なお，会社法が定める最低額を資本金とした。また，株式募集のための費用
　150 千円を小切手を振出して支払った。

2. 株主総会が開催され，繰越利益剰余金の分配を次のように決定した。
　　①　利益準備金　会社法が定める最低額
　　②　配当金　800 千円
　　③　別途積立金　180 千円

期中取引が終わった時点の繰越利益剰余金の金額として，最も適切なものはどれか。

　ア　120 千円　　イ　140 千円　　ウ　184 千円　　エ　220 千円

解答	イ

■解説

　繰越利益剰余金の分配に関する会計処理について理解を問う問題である。

　会社法では，剰余金を配当する場合，それにより減少する剰余金の額の10分の1の額を，資本準備金または利益準備金として計上することとされている。
　また，資本準備金または利益準備金は，その合計額が資本金の4分の1に達するまで積み立てる必要がある。

　本問では，期中の増資後の資本金額は，第5問設問1の結果により，90,500千円（＝80,000千円＋10,500千円）となっているため，その4分の1は，90,500千円×1/4＝22,625千円である。
　また，期中の増資後の資本準備金の額は，会社法の定めにより，増資払込金のうち資本金としないこととした額を資本準備金として計上しなければならないため，11,500千円（＝1,000千円＋21,000千円×1/2）となることから，資本準備金及び利益準備金の合計額は，16,500千円（＝11,500千円＋5,000千円）である。
　したがって，繰越利益剰余金の分配にあたって積み立てる利益準備金の金額は，6,125千円（＝22,625千円－16,500千円）と，配当金800千円の1/10である80千円とを比較して，小さい方の金額となる。
　以上より，繰越利益剰余金の分配金額は，1,060千円（＝①会社法が定める利益準備金の最低額80千円＋②配当金800千円＋③別途積立金180千円）となり，期中取引が終わった時点の繰越利益剰余金は，140千円（＝1,200千円－1,060千円）となる。

　よって，イが正解である。

	ランク	1回目		2回目		3回目	
純資産	A	/		/		/	

■**平成 29 年度　第 3 問**

　次の資料に基づき，会社法の規定に基づく剰余金の分配可能額として，最も適切な
ものを下記の解答群から選べ。なお，のれん，繰延資産および自己株式の金額はゼロ
である。

【資　料】
　　　貸借対照表の一部（単位：千円）
　純資産の部
　　資本金　　　　　　　　500,000
　　資本準備金　　　　　　 40,000
　　その他資本剰余金　　　 20,000
　　利益準備金　　　　　　110,000
　　任意積立金　　　　　　 50,000
　　繰越利益剰余金　　　　180,000
　　　　　　　　　　　　　900,000

〔解答群〕

　ア　180,000 千円

　イ　230,000 千円

　ウ　250,000 千円

　エ　340,000 千円

解答	ウ

■解説

　剰余金の分配可能額について問う問題である。

　会社法では，剰余金の配当について以下のような財源規制をかけている（会社法461条第2項）。

　　分配可能額＝①分配時点における剰余金の額－②分配時点の自己株式の帳簿価額－
　　　　　　　　③事業年度末日後に自己株式を処分した場合の処分対価－④その他法
　　　　　　　　務省令で定める額

　その他法務省令で定める額とは，たとえばのれん等調整額や，その他有価証券評価差損等を指しており，会社計算規則158条で規定されている。

　本問では，のれん，繰延資産，自己株式の金額はゼロであるとの前提が与えられているため，分配可能額は法定準備金を除いた剰余金の合計として，以下のように求めればよい。

　　分配可能額＝その他資本剰余金 20,000 千円＋任意積立金 50,000 千円＋繰越利益剰
　　　　　　　　余金 180,000 千円＝250,000 千円

　よって，ウが正解である。

3. 会計基準

▶▶ **出題項目のポイント**

この項目では，会計基準について出題される。

会計基準とは，企業会計の実務の中に慣習として発達したものの中から，一般に公正妥当と認められたところを帰納的に抽出・要約したものと定義されるが，要するに財務諸表を作成するための会計処理等を行うに当たって，企業が守るべきルールである。

会計基準は，近年，企業の経営や取引が高度化・複雑化していくに従って，さまざまな工夫がなされ，その種類も増え，内容も複雑になっている。

たとえば，一部として，以下のようなものがある。

・金融商品に関する会計基準
・退職給付に係る会計基準
・固定資産の減損に係る会計基準
・役員賞与に関する会計基準
・外貨建取引等会計処理基準
・リース取引に関する会計基準
・工事契約に関する会計基準
・棚卸資産の評価に関する会計基準
・ストック・オプション等に関する会計基準
・関連当事者の開示に関する会計基準

▶▶ **出題の傾向と勉強の方向性**

過去には，金融商品会計に関する問題（平成 15 年度第 11 問，平成 18 年度第 4 問，平成 18 年度第 5 問，平成 21 年度第 3 問，平成 26 年度第 5 問，平成 27 年度第 5 問）が頻出となっており，ほかには，減損会計（平成 23 年度第 3 問，平成 29 年度第 7 問，令和 2 年度第 5 問），退職給付会計（平成 23 年度第 4 問，令和 4 年度第 9 問），役員賞与会計（平成 19 年度第 4 問）等，さまざまな論点が少しずつ出題されている。

勉強の方向性としては，金融商品会計のうち有価証券の期末評価等，基本的な論点のみ過去問をとおして学習しておく程度にとどめ，金融商品会計のうち難易度の高い論点や，その他，それぞれに深い学習が必要とされる各種会計基準については，対策

の優先度を下げ，学習時間と効果とのバランスをとるのが，受験戦略上は得策である。

■取組状況チェックリスト

3. 会計基準					

企業会計原則					
問題番号	ランク	1回目		2回目	3回目
平成29年度 第5問	C*	/		/	/

金融商品会計					
問題番号	ランク	1回目		2回目	3回目
令和2年度 第3問	C*	/		/	/
平成26年度 第5問	C*	/		/	/

減損会計					
問題番号	ランク	1回目		2回目	3回目
平成29年度 第7問	C*	/		/	/
令和2年度 第5問	C*	/		/	/

外貨建取引					
問題番号	ランク	1回目		2回目	3回目
令和4年度 第4問	C*	/		/	/

退職給付会計					
問題番号	ランク	1回目		2回目	3回目
令和4年度 第9問	C*	/		/	/

＊ランクCの問題と解説は，「過去問完全マスター」のHP（URL：https://jissen-c.jp/）よりダウンロードできます。

4. 企業結合と連結会計

▶▶ 出題項目のポイント

　企業結合とは，ある企業またはある企業を構成する事業と他の企業または他の企業を構成する事業とが1つの報告単位に統合されることをいう。合併等の組織再編行為により1つの会社となる場合だけでなく，法的には別個の企業体であっても，TOB等による企業買収等により企業集団を形成する場合も含まれる。

　法的に別個の企業体が，1つの企業集団として会計報告をするための会計体系を，連結会計という。

　企業が，ある企業を買収または合併した場合に，「買収または合併された企業の時価評価純資産額」と「買収または合併時に支払われた対価の金額」との間に，差額が生じることがある。これを，「のれん」という。

　事業を継続している企業には，通常，何らかのノウハウやブランド力等，帳簿には反映されていない無形資産が存在し，単なる個々の保有資産の時価の合計額よりも，全体として高い価値があることが想定される。買収または合併時の対価は，その全体としての価値に対して支払われるものであるため，被買収または合併企業の時価評価純資産と支払対価との差額であるのれんは，借方（貸借対照表の左側）に発生する場合には，一般的に，被買収または合併企業の有する超過収益力，貸方（貸借対照表の右側）に発生する場合には，将来損失発生が見込まれる場合の填補額等であると解されている。

　なお，のれんは，連結会計では，「投資価額」と「被投資企業時価評価純資産のうち投資企業持分相当額」との差額となる。

▶▶ 出題の傾向と勉強の方向性

　1次試験では，平成14年度第5問，平成20年度第7問，平成23年度第5問，平成28年度第3問，平成30年度第4問に，のれんの額を算出させる問題が出題されている。のれんの意味を実際の数値で理解していれば計算自体は難しくない。近年，中小企業においても，後継者問題への対応として外部とのM&Aを活用するケースが増えており，のれんは，M&A対価の決定とともに，実行時に考慮すべき重要事項の1つとなる。したがって，のれんの意味内容や算出計算の仕組みおよび基本的な会計処理については，よく理解しておく必要があるだろう。

なお，平成23年度第6問では連結財務諸表に関する会計基準における「親会社」の定義について，平成24年度第5問で具体的な連結会計処理の理解について，平成26年度第8問では持分法についての文章題が出題されている。さらに過去では，平成13年度第5問で連結対象の範囲，平成14年度第5問では連結B/Sが出題されている。ただし，マスターするための労力と過去の出題頻度とのバランスを考えれば，対策の優先順位は下げてよい。

■取組状況チェックリスト

4. 企業結合と連結会計							
のれん							
問題番号	ランク	1回目		2回目		3回目	
平成28年度 第3問	A	/		/		/	
令和3年度 第4問	A	/		/		/	
令和2年度 第6問	A	/		/		/	
平成30年度 第4問	A	/		/		/	
連結会計基準							
問題番号	ランク	1回目		2回目		3回目	
令和5年度 第4問	B	/		/		/	
令和元年度 第3問	B	/		/		/	
平成26年度 第8問	B	/		/		/	

のれん	ランク	1回目	2回目	3回目
	A	/	/	/

■平成 28 年度　第 3 問

のれんに関する記述として最も適切なものはどれか。

ア　「中小企業の会計に関する指針」では，のれんの償却を行わないとしている。

イ　のれんとは，被合併会社から受け継ぐ総資産額が被合併会社の株主に交付される金額よりも大きいときに計上される。

ウ　のれんの償却期間は最長 5 年である。

エ　のれんはマイナスの金額になることもあり，その場合，発生時の損益計算書に特別利益として計上される。

解答	エ

■解説

のれんに関する知識について理解を問う問題である。

のれんとは，企業間における買収や合併等に際して出てくる概念であり，「超過収益力」や「営業権」などともよばれるものである。

合併や買収等の組織再編が行われた場合に，会社や事業を「購入した価格」と「被承継会社の資産−負債」から生じた差額を上回った部分を「のれん」として計上することになる。

被承継会社の持つ価値には，単純に保有している土地や製品などの資産だけでなく，信用力，ブランド，販売ルート，人的資源といった目に見えない資産もあり，それらもあわせて引き継ぐことによって，他社よりも高い収益力を得られることになる。のれんは将来に向けた超過収益力を帳簿上に反映したものであるということができる。

ア：不適切である。「中小企業の会計に関する指針」でも，のれんの償却については，現行の「企業結合に関する会計基準」と異なる扱いとはしていないため，のれんは償却を行うことになる。

イ：不適切である。のれんは，被合併会社から受け継ぐ「総資産額」ではなく，「純資産額」と被合併会社の株主に交付される金額との差額である。

ウ：不適切である。のれんの償却期間は，最長20年間である。

エ：適切である。マイナスののれんは，「負ののれん」ともいわれ，原則として発生時の損益計算書に特別利益として一括して計上される。

よって，エが正解である。

のれん	ランク	1回目		2回目		3回目	
	A	／		／		／	

■**令和3年度　第4問**

のれんに関する記述として，最も適切なものはどれか。

ア　自己創設のれんは，時価などの公正な評価額が取得原価となる。

イ　のれんは取得後，5年以内に毎期均等額以上の償却をしなければならない。

ウ　のれんは被買収企業の超過収益力に対する対価とみなされる。

エ　負ののれんが発生した場合，当該期間の特別損失とする。

解答	ウ

■**解説**

のれんに関する知識について理解を問う問題である。

ア：不適切である。長年企業の内部において培われてきた超過収益力といえる「自己創設のれん」は，M&Aにより獲得された超過収益力としてののれんと異なり，客観的な評価に乏しいため，これを評価して貸借対照表に計上することは認められていない。

イ：不適切である。のれんの償却期間は，最長20年間である。

ウ：適切である。合併や買収等が行われた場合に，その会社や事業を「購入した価格」が「被承継会社の資産－負債」から生じた差額を上回った部分について，被買収企業の超過収益力に対する対価とみなして，「のれん」として計上することになる。

エ：不適切である。負ののれんが発生した場合には，原則として発生した期の損益計算書に特別利益として一括計上される。

よって，ウが正解である。

のれん	ランク	1回目	2回目	3回目
	A	／	／	／

■令和2年度　第6問

　C社はD社を吸収合併し，新たにC社株式200千株を交付した。合併期日におけるC社の株価は1株当たり400円であった。D社の貸借対照表は以下のとおりであった。商品の時価は24,000千円であったが，その他の資産および負債の時価は帳簿価額と同額である。C社は増加すべき株主資本のうち，2分の1を資本金，残りを資本準備金とした。

　合併に伴い発生するのれんと，増加する資本金の金額の組み合わせとして，最も適切なものを下記の解答群から選べ。

D社貸借対照表　　　　（単位：千円）

資産の部		負債・純資産の部	
現金預金	10,000	買掛金	35,000
売掛金	35,000	資本金	30,000
商品	20,000	資本剰余金	15,000
建物	40,000	利益剰余金	25,000
資産合計	105,000	負債・純資産合計	105,000

〔解答群〕

　ア　のれん：　6,000千円　　資本金：37,000千円

　イ　のれん：　6,000千円　　資本金：40,000千円

　ウ　のれん：10,000千円　　資本金：37,000千円

　エ　のれん：10,000千円　　資本金：40,000千円

解答	イ

■解説

　企業結合に関する会計処理のうち，合併時に生じるのれんと増加資本金についての理解を問う問題である。

　合併時に生じるのれんは，被合併企業の企業価値としての時価評価純資産価額と，合併に際して支払われた対価との差額として算定される。

　本問において，合併企業であるC社が合併に際して支払った対価は，新株発行総額80,000千円（＝株価@ 400円×200千株）である。　……①

　これに対し，被合併企業D社の時価評価純資産額は，74,000千円（＝資産時価（105,000千円＋（商品時価24,000－商品簿価20,000））－負債時価35,000）となる。……②

　したがって，のれんは，①80,000千円－②74,000千円＝6,000千円　となる。

　また，C社は，増加すべき株主資本のうち2分の1を資本金とするため，上記の新株発行総額①80,000千円×1/2＝40,000千円が増加資本金となる。

　よって，イが正解である。

のれん	ランク	1回目	2回目	3回目
	A	／	／	／

■平成30年度　第4問

　A社は，20X1年12月31日にB社株式の80％を85百万円で取得した。取得時のA社およびB社の貸借対照表は以下のとおりである。なお，B社の諸資産および諸負債の簿価は，時価と一致している。取得時におけるのれんと非支配株主持分の金額の組み合わせとして，最も適切なものを下記の解答群から選べ。

A社貸借対照表　　（単位：百万円）

諸資産	415	諸負債	150
B社株式	85	資本金	200
		利益剰余金	150
	500		500

B社貸借対照表　　（単位：百万円）

諸資産	200	諸負債	120
		資本金	40
		利益剰余金	40
	200		200

〔解答群〕

　ア　のれん：　5百万円　　　非支配株主持分：　8百万円

　イ　のれん：　5百万円　　　非支配株主持分：16百万円

　ウ　のれん：21百万円　　　非支配株主持分：　8百万円

　エ　のれん：21百万円　　　非支配株主持分：16百万円

解答	エ

■解説

連結会計に関する問題であり，取得時におけるのれんと非支配株主持分の金額について問われている。

① のれんの算出

のれんは親会社の投資額が子会社の諸資本を超過した額となる。

・B 社の諸資本 = 資本金 40 + 利益剰余金 40 = 80 百万円

・B 社の諸資本における A 社の持ち分 = 80 × 80% = 64 百万円………①

・A 社の投資額 = 85 百万円………②

・のれん = ② - ① = 21 百万円

② 非支配株主持分の算出

非支配株主持分は諸資本における非支配株主の持分のことである。

・B 社の諸資本 = 資本金 40 + 利益剰余金 40 = 80 百万円

・非支配株主持分 = 80 × 20%（= 100% - A 社持分 80%）= 16 百万円

以上より，のれんは 21 百万円，非支配株主持分は 16 百万円である。

よって，エが正解である。

連結会計	ランク	1回目		2回目		3回目	
	B	／		／		／	

■**令和5年度　第4問**

連結会計に関する記述として，最も適切なものはどれか。

　ア　親会社による子会社株式の所有割合が100%に満たない場合，連結貸借対照表の負債の部に非支配株主持分が計上される。

　イ　子会社の決算日と連結決算日の差異が3か月を超えない場合は，子会社の正規の決算を基礎として連結決算を行うことができる。

　ウ　負ののれんは，連結貸借対照表に固定負債として計上する。

　エ　連結子会社の当期純損益に株式の所有割合を乗じた額は，持分法による投資損益として連結損益計算書に計上する。

解答	イ

■解説

連結会計について理解を問う問題である。

ア：不適切である。非支配株主持分は連結貸借対照表の純資産の部に計上される。

イ：適切である。子会社の決算日が連結決算日と異なる場合，原則として，子会社は連結決算日にいわゆる「仮決算」を行うこととされているが，決算日の差異が3か月を超えない場合には，子会社の正規の決算を基礎として連結決算を行うことができる。その場合，決算日の相違に起因する連結会社間取引に係る会計記録の重要な不一致について，必要な整理を行う。

ウ：不適切である。負ののれんは，連結貸借対照表には計上されず，発生した期の損益計算書上，特別利益として一括計上処理される。

エ：不適切である。連結会計は親会社と子会社の財務諸表を1つに統合するのに対し，持分法は投資企業が投資対象企業に与える影響の程度に応じて，その企業の利益や損失を反映させる方法である。連結子会社の場合には持分法は適用されず，通常の連結合算処理が行われる。

よって，イが正解である。

連結会計基準	ランク	1 回目	2 回目	3 回目
	B	／	／	／

■令和元年度　第 3 問

連結会計に関する記述として，最も適切なものはどれか。

ア　A 社による B 社の議決権の所有割合が 40％未満であっても，B 社の財務および営業または事業の方針決定に対して重要な影響を与えることができる場合には，B 社は子会社と判定される。

イ　非支配株主持分は，連結貸借対照表の純資産の部に表示される。

ウ　持分法による投資利益（または損失）は，連結損益計算書の特別利益（または特別損失）の区分に表示される。

エ　連結貸借対照表は，親会社，子会社および関連会社の個別貸借対照表を合算し，必要な調整を加えて作成される。

解答	イ

■解説

連結会計について理解を問う問題である。

ア：不適切である。

A社によるB社の議決権の所有割合が40％未満の場合，A社と緊密な者等とあわせて50％超の議決権を所有しており，かつ，財務および営業または事業の方針決定に対して重要な影響を与えることができる等，意思決定を支配していると認められる事実があれば，B社はA社の子会社と判定される。(連結財務諸表に関する会計基準7.（3））

イ：適切である。

連結子会社の資本のうち連結親会社の持分に属しない部分である，非支配株主持分は，連結貸借対照表の純資産の部に表示される。(貸借対照表の純資産の部の表示に関する会計基準等の適用指針3.）

ウ：不適切である。

持分法による投資利益・損失は，営業外収益または営業外費用の区分に表示する。(連結財務諸表の用語，様式及び作成方法に関する規則57条・58条)

持分法とは，投資会社が被投資会社の資本及び損益のうち投資会社に帰属する部分の変動に応じて，その投資の額を連結決算日ごとに修正する方法であり，原則として，非連結子会社及び関連会社に対する投資について適用される。

投資会社は，投資の日以降における被投資会社の利益または損失のうち，投資会社の持分割合を算定して，投資の額（投資有価証券勘定）を増額または減額し，当該増減額を当期純利益の計算に含める。

エ：不適切である。

連結貸借対照表は，親会社および子会社の個別貸借対照表を合算し，必要な調整を加えて作成される。関連会社には上記ウの持分法が適用される。

よって，イが正解である。

持分法	ランク	1回目	2回目	3回目
	B	／	／	／

■平成 26 年度　第 8 問

　投資会社が被投資会社の財務状態を投資会社の財務諸表に反映するための会計方法に持分法がある。持分法に関する記述として，最も適切なものはどれか。

ア　持分法適用会社における少数株主損益は，損益計算書上，当期純利益の直前で加算あるいは控除される。

イ　持分法適用会社の資産と負債は投資会社の資産と負債に合算される。

ウ　持分法適用会社の純資産のうち投資会社に帰属する部分だけが投資会社の純資産となる。

エ　持分法適用会社の当期純利益は，その全額が投資会社の当期純利益となる。

解答	ウ

■解説

持分法に関する問題である。

持分法とは，投資会社が被投資会社の資本及び損益のうち投資会社に帰属する部分の変動に応じて，その投資の額を連結決算日ごとに修正する方法をいう。

投資会社は，投資の日以降における被投資会社の利益または損失のうち，投資会社の持分または負担に見合う額を算定して，投資の額（投資有価証券勘定）を増額または減額し，当該増減額を当期純利益の計算に含める。

非連結子会社及び関連会社に対する投資については，原則としてこの持分法が適用される（適用される被投資会社を，持分法適用会社という）。

ア：不適切である。持分法では，連結のように被投資会社の収益費用を合算したうえで親会社以外の株主に帰属する損益である少数株主損益を加算または控除するのではなく，持分法適用会社が稼得した損益のうち投資会社の持分に相当する損益を，「持分法による投資損益」として連結損益計算書上，営業外収益または営業外費用の区分に計上することによって当期純利益に反映させる。

イ：不適切である。連結と異なり，持分法適用会社の資産と負債は，投資会社の資産と負債に合算されない。

ウ：適切である。持分法適用会社の純資産のうち，投資会社に帰属する部分が投資会社の純資産となる。

エ：不適切である。前述アのとおり，被投資会社の当期純利益のうち，投資会社の持分として帰属する部分（投資会社の持分比率相当額）だけが，投資会社の当期純利益に反映される。

よって，ウが正解である。

5. 税効果会計

▶▶ 出題項目のポイント

　税効果会計とは，会計上の資産または負債と，税務上の資産または負債との認識時点の相違によって生ずる法人税等の企業会計に与える影響を，発生主義に従って期間配分するための会計上の手続きのことをいう。

　会計上の資産または負債と，税務上の資産または負債との認識時点のズレは，主に企業会計と税務会計の目的の違いに起因して生じる。すなわち，企業会計の目的の1つは，適切な会計報告による関係者間の利害調整であるのに対し，税務会計の目的は，税金の公平な徴収である。この相違により，企業会計では認められる項目が，税務会計では認められない，またはその逆のケースが生じる。

　試験対策上は，まず，会計と税務とにズレを生じさせる将来減算一時差異および将来加算一時差異の典型的な下記の項目を押さえておく必要がある。

　次に，それぞれ，発生および解消年度での増減額が，貸借対照表および損益計算書でどのように計上されるかを，簡単な数値例で理解しておくとよい。

	税効果	例	貸借対照表の計上科目
将来減算一時差異	当該一時差異が解消するときにその期の課税所得を減額する効果を持つ	減価償却費の限度超過額 引当金の繰入超過額 税務上認められない評価損 税務上認められない貸倒損失	繰延税金資産
将来加算一時差異	当該一時差異が解消するときにその期の課税所得を増額する効果を持つ	利益処分による準備金 利益処分による圧縮記帳	繰延税金負債

▶▶ 出題の傾向と勉強の方向性

　税効果会計に関する問題は，平成14年度第11問，平成16年度第9問，平成18年度第7問，平成20年度第8問，平成23年度第8問，平成26年度第3問，平成29年度第6問，令和元年度第8問，令和4年度第7問と，数年おきにコンスタントに出題されている。

　ただし，出題内容の多くは比較的細かい知識問題となっていること，マスターするには税務の基礎知識も必要なこと，会計実務では税効果会計を適用している中小企業はあまり多くないこと，等の理由から，対策の優先順位を下げて，平成20年度第8問等の基礎的理解にとどめ，難易度の高い問題はあえて捨てる判断をするのも1つの

手である。

■取組状況チェックリスト

5. 税効果会計						
税効果会計						
問題番号	ランク	1回目		2回目		3回目
平成 29 年度 第 6 問	B	／		／		／
令和元年度 第 8 問	B	／		／		／
令和 4 年度 第 7 問	B	／		／		／
令和 5 年度 第 6 問	C＊	／		／		／
平成 26 年度 第 3 問	C＊	／		／		／

＊ランク C の問題と解説は,「過去問完全マスター」の HP（URL：https://jissen-c.jp/）よりダウンロードできます。

税効果会計	ランク	1回目	2回目	3回目
	B	／	／	／

■平成 29 年度　第 6 問

税効果会計に関する記述として，最も適切なものはどれか。

ア　受取配当金のうち益金に算入されない金額は，繰延税金負債を増加させる。

イ　交際費のうち損金に算入されない金額は，繰延税金資産を増加させる。

ウ　税法の損金算入限度額を超える貸倒引当金繰入額は，繰延税金資産を減少させる。

エ　税法の損金算入限度額を超える減価償却費は，繰延税金資産を増加させる。

解答	エ

■解説

税効果会計に関する理解を問う問題である。

　税効果会計とは，会計上の資産または負債と，税務上の資産または負債との認識時点の違い（会計上の費用・収益と，税法上の損金・益金の認識時点のズレ）によって生ずる法人税等の企業会計に与える影響を，発生主義に従って期間配分するための会計上の手続きのことをいう。ただし，会計上と税務上との差異には，いつかその差異が解消するものである一時差異と，永久に解消することのない永久差異とがあり，税効果会計適用の対象となるのは，このうち一時差異のみである。

	税効果	例	貸借対照表の計上科目
将来減算一時差異	当該一時差異が解消するときにその期の課税所得を減額する効果を持つ	減価償却費の限度超過額 引当金の繰入超過額 税務上認められない評価損 税務上認められない貸倒損失	繰延税金資産
将来加算一時差異	当該一時差異が解消するときにその期の課税所得を増額する効果を持つ	利益処分による準備金 利益処分による圧縮記帳	繰延税金負債

ア：不適切である。受取配当金のうち益金に算入されない金額は，会計上は収益であるが税務上は永久に益金として認められないものであり，永久差異にあたる。したがって，税効果会計適用の対象とならない。

イ：不適切である。交際費のうち損金に算入されない金額も永久差異にあたり，税効果会計適用の対象とならない。

ウ：不適切である。税法の損金算入限度額を超える貸倒引当金繰入額は，差異が解消され損金に算入された期では課税所得を減額する効果がある将来減算一時差異である。したがって，差異が発生した期では繰延税金資産を増加させ，解消期まで繰延税金資産として計上される。

エ：適切である。税法の損金算入限度額を超える減価償却費は，対象資産の除売却等により差異が解消され損金に算入された期で課税所得を減額する効果があるため，将来減算一時差異である。したがって，差異が発生した期では繰延税金資産を増加させ，解消期まで繰延税金資産として計上される。

　よって，エが正解である。

税効果会計	ランク	1回目		2回目		3回目	
	B	／		／		／	

■**令和元年度　第 8 問**

　決算に当たり，期首に取得した備品 1,200 千円（耐用年数 4 年，残存価額ゼロ）について定額法で減価償却を行った。しかし，この備品の税法上の耐用年数は 6 年であった。このとき，計上される繰延税金資産または繰延税金負債の金額として，最も適切なものはどれか。なお，法人税等の実効税率は 30％とする。また，期首における一時差異はないものとする。

　　ア　繰延税金資産：30 千円

　　イ　繰延税金資産：70 千円

　　ウ　繰延税金負債：30 千円

　　エ　繰延税金負債：70 千円

解答	ア

■**解説**

税効果会計に関する理解を問う問題である。

税効果会計とは，会計上の資産または負債と，税法上の資産または負債との認識時点の違い（会計上の費用・収益と，税法上の損金・益金の認識時点のズレ）によって生ずる法人税等の企業会計に与える影響を，発生主義に従って期間配分するための会計上の手続きのことをいう。

本問では，以下のようになる。

・会計上の減価償却費
　　1,200 千円 ÷ 4 年 = 300 千円

・税法上の減価償却費
　　1,200 千円 ÷ 6 年 = 200 千円

・減価償却費損金算入限度超過額（将来減算一時差異）
　　= 300 千円 − 200 千円 = 100 千円

・計上される繰延税金資産額
　　= 100 千円 × 実効税率 30 % = 30 千円

よって，アが正解である。

税効果会計	ランク	1回目	2回目	3回目
	B	／	／	／

■**令和 4 年度　第 7 問**

当社は資本金 1 億円以下の中小法人に該当する。当期 400 万円の繰越欠損金を計上した。そのときの仕訳として，最も適切なものはどれか（単位：万円）。なお，法人税の実効税率は 30％とする。

ア　（借）繰越利益剰余金　120　　（貸）繰越欠損金　　　120

イ　（借）繰越利益剰余金　400　　（貸）繰越欠損金　　　400

ウ　（借）繰延税金資産　　120　　（貸）法人税等調整額　120

エ　（借）法人税等調整額　120　　（貸）繰延税金負債　　120

解答	ウ

■解説

税効果会計（繰越欠損金）に関する理解を問う問題である。

課税所得がマイナスとなり税務上の欠損金が生じた場合，その発生年度の翌期以降で繰越期限切れとなるまでの期間に課税所得が生じた場合には，課税所得を減額することができる。

繰越欠損金とは，この将来に繰り越される税務上の欠損金をいい，繰越期間における課税所得から繰り越された欠損金を控除することにより，それに対応する税額が減少することから，税効果会計の適用対象となり，一時差異（将来減算一時差異）に準じるものとして取り扱われる。

本問では，当期発生400万円の繰越欠損金に対して，法人税実効税率30％として繰延税金資産を計上する。

繰越欠損金400万円×30％＝120万円

よって，ウが正解である。

6. 会計ディスクロージャー

▶▶ 出題項目のポイント

　会計ディスクロージャーとは，利害関係者に対して企業の会計情報を開示することである。企業情報開示には，制度上の情報開示と，任意の情報開示（企業のIR等）とがあるが，試験で問われる会計ディスクロージャーとは，制度上の情報開示である。

　企業会計の制度開示には，大きく分けて，金融商品取引法に基づく開示制度と，会社法に基づく開示制度の2つがある。ただし，どちらも基本的には，「企業会計原則」をベースとする「一般に公正妥当と認められる会計基準」によって作成され，情報の本質は同一のものである。

　金融商品取引法や会社法に基づく厳密な開示ルールは，上場企業や大会社に適用されるものであるが，中小企業であっても，会社法により作成義務のある計算書類において，財務諸表の各科目の配列，表示の区分や科目内容等の作成・表示ルールは，基本的には変わらない。出題頻度からみて，細かい表示項目や開示ルールまで学習する必要はないが，基本的な表示区分や科目配列程度は知っておきたいところである。

　また，中小企業が準拠することが推奨される指針として，「中小企業の会計に関する指針」（平成17年公表，平成23年7月最終改正）および「中小企業の会計に関する基本要領」（平成24年2月）が公表されている。同指針および要領は現在，推奨規定にすぎないが，同要領については，中小企業政策の一環として，平成24年より融資審査の中での金融機関からの同要領適用に関するチェックリスト提出要請や，これに伴う金利低減措置等を通じて，実務に浸透されようとしている状況にある。

▶▶ 出題の傾向と勉強の方向性

　会計ディスクロージャーに関する項目は，貸借対照表の流動・固定区分等，基本的な内容を押さえておけばよい。また，会社法の計算書類等の種類については，令和元年度第5問，平成23年度第7問，平成19年度第7問と3回問われているが，いずれも必要な書類名が問われるという基本的な問題にとどまっている。

■取組状況チェックリスト

6. 会計ディスクロージャー						

科目表示区分

問題番号	ランク	1回目		2回目		3回目
平成28年度 第2問	C*	/		/		/
令和5年度 第8問	C*	/		/		/

会社法計算書類等

問題番号	ランク	1回目		2回目		3回目
令和元年度 第5問	C*	/		/		/
令和5年度 第5問	C*	/		/		/

＊ランクCの問題と解説は，「過去問完全マスター」のHP（URL：https://jissen-c.jp/）よりダウンロードできます。

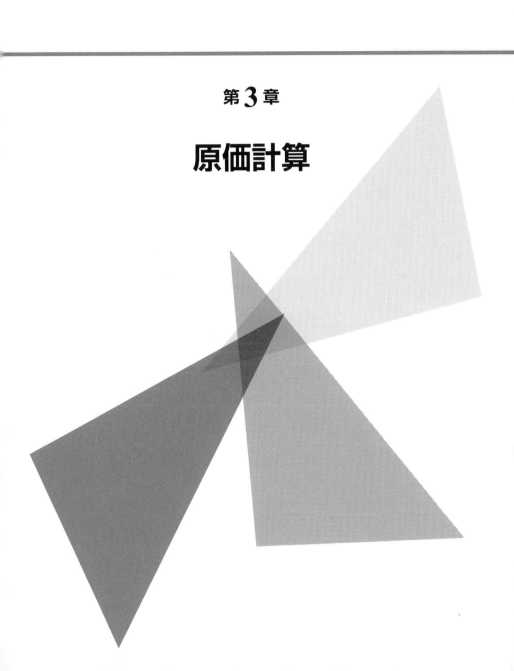

第3章

原価計算

1. 原価の定義と分類

▶▶ 出題項目のポイント

　この項目では，企業の原価計算の前提として，原価の定義と分類を理解しているかがポイントとなる。

　原価計算制度において，原価とは，経営における一定の給付にかかわらせて把握された財貨または用役の消費を，貨幣価値的に表したものである。（原価計算基準第1章三）

　原価は，経営目的（＝一定の財貨を生産・販売すること）に関連し，かつ正常なものであり，資本調達等に関する財務費用や異常な状態を原因とする価値の減少等の非原価項目は，原則として原価を構成しない。

　また，原価要素は，製造原価要素と販売費及び一般管理費の要素に分類され，製造原価要素には以下のような分類がある。（原価計算基準第2章第1節八）

　1）形態別分類：原価発生の形態による分類であり，材料費，労務費および経費に属する各費目に分類する。（材料費は，原料費・買入部品費等，労務費は，賃金・給与等，経費は，減価償却費・電力料等の諸支払経費に細分する）

　2）機能別分類：原価が経営上のいかなる機能のために発生したかによる分類であり，材料費は，主要材料費・修繕材料費等の補助材料費・工場消耗品費等に，賃金は，直接賃金・間接作業賃金・手待賃金等に，経費は，各部門の機能別経費に分類する。

　3）製品との関連における分類：製品に対する原価発生の態様，すなわち原価の発生が一定単位の製品の生成に関して直接的に認識されるかどうかの性質上の区別による分類であり，直接費と間接費とに分類する。直接費と間接費は，それぞれ材料費・加工費・経費に分類し，さらに適当に細分する。

　4）操業度との関連における分類：操業度の増減に対する原価発生の態様による分類であり，固定費と変動費とに分類する。操業度とは，生産設備を一定とした場合におけるその利用度をいう。固定費とは，操業度の増減にかかわらず変化しない原価要素をいい，変動費とは，操業度の増減に応じて比例的に増減する原価要素をいう。

　5）原価の管理可能性に基づく分類：原価の発生が一定の管理者層によって管理しうるかどうかの分類であり，管理可能費と管理不能費とに分類する。下級管理者層にとって管理不能費であるものも，上級管理者層にとっては管理可能費となることがある。

▶▶ 出題の傾向と勉強の方向性

　原価に関する出題は高頻度で出題されている。原価の定義（平成22年度第7問，平成24年度第6問，令和4年度第6問），原価の分類（平成17年度第6問，平成20年度第9問，平成25年度第9問，平成27年度第6問，平成28年度第6問，平成29年度第10問）については，原価計算基準の記載からの出題であり，原価計算の基礎として，理解しておく必要がある。

■取組状況チェックリスト

1. 原価の定義と分類							

原価の定義							
問題番号	ランク	1回目		2回目		3回目	
令和4年度　第6問	B	／		／		／	

原価の分類							
問題番号	ランク	1回目		2回目		3回目	
平成27年度　第6問	A	／		／		／	
平成28年度　第6問	A	／		／		／	
平成29年度　第10問	A	／		／		／	

原価概念							
問題番号	ランク	1回目		2回目		3回目	
平成28年度　第8問（設問1）	C*	／		／		／	
令和5年度　第16問	C*	／		／		／	

＊ランクCの問題と解説は，「過去問完全マスター」のHP（URL：https://jissen-c.jp/）よりダウンロードできます。

	ランク	1回目		2回目		3回目	
原価の定義	B	／		／		／	

■令和 4 年度　第 6 問

　原価計算における非原価項目として，最も適切なものはどれか。ただし，すべて正常なものであるとする。

　　ア　売上債権に対する貸倒引当金繰入

　　イ　減価償却費

　　ウ　仕損，減損，棚卸減耗損

　　エ　支払利息

解答	エ

■解説

原価計算における原価の定義に関する理解を問う問題である。

非原価項目とは，<u>製造原価，販売費，一般管理費以外の費用</u>であり，原価計算基準では，原価に算入しない非原価項目として，以下のような項目を挙げている。

（原価計算基準第1章五）

㈠ 経営目的に関連しない価値の減少，たとえば，

  1 次の資産に関する減価償却費，管理費，租税等の費用

    ⑴ 投資資産たる不動産，有価証券，貸付金等

    ⑵ 未稼働の固定資産

    …（中略）…

  2 寄付金等であって経営目的に関連しない支出

  3 <u>支払利息，割引料，…（中略）…等の財務費用</u>

㈡ 異常な状態を原因とする価値の減少，たとえば

  1 異常な仕損，減損，たな卸減耗等

    …（中略）…

  7 臨時多額の退職手当

    …（中略）…

㈢ 税法上とくに認められている損失算入項目

㈣ その他の利益剰余金に課する項目，たとえば

  1 法人税，所得税，都道府県民税，市町村民税

    …（中略）…

  4 任意積立金繰入額

  5 建設利息償却

なお，ア（売上債権に対する貸倒引当金繰入）は販売費及び一般管理費，イ（減価償却費）およびウ（（正常な）仕損，減損，棚卸減耗損）は製造原価または販売費及び一般管理費であり，非原価項目にはあたらない。

よって，エが正解である。

原価の分類	ランク	1回目		2回目		3回目	
	A	／		／		／	

■平成 27 年度　第 6 問

原価計算に関する記述として最も適切なものはどれか。

ア　原価計算における総原価とは，製造原価を意味する。

イ　原価計算は，財務諸表を作成する目的のためだけに行う。

ウ　原価計算は，製造業にのみ必要とされる計算手続きである。

エ　材料費・労務費・経費の分類は，財務会計における費用の発生を基礎とする
　　分類である。

解答	エ

■解説

原価計算基準における原価及び原価計算に関する理解を問う問題である。

ア：不適切である。総原価とは，製造原価のほか，販売費および一般管理費まですべて含めた概念である。

イ：不適切である。原価計算には次の5つの主目的があるとされている（原価計算基準一）。(1) 財務諸表作成目的，(2) 価格計算目的，(3) 原価管理目的，(4) 予算編成・統制目的，(5) 経営の基本計画作成目的

ウ：不適切である。原価計算は，製造業に限らず，サービス業や建設業など，非製造業でも必要とされる手続である。

エ：適切である。材料費・労務費・経費のように，財務会計における費用の発生を基礎とする分類を形態別分類という（原価計算基準八（一））。

よって，エが正解である。

原価の分類	ランク	1 回目		2 回目		3 回目	
	A	／		／		／	

■平成 28 年度　第 6 問

原価計算基準上の原価に関する記述として最も適切なものはどれか。

ア　原価には盗難による損失も含められる。

イ　財務諸表の表示上，全部原価のみが認められている。

ウ　実際原価は実際に発生した原価であって，予定価格が使われることはない。

エ　総原価とは製造原価の合計額のことをいう。

解答	イ

■解説

　原価計算基準における原価及び原価計算に関する理解を問う問題である。

　ア：不適切である。原価計算基準では，以下のように記載されている。
　　「原価は，正常的なものである。原価は，正常な状態のもとにおける経営活動を前提として，は握された価値の消費であり，<u>異常な状態を原因とする価値の減少を含まない。</u>」（原価計算基準　第一章　三　原価の本質㈣）

　イ：適切である。原価計算基準では，以下のように記載されている。
　　「㈢　全部原価と部分原価
　　原価は，集計される原価の範囲によって，全部原価と部分原価とに区別される。<u>全部原価とは，一定の給付に対して生ずる全部の製造原価又はこれに販売費および一般管理費を加えて集計したもの</u>をいい，部分原価とは，そのうち一部分のみを集計したものをいう。」（原価計算基準　第一章　四　原価の諸概念）

　　「㈠　<u>財務諸表の作成に役立つために，</u>
　　1　原価計算は原価を一定の給付にかかわらせて集計し，製品原価および期間原価を計算する。すなわち，原価計算は原則として
　　(1)　<u>すべての製造原価要素を製品に集計し，</u>損益計算書上の売上品の製造原価を売上高に対応させ，貸借対照表上仕掛品，半製品，製品等の製造原価をたな卸資産として計上することを可能にさせ，
　　(2)　また，販売費および一般管理費を計算し，これを損益計算書上期間原価として当該期間の売上高に対応させる。」
　　（原価計算基準　第一章　六　原価計算の一般的基準）

　ウ：不適切である。原価計算基準では，以下のように記載されている。
　　「実際原価は，厳密には実際の取得価格をもって計算した原価の実際発生額であるが，<u>原価を予定価格等をもって計算しても，消費量を実際によって計算する限り，それは実際原価の計算である。</u>ここに予定価格とは，将来の一定期間における実際の取得価格を予想することによって定めた価格をいう。」
　　（原価計算基準　第一章　四　原価の諸概念㈠1）

　エ：不適切である。総原価とは，製造原価のほか，販売費および一般管理費まですべて含めた概念である。

　よって，イが正解である。

原価の分類	ランク	1回目		2回目		3回目	
	A	／		／		／	

■平成 29 年度　第 10 問

原価計算基準における製造原価に関する記述として，最も適切なものはどれか。

ア　間接労務費には，直接工賃金は含まれない。

イ　形態別分類において，経費とは材料費，労務費，減価償却費以外の原価要素
　　をいう。

ウ　原価の発生が特定の製品の生産との関連で直接的に把握されないものを間接
　　費という。

エ　直接材料費，直接労務費以外の原価要素を加工費という。

解答	ウ

■解説

原価計算基準における原価の分類に関する理解を問う問題である。

ア：不適切である。直接工の賃金であっても，直接工が間接作業に従事した場合の賃金である間接作業賃金は，間接労務費に分類される。

イ：不適切である。材料費・労務費・経費のように，財務会計における費用の発生を基礎とする分類を形態別分類という（原価計算基準八（一））。減価償却費は，このうち，経費に含まれる。

ウ：適切である。原価計算基準第2章第1節八（三）では，「製品との関連における分類」として，製造原価を，その発生が製品の生成に関して直接的に認識されるかどうか（＝製品に対する原価発生の態様）により，直接費と間接費とに分類している。

エ：不適切である。加工費とは，直接材料費以外の原価要素（＝直接労務費＋直接経費＋製造間接費）を指す。

よって，ウが正解である。

2.　原価計算の種類

▶▶ 出題項目のポイント

　この項目では，各種原価計算制度を理解し，実際に簡単な計算問題まで対応できることが求められている。原価計算の種類には，個別原価計算と総合原価計算，実際原価計算と標準原価計算がある。

　個別原価計算とは，種類を異にする製品を個別的に生産する受注生産形態の場合に適用される製品原価計算方法である。受注ごとの製造指図書について個別的に直接費および間接費を集計し，製品原価は当該指図書の製品の生産完了時に算定する。

　総合原価計算とは，標準規格製品等の同種製品を反復連続的に生産する形態の場合に適用される製品原価計算方法である。一原価計算期間に発生したすべての原価要素を集計して当期製造費用を求め，これに期首仕掛品原価を加え，この合計額（＝総製造費用）を，完成品と期末仕掛品とに分割計算することにより完成品総合原価を計算し，これを製品単位に均分して単位原価を計算する。

　実際原価計算とは，製品の実際の発生原価を計算する原価計算制度をいう。

　標準原価計算とは，製品の標準原価を計算し，必要な計算段階において実際原価と標準原価との差異を分析し報告する原価計算制度である。

　各種原価計算については，その意味内容とともに，実際の計算方法と手順まで押さえる必要がある。個別原価計算制度については，製造指図書への各原価要素の集計方法や，集計した各指図書金額と財務諸表の各科目との関連性，売上原価や製品製造原価に計上されるタイミング等については理解しておきたい。

　また，総合原価計算制度については，ボックス図等を用いて，数量データと原価データをいかに整理して計算しやすくするかが重要である。

　標準原価計算制度については，実際原価との差異分析方法について，理解しておく必要がある。

▶▶ 出題の傾向と勉強の方向性

　原価計算制度については，各種類の計算問題が，過去本試験でバランスよく出題されている。総合原価計算（平成 13 年度第 8 問，平成 16 年度第 8 問，平成 18 年度第 8 問，平成 23 年度第 10 問，平成 25 年度第 11 問，平成 29 年度第 8 問，令和 5 年度第 10 問），個別原価計算（平成 15 年度第 9 問，平成 21 年度第 6 問，平成 24 年度第

7問，平成27年度第7問，平成30年度第8問，令和3年度第7問），標準原価計算（平成14年度第8問，平成17年度第7問，平成19年度第8問，平成25年度第10問，平成28年度第7問，平成29年度第9問，平成30年度第9問）と高頻度で出題されている。これまでの計算問題は難易度は高くない傾向にあるが，不安な場合は，簿記2級の工業簿記の問題集などに取り組み，ひととおりの対策をして，出題された場合には得点源にしたいところである。

■取組状況チェックリスト

2. 原価計算の種類						
総合原価計算						
問題番号	ランク	1回目		2回目		3回目
平成29年度 第8問	B	/		/		/
令和5年度 第10問	B	/		/		/
個別原価計算						
平成27年度 第7問	A	/		/		/
令和3年度 第7問	A	/		/		/
平成30年度 第8問	A	/		/		/
標準原価計算						
平成28年度 第7問	A	/		/		/
平成29年度 第9問	A	/		/		/
平成30年度 第9問	A	/		/		/
実際原価計算						
令和元年度 第9問	B	/		/		/
令和2年度 第10問	B	/		/		/
直接原価計算						
令和4年度 第12問（設問1）	C*	/		/		/
活動基準原価計算						
令和2年度 第14問	C*	/		/		/

＊ランクCの問題と解説は，「過去問完全マスター」のHP（URL：https://jissen-c.jp/）よりダウンロードできます。

※平成26年度第11問（連産品）については，没問のため掲載の対象外としている。

総合原価計算	ランク	1回目		2回目		3回目	
	B	/		/		/	

■平成 29 年度　第 8 問

　単純総合原価計算を採用している A 工場の以下の資料に基づき，平均法により計算された月末仕掛品原価として，最も適切なものを下記の解答群から選べ。なお，材料は工程の始点ですべて投入されている。

【資　料】

　(1)　当月の生産量

月初仕掛品	200 個	（加工進捗度 50％）
当月投入	800 個	
合　計	1,000 個	
月末仕掛品	400 個	（加工進捗度 50％）
当月完成品	600 個	

　(2)　当月の原価

月初仕掛品直接材料費	200 千円
月初仕掛品加工費	100 千円
当月投入直接材料費	1,000 千円
当月投入加工費	700 千円

〔解答群〕

　ア　500 千円

　イ　680 千円

　ウ　700 千円

　エ　800 千円

解答	イ

■解説

総合原価計算において期末仕掛品原価を算定させる問題である。

ボックス図を使用して，数量および原価データを整理すると，以下のようになる。

直接材料費

月初仕掛品 ＋当月投入 1,200 千円 （＝200 千円 ＋1,000 千円）	完成品 600 個
	月末仕掛品 400 個

加工費

月初仕掛品 ＋当月投入 800 千円 （＝100 千円 ＋700 千円）	完成品 600 個
	月末仕掛品 200 個（＝400 個× 進捗度 50％）

〈直接材料費〉 ＊平均法による月末仕掛品原価算出

（200 千円＋1,000 千円）÷（600 個＋400 個）× 400 個＝480 千円

〈加工費〉 ＊平均法による月末仕掛品原価算出

（100 千円＋700 千円）÷（600 個＋400 個× 50％）× 400 個× 50％＝200 千円

なお，平均法による計算の場合は，月初仕掛品数量と当月投入数量を算出する必要はなく，完成品と月末仕掛品の合計数量で月初仕掛品原価と当月投入原価の合計額を割って，月末仕掛品数量を乗じれば，回答にたどり着ける。

したがって，期末仕掛品原価は，680 千円となる（＝480 千円＋200 千円）。

よって，イが正解である。

総合原価計算	ランク	1回目	2回目	3回目
	B	/	/	/

■令和5年度　第10問

当工場の以下の資料に基づき，平均法による月末仕掛品原価として，最も適切なものを下記の解答群から選べ。なお，材料は工程の始点ですべて投入されており，減損は工程の終点で発生している。また，月末仕掛品原価の計算は度外視法によるものとする。

【資料】

(1) 当月の生産量

月初仕掛品	200kg	(50%)
当月投入	400kg	
合　　計	600kg	
正常減損	100kg	(100%)
月末仕掛品	200kg	(50%)
当月完成品	300kg	

※カッコ内は加工進捗度である。

(2) 当月の原価

	直接材料費	加工費
月初仕掛品	30,000 円	18,000 円
当月投入	120,000 円	84,000 円
合　　計	150,000 円	102,000 円

〔解答群〕

ア　70,400 円

イ　81,000 円

ウ　85,500 円

エ　108,000 円

解答	ア

■解説

総合原価計算において月末仕掛品原価を算定させる問題である。

度外視法とは，正常な仕損や減損が発生した場合に，これを無視することによって自動的に完成品や月末仕掛品に配分する方法をいう。仕損や減損が月末仕掛品の進捗度よりも後に発生していれば完成品に負担させることになる。

本問では，減損が工程の終点で発生しているため，正常減損は完成品に負担させればよい。

ボックス図を使用して，数量および原価データを整理すると，以下のようになる。

直接材料費

月初仕掛品 200kg	完成品 300kg
当月投入 400kg	正常減損 100kg
	月末仕掛品 200kg

加工費

月初仕掛品 200kg × 50% =100kg	完成品 300kg =100kg+400kg － （100kg+100kg）
当月投入 400kg	正常減損 100kg
	月末仕掛品 200kg × 50% =100kg

〈直接材料費〉　＊平均法による月末仕掛品原価算出

（月初 30,000 円＋当月投入 120,000 円）÷（月初 200kg＋当月投入 400kg）
×月末 200kg＝50,000 円

〈加工費〉　＊平均法による月末仕掛品原価算出

（月初 18,000 円＋当月投入 84,000 円）÷（月初 100kg＋当月投入 400kg）
×（月末 200kg ×進捗度 50%）＝20,400 円

以上より，期末仕掛品原価は，70,400 円となる（＝50,000 円＋20,400 円）。

よって，アが正解である。

	ランク	1回目	2回目	3回目
個別原価計算	A	／	／	／

■平成 27 年度　第 7 問

　次の資料は，工場の 20X1 年 8 月分のデータである。このとき，製造指図書＃ 123 の製造原価として最も適切なものを下記の解答群から選べ。なお，すべて当月に製造を開始した。

【資料】

（1）　製造直接費

製造指図書	材料消費量	材料単価	直接作業時間	賃　率
＃ 121	650kg	@ 110 円／ kg	90 時間	1,000 円／時
＃ 122	750kg	@ 110 円／ kg	100 時間	1,000 円／時
＃ 123	1,000kg	@ 110 円／ kg	110 時間	1,000 円／時

（2）　製造間接費

　　　実際発生額：90,000 円

（3）　製造間接費は直接作業時間を配賦基準として各製品に配賦する。

〔解答群〕

　ア　212,500 円

　イ　220,300 円

　ウ　253,000 円

　エ　262,500 円

解答	ウ

■解説

　個別原価計算における製造原価の算定に関する理解を問う問題である。

　本問においては，製造指図書 #123 の製造原価を求められているため，#123 に係る直接材料費，直接労務費，製造間接費を集計すればよい。

① 　直接材料費：110 円 /kg × 1,000kg＝110,000 円
② 　直接労務費：1,000 円 / 時× 110 時間＝110,000 円
③ 　製造間接費：90,000 円÷（90 時間＋100 時間＋110 時間）× 110 時間
　　　　　　　　＝33,000 円

　　①②③合計＝253,000 円

　よって，ウが正解である。

個別原価計算	ランク	1回目	2回目	3回目
	A	╱	╱	╱

■**令和 3 年度　第 7 問**

　以下の資料は，工場の 2020 年 8 月分のデータである。このとき，製造指図書 #11 の製造原価として，最も適切なものを下記の解答群から選べ。

【資　料】

(1)　直接費

製造指図書	材料消費量	材料単価	直接作業時間	賃　率
#11	50kg	@2,000 円／kg	100 時間	1,200 円／時
#12	60kg	@2,500 円／kg	110 時間	1,200 円／時
#13	50kg	@1,500 円／kg	90 時間	1,200 円／時

(2)　間接費

　　製造間接費実際発生額：150,000 円

　　製造間接費は直接作業時間を配賦基準として各製品に配賦する。

〔解答群〕

　ア　220,000 円

　イ　228,000 円

　ウ　270,000 円

　エ　337,000 円

解答	ウ

■解説

　個別原価計算における製造原価の算定に関する理解を問う問題である。

　本問においては，製造指図書 #11 の製造原価を求められているため，#11 に係る直接材料費，直接労務費，製造間接費を集計すればよい。

① 　直接材料費：2,000 円 /kg × 50kg ＝ 100,000 円

② 　直接労務費：1,200 円 / 時 × 100 時間 ＝ 120,000 円

③ 　製造間接費：150,000 円 ÷（100 時間 ＋ 110 時間 ＋ 90 時間）× 100 時間
　　　　　　　　 ＝ 50,000 円

　①②③合計 ＝ 270,000 円

　よって，ウが正解である。

個別原価計算	ランク	1回目	2回目	3回目
	A	／	／	／

■平成 30 年度　第 8 問

部門別個別原価計算に関する記述として，最も適切なものはどれか。

ア　部門費の第 1 次集計では，製造直接費は当該部門に賦課され，製造間接費は適当な配賦基準により関係する各部門に配賦される。

イ　部門費の第 1 次集計では，補助部門のうち工場全体の管理業務を行う工場管理部門（工場事務部門，労務部門など）には原価を集計しない。

ウ　部門費の第 2 次集計（補助部門費の配賦）において，直接配賦法を採用する場合，補助部門間の用役の授受は計算上無視される。

エ　部門費の第 2 次集計（補助部門費の配賦）において，補助部門費は，直接配賦法や相互配賦法等の方法で各製造指図書に配賦される。

解答	ウ

■解説

部門別個別原価計算に関する問題である。

　個別原価計算において製造直接費は個別の製造指図書ごとに直課されるが，製造間接費は工場内のそれぞれの部門ごとに集計したうえで各製造指図書に配賦する。このような方法を部門別個別原価計算という。

　　ア：不適切である。製造直接費は製造指図書ごとに賦課される。部門費の第1次集計では，当月に発生した製造間接費を各原価部門の部門費として集計する手続であり，配賦する手続ではない。

　　イ：不適切である。原価部門は製造部門と補助部門からなり，部門費の第1次集計では，原価部門すべてに関して原価を集計する。

　　ウ：適切である。部門費の第2次集計（補助部門費の配賦）において，直接配賦法を採用する場合，補助部門間の用役の授受は計算上無視され，製造部門にのみ配賦される。

　　エ：不適切である。部門費の第2次集計（補助部門費の配賦）において，補助部門費は，直接配賦法や相互配賦法等の方法で各製造指図書ではなく，各製造部門に配賦される。その後，製造指図書へ配賦される。

　よって，ウが正解である。

標準原価計算	ランク	1 回目		2 回目		3 回目	
	A	／		／		／	

■平成 28 年度　第 7 問

当月の直接材料に関するデータは以下のとおりであった。このとき価格差異として最も適切なものはどれか。

	消費数量	価格
実際	820kg	490 円／ kg
標準	800kg	500 円／ kg

ア　8,000 円の有利差異

イ　8,200 円の有利差異

ウ　9,800 円の不利差異

エ　10,000 円の不利差異

解答	イ

■解説

標準原価計算における直接材料費差異のうち，材料価格差異に関する理解を問う問題である。

直接材料費差異は，標準原価による直接材料費と直接材料費の実際発生額との差額である。直接材料費差異は，その発生要因から，材料価格差異と材料数量差異とに分けられる。

・材料価格差異：材料の購買価格の変動等により発生する。価格についての原価標準は，購買部門の目標とされ，部門の業績評価の指標としている企業も多い。

・材料数量差異：通常想定される作業工程の中で，標準材料使用量にいかに近づけるかという点で，作業効率の良否を判定する指標となる。

本問で与えられているデータをボックス図で表すと，以下のようになる。

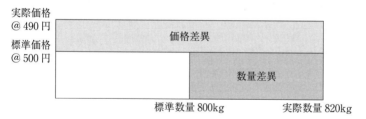

したがって，

価格差異：（標準価格@ 500 円－実際価格@ 490 円）×実際数量 820kg
　　　　　＝8,200　円（有利差異）

よって，イが正解である。

標準原価計算	ランク	1回目		2回目		3回目	
	A	／		／		／	

■平成 29 年度　第 9 問

標準原価計算を採用している B 工場の以下の資料に基づき，作業時間差異として，最も適切なものを下記の解答群から選べ。

【資　料】

(1)　原価標準（抜粋）

直接労務費　　　　　　　300 円／時間 × 6 時間 = 1,800 円

(2)　当月の生産量

月初仕掛品	40 個	（加工進捗度 50％）
当月投入	120 個	
合　計	160 個	
月末仕掛品	60 個	（加工進捗度 50％）
当月完成品	100 個	

(3)　当月の実際直接労務費

実際賃率　　　　　　　310 円／時間

実際直接作業時間　　　700 時間

〔解答群〕

ア　不利差異：12,000 円

イ　不利差異：12,400 円

ウ　有利差異：　6,000 円

エ　有利差異：　6,200 円

解答	ア

■解説

　標準原価計算における直接労務費差異のうち，作業時間差異に関する理解を問う問題である。

　本問では，まずデータとしては直接与えられていない当月の標準作業時間を算出する必要があるため，下のようなBOX図等により，当月投入量の完成品換算数量とそれに対する標準作業時間を把握する。

仕掛品（加工費）

月初仕掛品 40個×進捗度50% ＝20個	完成品 100個
当月投入 110個 ＝100個＋30個 －20個	月末仕掛品 60個×進捗度50% ＝30個

当月標準作業時間（h）＝（100個＋60個×50％－40個×50％）×6h
　　　　　　　　　　　＝110個×6h＝660h

　当月の標準作業時間が判明したら，以下のようなBOX図等を活用して，作業時間差異を算出する。

作業時間差異＝標準賃率@300円×（標準作業時間660h－実際作業時間700h）
　　　　　　＝－12,000円（不利差異）

　よって，アが正解である。

標準原価計算	ランク	1回目	2回目	3回目
	A	／	／	／

■平成 30 年度　第 9 問

当社は製造間接費の予定配賦を行っている。製造間接費予算については公式法変動予算を採用している。以下の資料に基づき，製造間接費配賦差異のうち，予算差異の金額として，最も適切なものを下記の解答群から選べ。

【資　料】

(1)　月間の製造間接費予算

　　　基準操業度 5,000 時間　固定費 150,000 千円　変動費率 20 千円／時間

(2)　当月の実際操業度　4,000 時間

(3)　当月の製造間接費実際発生額　245,000 千円

〔解答群〕

ア　不利差異：15,000 千円

イ　不利差異：30,000 千円

ウ　有利差異：15,000 千円

エ　有利差異：30,000 千円

解答	ア

■**解説**

標準原価計算における製造間接費の予算差異に関する問題である。

製造間接費は変動費と固定費で構成されているので，予算額は変動費と固定費に分けて設定する。この方法を「公式法変動予算」という。

製造間接費は期首に製造間接費予算額を基準操業度で割って「標準配賦率」を計算する。変動間接費は操業度に応じて増減するため，1時間あたりの変動製造間接費予算を計算して見積もる。これを「変動費率」という。製造間接費予算差異の計算方法は以下のとおりとなる。なお，下記の下線部分は実際操業度における予算額であり，「予算許容額」という。

製造間接費予算差異＝<u>固定費予算＋変動費率×実際操業度</u>－製造間接費実際発生額
＝150,000千円＋20千円×4,000時間－245,000千円
＝△15,000千円（不利差異）

よって，アが正解である。

材料消費価格差異	ランク	1回目	2回目	3回目
	B	／	／	／

■**令和元年度　第9問**

　8月中の材料Ｓの取引に関する以下の資料に基づき，材料消費価格差異として最も適切なものを下記の解答群から選べ。なお，材料の予定消費価格は510円／kgであり，材料の実際消費額は総平均法を用いて計算している。

【資　料】

8月1日	前月繰越	20kg	500円／kg	
10日	仕　入	30kg	600円／kg	
25日	出　庫	40kg（うち直接材料30kg　間接材料10kg）
31日	次月繰越	10kg		

〔解答群〕

　ア　1,500円の不利差異

　イ　1,500円の有利差異

　ウ　2,000円の不利差異

　エ　2,000円の有利差異

解答	ウ

■解説

実際原価計算において予定価格を使用した場合の材料消費価格差異を算出させる問題である。

材料消費価格差異は，以下のように算出される。

材料消費価格差異＝材料予定消費額－材料実際消費額
= （予定消費価格－実際消費価格）×実際消費量

本問では，まず資料データより，総平均法による材料の実際消費価格を求める。
（@ 500円／kg×20kg＋@ 600円／kg×30kg）÷（20kg＋30kg）＝@ 560円／kg

次に，上記の式にあてはめると，材料消費価格差異を求めることができる。

材料消費価格差異
= （予定消費価格@510円／kg－実際消費価格@560円／kg）×実際消費量 40kg
= －2,000 円（不利差異）

よって，ウが正解である。

実際原価計算	ランク	1回目	2回目	3回目
	B	／	／	／

■令和 2 年度　第 10 問

　以下の資料に基づき，当月の直接労務費の金額として，最も適切なものを下記の解答群から選べ。なお，予定賃率を用いて賃金消費額を計算している。

【資　料】

　1.　本年度の直接工の予定就業時間は 12,000 時間，直接工賃金予算額は 14,400,000 円である。

　2.　当月の直接工の直接作業時間は 1,100 時間，間接作業時間は 100 時間，手待時間は 200 時間であった。

〔解答群〕

　ア　1,200,000 円

　イ　1,320,000 円

　ウ　1,440,000 円

　エ　1,680,000 円

解答	イ

■解説

　実際原価計算において予定賃率を使用した場合の直接労務費を算出させる問題である。

　直接工の消費賃金（＝直接労務費）は，「＠賃率×作業時間」で計算されるが，この賃率には実際賃率の他に予定賃率を使うことも認められている。

　予定賃率は，会計年度のはじめに本年度の賃金と就業時間の予算を立て，その予算賃金を予定就業時間で割って算定する。

　本問のデータに基づいて，予定賃率と当月直接労務費を算出すると，以下のようになる。

　予定賃率＝直接工賃金予算額 14,400,000 円÷予定就業時間 12,000 時間
　　　　　＝1,200 円／時間

　当月の直接労務費＝予定賃率 1,200 円／時間×直接作業時間 1,100 時間
　　　　　　　　　＝1,320,000 円

　よって，イが正解である。

第4章

経営分析

1. 経営比率分析

▶▶ 出題項目のポイント

　経営比率分析とは，経営戦略の策定や経営者の意思決定，あるいは経営内容の評価等の各目的のために，主に財務諸表の数値を用いて，一定の指標を計算し，時系列推移や業界他社と比較すること等により，分析する手法である。

　経営比率分析に用いる各指標の種類には，一般的に，収益性分析，効率性分析，安全性分析，生産性分析がある。

　収益性分析とは，企業の収益獲得能力を評価するために行う分析である。総資本利益率や株主資本利益率等の各資本利益率，および売上高総利益率や売上高経常利益率等の各段階利益率等がある。

　効率性分析とは，収益獲得のために資本（資産）をいかに効率的に使用しているかを評価するために行う分析である。総資本回転率，売上債権回転率，有形固定資産回転率の各資本または資産回転率，および棚卸資産回転期間等の回転期間分析等がある。

　安全性分析とは，企業の支払能力および財務の健全性を評価するために行う分析である。短期の安全性分析指標として，流動比率，当座比率，長期の安全性分析指標として，固定比率，固定長期適合率，資金調達構造のバランスをみる指標として，自己資本比率，負債比率等がある。

　生産性分析とは，企業が投入した，ヒト・モノ・カネ等の生産要素が産み出した付加価値を分析することである。投入量と産出量との関係をみるもので，労働生産性や資本生産性等がある。

▶▶ 出題の傾向と勉強の方向性

　経営比率分析は，最頻出分野であり，毎年必ず出題がある。2 次試験でも必ず出題されることもあり，最も重点を置いて十分に対策しておくことが必須である。

　出題される指標は毎年 1 つだけに限られず，設問を分けて複数の種類の指標が問われたり，いくつかの指標を計算して組み合わせを選択させたり，1 つの指標の解答の算出にあたって他の指標の数値を利用する必要があったり等，出題形式もバラエティに富んでいる。

　各指標の算式を正確に覚えるだけでなく，各指標間の関連性や，数値の大小の表す意味内容等についても十分に理解しておきたい。

■取組状況チェックリスト

1. 経営比率分析

安全性指標分析

問題番号	ランク	1回目		2回目		3回目	
令和2年度 第11問	A	/		/		/	
平成28年度 第9問（設問2）	A	/		/		/	
令和元年度 第11問（設問1）	A	/		/		/	
令和3年度 第10問（設問1）	A	/		/		/	
令和3年度 第10問（設問2）	A	/		/		/	
平成27年度 第11問（設問2）	C*	/		/		/	
平成26年度 第10問	A	/		/		/	
平成29年度 第12問	A	/		/		/	
令和2年度 第12問	A	/		/		/	
令和5年度 第11問	A	/		/		/	

効率性・収益性指標分析

問題番号	ランク	1回目		2回目		3回目	
平成27年度 第11問（設問1）	A	/		/		/	
平成26年度 第9問	A	/		/		/	
令和元年度 第11問（設問2）	A	/		/		/	
平成29年度 第11問	A	/		/		/	

生産性指標分析

問題番号	ランク	1回目		2回目		3回目	
平成30年度 第10問	C*	/		/		/	
令和5年度 第12問	C*	/		/		/	

成長性分析

問題番号	ランク	1回目		2回目		3回目	
令和4年度 第17問	B	/		/		/	
令和5年度 第21問	B	/		/		/	

＊ランクCの問題と解説は，「過去問完全マスター」のHP（URL：https://jissen-c.jp/）よりダウンロードできます。

安全性指標分析	ランク	1回目		2回目		3回目	
	A	╱		╱		╱	

■令和 2 年度　第 11 問

　以下の資料に基づき計算された財務比率の値として，最も適切なものを下記の解答群から選べ。

【資　料】

貸借対照表　　　　　　（単位：千円）

資産の部		負債・純資産の部	
現金預金	25,000	買掛金	40,000
売掛金	22,000	長期借入金	70,000
商品	13,000	資本金	50,000
建物	80,000	資本剰余金	10,000
備品	60,000	利益剰余金	30,000
資産合計	200,000	負債・純資産合計	200,000

損益計算書　（単位：千円）

売上高	250,000
売上原価	180,000
売上総利益	70,000
販売費および一般管理費	40,000
営業利益	30,000
支払利息	4,000
税引前当期純利益	26,000
法人税等	8,000
当期純利益	18,000

〔解答群〕

　ア　固定長期適合率は 155.6％である。

　イ　自己資本比率は 25％である。

　ウ　自己資本利益率（ROE）は 30％である。

　エ　当座比率は 117.5％である。

解答	エ

■解説

安全性分析に関する指標についての理解を問う問題である。

ア：不適切である。

固定長期適合率＝固定資産÷（固定負債＋純資産）

$$= （80,000+60,000） ÷ （200,000 - 40,000）$$

$$= 87.5\%$$

なお，（固定負債＋純資産）＝ 70,000 ＋ 50,000 ＋ 10,000 ＋ 30,000　であるが，本間では，総資本から買掛金を差し引いたほうが早いため，上記では差引計算で求めている。

イ：不適切である。

自己資本比率＝純資産÷総資本

$$= （50,000 + 10,000 + 30,000） ÷ 200,000$$

$$= 45\%$$

ウ：不適切である。

自己資本利益率＝当期純利益÷自己資本

$$= 18,000 ÷ （50,000 + 10,000 + 30,000）$$

$$= 20\%$$

エ：適切である。

当座比率＝当座資産÷流動負債

$$= （25,000 + 22,000） ÷ 40,000$$

$$= 117.5\%$$

よって，エが正解である。

安全性指標分析	ランク	1 回目	2 回目	3 回目
	A	／	／	／

■平成 28 年度　第 9 問（設問 2）

次の貸借対照表と損益計算書について，下記の設問に答えよ。

貸借対照表　　　　　　　　（単位：千円）

資産の部			負債・純資産の部		
	20X1 年	20X2 年		20X1 年	20X2 年
現金預金	30,000	20,000	買掛金	30,000	50,000
売掛金	20,000	55,000	未払費用	9,000	17,000
貸倒引当金	△1,000	△3,000	長期借入金	―	100,000
商品	40,000	50,000	資本金	100,000	100,000
建物・備品	100,000	225,000	利益剰余金	20,000	40,000
減価償却累計額	△30,000	△40,000			
	159,000	307,000		159,000	307,000

20X2 年　　　　　　　損益計算書　　　　（単位：千円）

売上原価	60,000	売上	125,000
給与	28,000		
減価償却費	10,000		
貸倒引当金繰入	2,000		
支払利息	5,000		
当期純利益	20,000		
	125,000		125,000

財政状態に関する記述として最も適切なものはどれか。

ア　固定比率は改善している。

イ　自己資本比率は改善している。

ウ　正味運転資本は減少している。

エ　流動比率は悪化している。

解答	エ

■解説

安全性に関する経営比率分析の理解を問う問題である。

ア：不適切である。固定比率＝固定資産÷純資産であり，低い方が望ましい。
　・20X1 年：$(100,000 - 30,000) ÷ (100,000 + 20,000) ≒ 58.333\%$
　・20X2 年：$(225,000 - 40,000) ÷ (100,000 + 40,000) ≒ 132.142\%$
　　したがって，固定比率は悪化している。

イ：不適切である。自己資本比率＝純資産÷総資本であり，高い方が望ましい。
　・20X1 年：$(100,000 + 20,000) ÷ 159,000 ≒ 75.471\%$
　・20X2 年：$(100,000 + 40,000) ÷ 307,000 ≒ 45.602\%$
　　したがって，自己資本比率は悪化している。

ウ：不適切である。正味運転資本＝流動資産－流動負債であり，高い方が望ましい。
　・20X1 年：$(30,000 + 20,000 - 1,000 + 40,000) - (30,000 + 9,000) = 50,000$
　・20X2 年：$(20,000 + 55,000 - 3,000 + 50,000) - (50,000 + 17,000) = 55,000$
　　したがって，正味運転資本は増加している。

エ：適切である。流動比率＝流動資産÷流動負債であり，高い方が望ましい。
　・20X1 年：$(30,000 + 20,000 - 1,000 + 40,000) ÷ (30,000 + 9,000) ≒ 228.205\%$
　・20X2 年：$(20,000 + 55,000 - 3,000 + 50,000) ÷ (50,000 + 17,000) ≒ 182.089\%$
　　したがって，流動比率は悪化している。

よって，エが正解である。

安全性指標分析	ランク	1回目	2回目	3回目
	A	／	／	／

■令和元年度　第 11 問（設問 1）

当社の貸借対照表および損益計算書は以下のとおりであった。下記の設問に答えよ。

貸借対照表　　　　　　　（単位：千円）

資産			負債・純資産		
	20X1 年	20X2 年		20X1 年	20X2 年
現金預金	11,000	12,000	買掛金	40,000	60,000
売掛金	34,000	38,000	長期借入金	40,000	50,000
商品	35,000	42,000	資本金	50,000	50,000
建物・備品	80,000	108,000	利益剰余金	30,000	40,000
	160,000	200,000		160,000	200,000

損益計算書　　（単位：千円）

	20X1 年	20X2 年
売上高	128,000	210,000
売上原価	84,000	159,000
売上総利益	44,000	51,000
販売費および一般管理費	28,000	30,000
営業利益	16,000	21,000
（以下略）		

（設問 1）

20X2 年の固定比率の値として，最も適切なものはどれか。

ア　54%

イ　77%

ウ　120%

エ　216%

解答	ウ

■解説

安全性分析に関する指標についての理解を問う問題である。

本問で求められている「固定比率」は，固定資産÷純資産（自己資本）で算出される。

　　20X2 年 固定資産＝建物・備品 108,000 円
　　20X2 年 自己資本＝資本金 50,000 千円＋利益剰余金 40,000 千円＝90,000 千円

　　108,000 千円÷90,000 千円＝120％

よって，ウが正解である。

安全性指標分析	ランク	1回目	2回目	3回目
	A	／	／	／

■令和3年度　第10問（設問1）

以下の貸借対照表と損益計算書について，下記の設問に答えよ。

貸借対照表（2020年度末）　　　　　（単位：千円）

資産の部		負債および純資産の部	
I　流動資産	40,000	I　流動負債	50,000
現金・預金	2,000	II　固定負債	34,000
受取手形・売掛金	16,000		
商品	9,000	III　純資産	
その他	13,000	株主資本	66,000
II　固定資産	110,000		
資産合計	150,000	負債・純資産合計	150,000

損益計算書（2020年度）　（単位：千円）

I	売上高	220,000
II	売上原価	160,000
	売上総利益	60,000
III	販売費・一般管理費	50,000
	営業利益	10,000
IV	営業外収益	
	受取利息	4,000
V	営業外費用	
	支払利息	1,000
	その他	1,000
	税引前当期純利益	12,000
	法人税，住民税及び事業税	3,600
	当期純利益	8,400

（設問1）

固定長期適合率として，最も適切なものはどれか。

ア　60%

イ　110%

ウ　150%

エ　167%

解答	イ

■解説

　安全性分析に関する指標についての理解を問う問題である。

　本問で求められている「固定長期適合率」は，固定資産÷（固定負債＋純資産）で算出される。

　本問の数値データをあてはめると，以下のようになる。

$$固定長期適合率 = \frac{固定資産}{固定負債 + 純資産} = \frac{110,000}{34,000 + 66,000} = 110\%$$

　よって，イが正解である。

安全性指標分析	ランク	1回目	2回目	3回目
	A	／	／	／

■令和 3 年度　第 10 問（設問 2）

以下の貸借対照表と損益計算書について，下記の設問に答えよ。

貸借対照表（2020 年度末）　　　　　（単位：千円）

資産の部		負債および純資産の部	
Ⅰ　流動資産	40,000	Ⅰ　流動負債	50,000
現金・預金	2,000	Ⅱ　固定負債	34,000
受取手形・売掛金	16,000		
商品	9,000	Ⅲ　純資産	
その他	13,000	株主資本	66,000
Ⅱ　固定資産	110,000		
資産合計	150,000	負債・純資産合計	150,000

損益計算書（2020 年度）　（単位：千円）

Ⅰ	売上高	220,000
Ⅱ	売上原価	160,000
	売上総利益	60,000
Ⅲ	販売費・一般管理費	50,000
	営業利益	10,000
Ⅳ	営業外収益	
	受取利息	4,000
Ⅴ	営業外費用	
	支払利息	1,000
	その他	1,000
	税引前当期純利益	12,000
	法人税，住民税及び事業税	3,600
	当期純利益	8,400

（設問 2）

インタレスト・カバレッジ・レシオとして，最も適切なものはどれか。

ア　4 倍

イ　11 倍

ウ　12 倍

エ　14 倍

解答	エ

■解説

安全性分析に関する指標についての理解を問う問題である。

インタレスト・カバレッジ・レシオは，金融費用の支払い能力を測るための指標であり，年間の事業利益（営業利益＋受取利息・配当金）が，金融費用（支払利息・割引料）の何倍であるかを示す。

本問の数値データから，以下のように算出される。

$$インタレスト・カバレッジ・レシオ = \frac{事業利益}{金融費用} = \frac{10,000 + 4,000}{1,000} = 14 \text{ 倍}$$

よって，エが正解である。

安全性指標分析	ランク	1回目		2回目		3回目	
	A	／		／		／	

■平成 26 年度　第 10 問

　特定の資産を費用化することによる財務比率への影響に関する記述として，最も適切なものの組み合わせを下記の解答群から選べ。なお，純利益は自己資本よりも小さいものとする。

　　a　他の条件を一定とすると，自己資本純利益率は不変である。

　　b　他の条件を一定とすると，総資本純利益率は下落する。

　　c　他の条件を一定とすると，負債比率は上昇する。

　　d　他の条件を一定とすると，流動比率は上昇する。

〔解答群〕

　ア　a と b

　イ　a と c

　ウ　b と c

　エ　b と d

　オ　c と d

解答	ウ

■解説

安全性指標と収益性指標に関する問題である。

「資産を費用化する」ということは，資産が減少し，費用が増加するということになる。例えとしては，減価償却などがイメージしやすいであろう。

資産が減少すると総資本が減少する。費用が増加すると利益が減少する。

a：不適切である。利益は減少し，他の条件が一定かつ，純利益＜自己資本なので，自己資本も減少するが，減少幅は純利益よりも小さいため，不変ではなく減少するが正しい。

b：適切である。利益は減少し，他の条件が一定かつ，純利益＜自己資本なので，総資本も減少するが，減少幅は純利益よりも小さいため，総資本純利益率は減少する。

c：適切である。負債比率＝負債÷自己資本であるが，他の条件が一定ということから，特定の資産を費用化すると純利益が含まれる自己資本が減少し，負債は不変のため，負債比率は上昇する。

d：不適切である。流動比率＝流動資産÷流動負債であるが，他の条件が一定ということから，流動負債は増減しない。費用化する対象の資産が流動資産であれば，流動比率は減少する。費用化する対象の資産が固定資産であれば，流動資産は減少しないので不変となる。したがって，減少するまたは不変が正しく，上昇することはない。

以上より，bとcが適切である。

よって，ウが正解である。

安全性指標分析	ランク	1回目		2回目		3回目	
	A	／		／		／	

■平成 29 年度　第 12 問

　長期借入金により資金を調達し，その全額を設備投資（新規の生産設備の取得）に使用したとする。他の条件を一定とすると，これによる財務比率への影響に関する記述として，最も適切なものの組み合わせを下記の解答群から選べ。

　　a　固定比率は不変である。

　　b　自己資本比率は悪化する。

　　c　当座比率は悪化する。

　　d　流動比率は不変である。

〔解答群〕

　ア　aとb

　イ　aとc

　ウ　aとd

　エ　bとc

　オ　bとd

解答	オ

■解説

安全性分析に関する指標についての理解を問う問題である。

本問では，長期借入金により資金調達を行い（＝固定負債の増加），全額を設備投資に使用（＝固定資産の増加）した場合に，安全性分析の各指標がどのように変化するかについて問われている。

a：不適切である。固定比率は，「固定資産÷自己資本」で求められるのに対し，固定資産が増加することにより，比率は悪化する。

b：適切である。自己資本比率は，「自己資本÷総資産」で求められるのに対し，総資産が増加することにより，比率は悪化する。

c：不適切である。当座比率は，「当座資産÷流動負債」で求められるのに対し，長期借入金による設備投資は各項目に影響を与えないため，当座比率は変動しない。

d：適切である。流動比率は，「流動資産÷流動負債」で求められるのに対し，長期借入金による設備投資は各項目に影響を与えないため，流動比率は変動しない。

よって，オが正解である。

25

安全性指標分析	ランク	1回目		2回目		3回目	
	A	／		／		／	

■令和 2 年度　第 12 問

自己株式を現金で取得し，消却したとする。他の条件を一定とすると，これによる財務比率への影響に関する記述として，最も適切なものの組み合わせを下記の解答群から選べ。

a　固定比率は不変である。

b　自己資本利益率は向上する。

c　総資本利益率は不変である。

d　流動比率は悪化する。

〔解答群〕

ア　aとb

イ　aとc

ウ　bとc

エ　bとd

オ　cとd

解答	エ

■解説

自己株式取得および消却処理の経営指標への影響について理解を問う問題である。

自己株式を現金で取得し，消却した場合の会計処理は以下のようになる。

＜自己株式取得時＞

自己株式（純資産のマイナス項目）が増加（＝純資産が減少）するとともに，現金（流動資産）が減少することになる。

（借）自己株式（純資産のマイナス項目）×× （貸）現金 ××

＜自己株式消却時＞

その他資本剰余金（純資産）が減少するとともに，自己株式（純資産のマイナス項目）が減少（＝純資産が増加）し，結果として純資産全体としては変わらないことになる。

（借）その他資本剰余金 ×× （貸）自己株式（純資産のマイナス項目）××

以上より，自己株式の取得と消却の処理をあわせると，純資産と現金が減少することになる。

- a：不適切である。固定比率は「固定資産÷純資産」で算出されるが，上記より純資産が減少するため分母が小さくなり，固定比率は大きくなる（悪化する）。
- b：適切である。自己資本利益率は「当期純利益÷自己資本」で算出されるが，上記より純資産（自己資本）が減少するため分母が小さくなり，自己資本利益率は向上する。
- c：不適切である。総資本利益率は「当期純利益÷総資本」で算出されるが，上記より，純資産と現金（流動資産）が減少するため総資本が減少し分母が小さくなる。したがって，総資本利益率は向上する。
- d：適切である。流動比率は「流動資産÷流動負債」で算出されるが，上記より，現金（流動資産）が減少するため分子が小さくなり，流動比率は悪化する。

よって，エが正解である。

安全性指標分析	ランク	1回目	2回目	3回目
	A	／	／	／

■**令和 5 年度　第 11 問**

余剰現金の使途として，新規の設備の購入（D 案）と長期借入金の返済（E 案）を比較検討している。他の条件を一定とすると，D 案と E 案の財務諸表および財務比率への影響に関する記述として，最も適切なものはどれか。

　ア　固定長期適合率は，D 案では悪化するが，E 案では改善する。

　イ　自己資本比率は，D 案では不変であるが，E 案では改善する。

　ウ　総資産は，D 案，E 案ともに不変である。

　エ　流動比率は，D 案では悪化するが，E 案では改善する。

解答	イ

■解説

安全性に関する経営比率分析について理解を問う問題である。

本問において，D 案は，余剰現金（資産）を新規の設備（資産）に変える案であり，E 案は，余剰現金（資産）を使って長期借入金（負債）の返済を行う案である。

ア：不適切である。
固定長期適合率は，「固定資産÷（固定負債＋純資産）」で算出され，数値が低いほうが良好な水準を表す。
D 案では，新規設備の購入により固定資産が増加するため，固定長期適合率の数値は高くなる（悪化する）。E 案でも，長期借入金の返済により固定負債が減少する一方，固定資産は不変のため，固定長期適合率は高くなる（悪化する）。

イ：適切である。
自己資本比率は，「純資産÷総資本」で算出され，数値が高いほうが良好である。
D 案では，資産である現金が資産である設備に変わるのみであるため，自己資本比率に影響はない。E 案では，固定負債である長期借入金が減少することによって総資本が減少するため，自己資本比率は高くなる（改善する）。

ウ：不適切である。
余剰現金で新規の設備を購入した場合（D 案），資産である現金が資産である設備に変わるのみであるため総資産は不変である。長期借入金を返済した場合（E 案）には，資産である現金及び負債である長期借入金が減少することによって，総資産は減少することになる。

エ：不適切である。
流動比率は，「流動資産÷流動負債」で算出され，数値が高いほうが良好である。
D 案では，新規設備購入により流動資産（余剰現金）が減少する一方，流動負債は変わらないため，流動比率は低下（悪化）する。E 案では長期借入金の返済により負債が減少するものの，流動負債ではないため，流動比率に直接的な影響はない。

よって，イが正解である。

効率性・収益性指標分析	ランク	1回目	2回目	3回目
	A	／	／	／

■平成 27 年度　第 11 問（設問 1）

次の貸借対照表と損益計算書について，下記の設問に答えよ。

貸借対照表（平成 X5 年度）　（単位：千円）

資産の部		負債および純資産の部	
I　流動資産	80,000	I　流動負債	100,000
現金・預金	4,000	支払手形・買掛金	30,000
受取手形・売掛金	32,000	短期借入金	30,000
棚卸資産	18,000	その他	40,000
その他	26,000	II　固定負債	68,000
II　固定資産	220,000	III　純資産	132,000
資産合計	300,000	負債・純資産合計	300,000

損益計算書（平成 X5 年度）（単位：千円）

I	売 上 高	440,000
II	売上原価	320,000
	売上総利益	120,000
III	販売費・一般管理費	100,000
	営業利益	20,000
IV	営業外収益	
	受取家賃	9,500
V	営業外費用	
	支払利息	1,500
	その他	5,000
	税引前当期純利益	23,000
	法人税等	11,500
	当期純利益	11,500

（設問 1）

総資産回転率として最も適切なものはどれか。

ア　0.68 回　　　　イ　0.87 回

ウ　1.25 回　　　　エ　1.47 回

解答	エ

■解説

効率性に関する経営比率分析の理解を問う基本的な問題である。

総資産（総資本）回転率とは，調達された資金（負債＋純資産）がどれだけ効率よく売上高獲得に使われているかを表す指標であり，下記の式で算出される。

総資産回転率（回）＝売上高÷総資産

本問では，
総資産回転率＝440,000 ÷ 300,000 ≒ 1.47（回）

よって，エが正解である。

効率性・収益性 指標分析	ランク	1 回目		2 回目		3 回目	
	A	/		/		/	

■平成 26 年度　第 9 問

以下の資料に基づき，X1 年度と X2 年度の経営状態の変化を表す記述として，最も適切なものの組み合わせを下記の解答群から選べ。

【資料】

	X1 年度	X2 年度
売上高純利益率	5%	4%
自己資本比率	50%	40%
総資本回転率	2.0	2.2

a　X1 年度と比較して X2 年度は自己資本純利益率が下落した。

b　X1 年度と比較して X2 年度は自己資本純利益率が上昇した。

c　X1 年度と比較して X2 年度は総資本純利益率は下落した。

d　X1 年度と比較して X2 年度は総資本純利益率は上昇した。

〔解答群〕

ア　a と c

イ　a と d

ウ　b と c

エ　b と d

	解答	ウ

■解説

資料に式を加えると，以下のようになる。

	式	X1年度	X2年度
売上高純利益率	純利益÷売上高×100	5%	4%
自己資本比率	自己資本÷総資本×100	50%	40%
総資本回転率	売上高÷総資本	2.0	2.2

①自己資本純利益率の算出と年度比較

自己資本純利益率は以下のように展開できる。

自己資本純利益率＝純利益÷自己資本

＝（純利益÷売上高）×（売上高÷総資本）×（総資本÷自己資本）

＝売上高純利益率×総資本回転率÷自己資本比率

以上の式に上記表の各数値を代入して年度比較を行う。

X1年度の自己資本純利益率＝0.05 × 2.0 ÷ 0.5 = 0.2

X2年度の自己資本純利益率＝0.04 × 2.2 ÷ 0.4 = 0.22

以上より，X1年度と比較してX2年度は自己資本純利益率が上昇した。(b)

②総資本純利益率の算出と年度比較

総資本純利益率は以下のように展開できる。

総資本純利益率＝純利益÷総資本

＝（純利益÷売上高）×（売上高÷総資本）

＝売上高純利益率×総資本回転率

以上の式に上記表の各数値を代入して年度比較を行う。

X1年度の総資本純利益率＝0.05 × 2.0 = 0.1

X2年度の総資本純利益率＝0.04 × 2.2 = 0.088

以上より，X1年度と比較してX2年度は総資本純利益率は下落した。(c)

①と②の結果より，選択肢bとcが正しい。

よって，ウが正解である。

効率性・収益性指標分析	ランク	1回目	2回目	3回目
	A	／	／	／

■令和元年度　第 11 問（設問 2）

当社の貸借対照表および損益計算書は以下のとおりであった。下記の設問に答えよ。

貸借対照表　　　　　　　（単位：千円）

資産			負債・純資産		
	20X1 年	20X2 年		20X1 年	20X2 年
現金預金	11,000	12,000	買掛金	40,000	60,000
売掛金	34,000	38,000	長期借入金	40,000	50,000
商品	35,000	42,000	資本金	50,000	50,000
建物・備品	80,000	108,000	利益剰余金	30,000	40,000
	160,000	200,000		160,000	200,000

損益計算書　　（単位：千円）

	20X1 年	20X2 年
売上高	128,000	210,000
売上原価	84,000	159,000
売上総利益	44,000	51,000
販売費および一般管理費	28,000	30,000
営業利益	16,000	21,000
（以下略）		

（設問 2）

20X1 年から 20X2 年の総資本営業利益率の変化とその要因に関する記述として，最も適切なものはどれか。

ア　総資本営業利益率は上昇したが，その要因は売上高営業利益率の上昇である。

イ　総資本営業利益率は上昇したが，その要因は総資本回転率の上昇である。

ウ　総資本営業利益率は低下したが，その要因は売上高営業利益率の低下である。

エ　総資本営業利益率は低下したが，その要因は総資本回転率の低下である。

181

解答	イ

■**解説**

効率性分析に関する指標についての理解を問う問題である。

効率性分析の代表的経営指標である総資本営業利益率は，以下の式のように，売上高営業利益率と総資本回転率とに分解できる。

総資本営業利益率（％）＝売上高営業利益率（％）×総資本回転率（回）

また，それぞれの算式は，以下のとおりである。

・総資本営業利益率（％）＝営業利益÷総資本×100

・売上高営業利益率（％）＝営業利益÷売上高×100

・総資本回転率（回）＝売上高÷総資本

本問では，20X1 年から 20X2 年の変化とその要因について問われているため，各年度の各指標を算出してみる。

・20X1 年：
   ・総資本営業利益率（％）＝営業利益 16,000 ÷総資本 160,000×100＝10％
   ・売上高営業利益率（％）＝営業利益 16,000 ÷売上高 128,000×100＝12.5％
   ・総資本回転率（回）＝売上高 128,000÷総資本 160,000＝0.8 回

・20X2 年：
   ・総資本営業利益率（％）＝営業利益 21,000÷総資本 200,000×100＝10.5％
   ・売上高営業利益率（％）＝営業利益 21,000÷売上高 210,000×100＝10％
   ・総資本回転率（回）＝売上高 210,000÷総資本 200,000＝1.05 回

以上より，20X1 年の総資本営業利益率 10％は，20X2 年に 10.5％へ上昇しており，その要因は，総資本回転率が 0.8 回から 1.05 回へ上昇したことにあることがわかる。

よって，イが正解である。

安全性・収益性 指標分析	ランク	1回目		2回目		3回目	
	A	／		／		／	

■平成 29 年度　第 11 問

次の資料に基づき計算された財務比率の値として，最も適切なものを下記の解答群から選べ。

【資　料】

貸借対照表　　　　　　　（単位：千円）

資産の部		負債・純資産の部	
現金預金	40,000	買掛金	40,000
売掛金	30,000	長期借入金	60,000
商品	50,000	資本金	80,000
建物・備品	80,000	利益剰余金	20,000
資産合計	200,000	負債・純資産合計	200,000

損益計算書(単位：千円)

売上高	240,000
売上原価	120,000
給与	72,000
減価償却費	26,000
営業利益	22,000
支払利息	4,000
税引前当期純利益	18,000
法人税等	9,000
当期純利益	9,000

〔解答群〕

ア　インタレスト・カバレッジ・レシオは 5.5 倍である。

イ　固定長期適合率は 80％である。

ウ　自己資本利益率は 11.3％である。

エ　総資本営業利益率は 27.5％である。

解答	ア

■解説

安全性分析と収益性分析の指標についての理解を問う問題である。

ア：適切である。

$$インタレスト・カバレッジ・レシオ \frac{事業利益}{金融費用} = \frac{22,000}{4,000} = 5.5倍$$

イ：不適切である。

$$固定長期適合率 = \frac{固定資産}{固定負債 + 純資産} = \frac{80,000}{60,000 + 80,000 + 20,000} = 50.0\%$$

ウ：不適切である。

$$自己資本利益率 = \frac{当期純利益}{自己資本} = \frac{9,000}{80,000 + 20,000} = 9.0\%$$

エ：不適切である。

$$総資本営業利益率 = \frac{営業利益}{総資産} = \frac{22,000}{200,000} = 11.0\%$$

よって，アが正解である。

成長性分析	ランク	1回目		2回目		3回目	
	B	／		／		／	

■**令和4年度　第17問**

　以下の資料に基づき計算したサステナブル成長率（内部留保のみを事業に投資した場合の純資産の成長率）として，最も適切なものを下記の解答群から選べ。

【資　料】

売上高	5,000万円
当期純利益	200万円
総資産	4,000万円
純資産	1,000万円
配当	80万円

〔解答群〕

　ア　2％

　イ　3％

　ウ　8％

　エ　12％

解答	エ

■解説

　サステナブル成長率について理解を問う問題である。

　サステナブル成長率（SGR）とは，外部資金調達を行わずに内部留保の再投資のみ
で実現できる成長率のことであり，以下のような式で表される。

　サステナブル成長率　＝　内部留保率（再投資比率）　×　資本利益率（ROE）

　内部留保率は，「1－配当性向」と考えられるため，さらに以下のように展開できる。

　サステナブル成長率　＝　（1－配当性向）　×　資本利益率（ROE）

　本問における数値をあてはめると，以下のように算出することができる。

　サステナブル成長率　＝　（1－80万円÷200万円）　×　（200万円/1,000万円）
　　　　　　　　　　　　＝12％

　よって，エが正解である。

成長性分析	ランク	1回目		2回目		3回目	
	B	/		/		/	

■**令和5年度　第21問**

　サステナブル成長率に関する記述として，最も適切なものはどれか。ただし，ROE および配当性向は毎期一定とする。

　　ア　企業が毎期の純利益の全額を配当する場合，サステナブル成長率はリスクフリー・レートに一致する。

　　イ　サステナブル成長率は，ROE に配当性向を乗じることで求められる。

　　ウ　サステナブル成長率は，事業環境に左右されるが，内部留保率には左右されない。

　　エ　サステナブル成長率は，配当割引モデルにおける配当成長率として用いることができる。

解答	エ

■解説

サステナブル成長率について，基本的な理解を問う問題である。

サステナブル成長率とは，企業が外部資金を追加せずに，利益（＝内部留保）の再投資によって達成できる成長率をいう。

ROE（自己資本利益率）と配当性向（配当額／純利益）により，次の式で計算される。

サステナブル成長率 ＝ ROE ×（1－配当性向）＝ROE ×内部留保率

ア：不適切である。純利益の全額を配当すると，内部留保がゼロになるため，サステナブル成長率もゼロになる。

イ：不適切である。サステナブル成長率は，ROE に（1－配当性向）を乗じることで求められる。

ウ：不適切である。サステナブル成長率は内部留保率（＝1－配当性向）に直接的に影響される。

エ：適切である。サステナブル成長率は，配当割引モデルにおいて企業の成長可能性を反映する指標として使用されることがある。

よって，エが正解である。

2.　損益分岐点分析

▶▶ 出題項目のポイント

損益分岐点分析を中心に CVP 分析の手法についての理解を問われる。

CVP 分析（Cost-Volume-Profit Analysis）とは，売上高が増減したときに，原価と利益がどう変化するかについて等，原価と売上（営業量）と利益の関係を分析する管理会計上のポピュラーな手法であり，企業の利益計画や戦略策定の際などに用いられる。

損益分岐点（BEP：Break Even Point）とは，原価と等しく，利益がゼロとなる営業量のことであり，損益分岐点売上高とは損益分岐点における売上高を指す。

損益分岐点分析の分野では，損益分岐点売上高のほか，損益分岐点比率，安全余裕率，目標売上高，感度分析（予測データの変化の利益への影響分析）などが問われる。

①損益分岐点売上高

基礎となる損益分岐点売上高は，さまざまな式で求めることができるが，一番覚えやすいのは下記の 2 つの式である。

損益分岐点売上高 − 損益分岐点売上高 × 変動費率 − 固定費 = 0

損益分岐点売上高 = 固定費 ÷（1 − 変動費率）

なお，1 − 変動費率は限界利益率とも呼ばれる。

②損益分岐点比率

損益分岐点売上高を実際の売上高がどれだけ超えているか（いないか）を分析するための指標であり，低ければ低いほうが望ましい。式は以下のとおりである。

損益分岐点比率 = 損益分岐点売上高 ÷ 実際の売上高

③安全余裕率

実際の売上高が損益分岐点売上高（損益 0 の売上高）までどれぐらいの余裕があるかを率で示した指標である。高ければ高いほうがよい。式は次のとおりである。

$$安全余裕率 = (実際の売上高 - 損益分岐点売上高) \div 実際の売上高$$
$$= 1 - 損益分岐点比率$$

なお，変動費率は現時点の売上高に対する変動費の比率である。

▶▶ 出題の傾向と勉強の方向性

ほぼ毎年出題され，2次試験でも頻繁に問われる分野であり，実務でも最も基本的な分析手法の1つである。

上記の各項目は，さまざまな問われ方の可能性がある感度分析以外は，どれも基本的なものとして，ストレスなく算出できるレベルにしておきたい。

■取組状況チェックリスト

2. 損益分岐点分析							
損益分岐点分析							
問題番号	ランク	1回目		2回目		3回目	
平成27年度 第10問（設問1）	A	／		／		／	
令和2年度 第21問（設問1）	A	／		／		／	
令和4年度 第12問（設問2）	A	／		／		／	
平成27年度 第10問（設問2）	A	／		／		／	
令和2年度 第21問（設問2）	A	／		／		／	
平成28年度 第8問（設問2）	A	／		／		／	
平成26年度 第7問	A	／		／		／	
平成30年度 第11問（設問1）	A	／		／		／	
平成30年度 第11問（設問2）	A	／		／		／	
令和3年度 第12問	A	／		／		／	

	ランク	1回目	2回目	3回目
損益分岐点分析	A	／	／	／

■平成 27 年度　第 10 問（設問 1）

前期と今期の損益計算書は次のように要約される。下記の設問に答えよ。

損益計算書　　　　（単位：千円）

	前　期		今　期	
売上高		24,000		28,000
変動費	14,400		15,400	
固定費	7,200	21,600	9,000	24,400
営業利益		2,400		3,600

（設問 1）

今期の損益分岐点売上高として最も適切なものはどれか。

ア　12,000 千円

イ　16,400 千円

ウ　18,000 千円

エ　20,000 千円

解答	エ

■解説

損益分岐点売上高を算出する基本的な問題である。

損益分岐点売上高とは，利益がちょうど0となる売上高であり，次の算式によって求められる。

$$損益分岐点売上高 = \frac{固定費}{限界利益率}$$

なお，限界利益率 = 1 - 変動費率

$$= 1 - \frac{変動費}{売上高} \quad である。$$

本問では今期の数値データを用いて，以下のように算出する。

・限界利益率 = 1 - 15,400 ÷ 28,000 = 45%
・損益分岐点売上高 = 9,000 ÷ 45% = 20,000

よって，エが正解である。

損益分岐点分析	ランク	1回目	2回目	3回目
	A	／	／	／

■令和2年度　第21問（設問1）

G社の前期と当期の損益計算書は以下のように要約される。下記の設問に答えよ。

損益計算書　　（単位：万円）

	前期		当期	
売 上 高		2,500		2,400
変 動 費	1,250		960	
固 定 費	1,000	2,250	1,200	2,160
営 業 利 益		250		240

（設問1）

当期の損益分岐点売上高として，最も適切なものはどれか。

ア　1,600万円

イ　1,800万円

ウ　2,000万円

エ　3,000万円

解答	ウ

■解説

損益分岐点売上高を算出する基本的な問題である。

損益分岐点売上高とは，利益がちょうど0となる売上高であり，次の算式によって求められる。

$$損益分岐点売上高 = \frac{固定費}{限界利益率}$$

なお，限界利益率＝1－変動費率

$$= 1 - \frac{変動費}{売上高} \quad である。$$

当期の損益分岐点売上高を求められているため，当期の数値データを用いて，上記の算式により以下のように算出する。

・限界利益率＝1－960 ÷ 2,400＝60％

・損益分岐点売上高＝1,200 ÷ 60%＝2,000

よって，ウが正解である。

損益分岐点分析	ランク	1回目		2回目		3回目	
	A	/		/		/	

■令和 4 年度　第 12 問（設問 2）

当工場では，単一製品 X を製造・販売している。以下の資料に基づいて，下記の設問に答えよ。

【資　料】

当期における実績値は次のとおりであった。

製造原価	販売費及び一般管理費
直接材料費……240 円／個	変動販売費……………………100 円／個
直接労務費……160 円／個	固定販売費・一般管理費…50,000 円
製造間接費	
変動費……100 円／個	
固定費……200,000 円	

また，当期の生産量は 1,000 個，販売量は 800 個（単価 1,000 円）であり，仕掛品および期首製品は存在しない。

（設問 2）

損益分岐点売上高として，最も適切なものはどれか。

ア　400,000 円

イ　500,000 円

ウ　625,000 円

エ　800,000 円

解答	ウ

■解説

損益分岐点売上高を算出する基本的な問題である。

損益分岐点売上高とは，利益がちょうど0となる売上高であり，次の算式によって求められる。

$$損益分岐点売上高 = \frac{固定費}{限界利益率}$$

本問の各数値データから，損益分岐点売上高は，以下のように算出される。

・限界利益率（%）＝100%－変動比率
　　＝100%－（直接材料費240円＋直接労務費160円＋変動製造間接費100円＋変動販売費100円）÷販売単価1,000円　＝40%

・固定費：固定製造間接費200,000円＋固定販売費・一般管理費50,000円
　　＝250,000円

損益分岐点売上高＝固定費250,000円÷限界利益率40%
　　　　　　　　＝625,000円

よって，ウが正解である。

損益分岐点分析	ランク	1回目	2回目	3回目
	A	／	／	／

■平成 27 年度　第 10 問（設問 2）

前期と今期の損益計算書は次のように要約される。下記の設問に答えよ。

損益計算書　　　　　（単位：千円）

	前　期		今　期	
売上高		24,000		28,000
変動費	14,400		15,400	
固定費	7,200	21,600	9,000	24,400
営業利益		2,400		3,600

（設問 2）

収益性に関する記述として最も適切なものはどれか。

ア　損益分岐点比率が前期よりも悪化したのは，固定費の増加による。

イ　損益分岐点比率が前期よりも悪化したのは，変動費率の低下による。

ウ　損益分岐点比率が前期よりも改善されたのは，固定費の増加による。

エ　損益分岐点比率が前期よりも改善されたのは，変動費率の低下による。

解答	エ

■解説

損益分岐点比率に関する理解を問う問題である。

損益分岐点売上高とは，利益がちょうど0となる売上高であり，次の算式によって求められる。

$$損益分岐点売上高 = \frac{固定費}{限界利益率}$$

損益分岐点比率とは，損益分岐点売上高と実際売上高との比率であり，次の算式によって求められる。

$$損益分岐点比率 = \frac{損益分岐点売上高}{売上高}$$

本問において，前期と今期の損益分岐点比率を算出すると，以下のようになる。
・前期：$7,200 \div (1 - 14,400 \div 24,000) \div 24,000 = 75.0\%$
・今期：$9,000 \div (1 - 15,400 \div 28,000) \div 28,000 \fallingdotseq 71.4\%$

損益分岐点比率は低いほど安全性が高いと評価できるため，今期は前期よりも損益分岐点比率が改善されていると捉えることができる。

また，損益分岐点比率を改善させる要因となるのは，固定費であれば減少，変動費率であれば低下した場合である。

よって，エが正解である。

損益分岐点分析	ランク	1回目		2回目		3回目	
	A	/		/		/	

■**令和2年度　第21問（設問2）**

G社の前期と当期の損益計算書は以下のように要約される。下記の設問に答えよ。

損益計算書　　　（単位：万円）

	前期		当期	
売 上 高		2,500		2,400
変 動 費	1,250		960	
固 定 費	1,000	2,250	1,200	2,160
営業利益		250		240

（設問2）

G社の収益性に関する記述として，最も適切なものはどれか。

ア　損益分岐点比率が前期よりも悪化したのは，売上の減少による。

イ　損益分岐点比率が前期よりも悪化したのは，変動費率の上昇による。

ウ　損益分岐点比率が前期よりも改善されたのは，固定費の増加による。

エ　損益分岐点比率が前期よりも改善されたのは，変動費率の上昇による。

<table>
<tr><td>解答</td><td>ア</td></tr>
</table>

■解説

損益分岐点比率に関する理解を問う問題である。

損益分岐点比率とは，損益分岐点売上高と実際売上高との比率であり，次の算式によって求められる。

$$損益分岐点売上高 = \frac{固定費}{限界利益率}$$

$$損益分岐点比率 = \frac{損益分岐点売上高}{売上高}$$

本問において，前期と今期の損益分岐点比率を算出すると，以下のようになる。

・前期：$1,000 \div (1 - 1,250 \div 2,500) \div 2,500 = 80.0\%$
・当期：$1,200 \div (1 - 960 \div 2,400) \div 2,400 \fallingdotseq 83.3\%$

損益分岐点比率は低いほど安全性が高いと評価できるため，当期は前期よりも損益分岐点比率が悪化したと捉えることができる。

本問の選択肢のうち，損益分岐点比率が悪化したとしているのはアとイである。
各選択肢に記載されている悪化要因のうち，売上高については，前期2,500万円から当期2,400万円に減少しているのに対し，変動比率については，前期50％（= 1,250万円÷2,500万円）から当期40％（=960万円÷2,400万円）へと減少している。

よって，アが正解である。

損益分岐点分析	ランク	1回目		2回目		3回目	
	A	／		／		／	

■平成28年度　第8問（設問2）

次の資料に基づいて，下記の設問に答えよ。

【資　料】

	第1期	第2期
期首在庫	0個	10個
生 産 量	110個	90個
計	110個	100個
販 売 量	100個	100個
期末在庫	10個	0個

販売単価 1,000 円　単位当たり変動費 600 円　1 期当たり固定費 33,000 円

（設問2）

第2期の損益分岐点比率として最も適切なものはどれか。

ア　17.5%　　イ　45.0%　　ウ　55.0%　　エ　82.5%

解答	エ

■**解説**

損益分岐点比率を算出する基本的な問題である。

損益分岐点売上高とは，利益がちょうど0となる売上高であり，次の算式によって求められる。

$$損益分岐点売上高＝\frac{固定費}{限界利益率}$$

損益分岐点比率とは，損益分岐点売上高と実際売上高との比率であり，次の算式によって求められる。

$$損益分岐点比率＝\frac{損益分岐点売上高}{売上高}$$

本問において，第2期の損益分岐点売上高は，

33,000円÷((1,000円−600円)÷1,000円)＝82,500円

損益分岐点比率は，

82,500円÷(1,000円×100個)＝82.5%

よって，エが正解である。

損益分岐点分析	ランク	1回目		2回目		3回目	
	A	/		/		/	

■平成 26 年度　第 7 問

　以下に示す今年度の実績資料に基づいて，目標営業利益 600,000 円を達成するときの総資本営業利益率を計算した場合，最も適切なものを下記の解答群から選べ。なお，総資本は売上高増加額の 10％分の増加が見込まれる。

【資料】

売上高	5,000,000 円
営業費用の内訳	
変動費	2,500,000 円
固定費	2,400,000 円
営業利益	100,000 円
総資本	2,400,000 円

〔解答群〕

　ア　10.0％

　イ　12.0％

　ウ　24.0％

　エ　25.0％

解答	ウ

■解説

CVP分析の損益分岐点売上高を算出する公式を応用して問題を解く。

目標利益から目標売上高を算出するためには，以下の公式を使う。

目標利益を M（＝600,000円），目標売上高を T とすると，

T － 変動費率 × T － 固定費 ＝ M

変動費率＝2,500,000円 ÷ 5,000,000円＝50%

固定費＝2,400,000円

T － 0.5T － 2,400,000円＝600,000円

T ＝ 6,000,000円

問題文に「総資本は売上高増加額の10%の増加が見込まれる」とあるので，目標売上高達成時の総資本は，

｛(6,000,000円 － 5,000,000円)× 0.1｝＋2,400,000円＝2,500,000円

以上より，目標営業利益600,000円を達成するときの総資本営業利益率は，

600,000円 ÷ 2,500,000円＝0.24＝24.0%

よって，ウが正解である。

損益分岐点分析	ランク	1 回目	2 回目	3 回目
	A	／	／	／

■**平成 30 年度　第 11 問（設問 1）**

当社の当期の損益計算書は，以下のとおりであった。下記の設問に答えよ。

損益計算書

売上高	240,000	千円	（販売価格 200 円×販売数量 1,200 千個）
変動費	96,000		（1 個当たり変動費 80 円×販売数量 1,200 千個）
貢献利益	144,000	千円	
固定費	104,000		
営業利益	40,000	千円	

（設問 1）

当社では，次期の目標営業利益を 55,000 千円に設定した。他の条件を一定とすると，目標営業利益を達成するために必要な売上高として，最も適切なものはどれか。

ア　255,000 千円

イ　265,000 千円

ウ　280,000 千円

エ　330,000 千円

解答	イ

■解説

目標営業利益を達成するために必要な売上高を算出する問題である。

設問文には，「他の条件を一定とする」とあるので，以下の算式に基づいて計算する。

目標売上高＝S，変動費率＝c，固定費＝F，目標営業利益＝P とすると，

S＝cS＋F＋P＝（96,000 ÷ 240,000）× S＋104,000＋55,000＝265,000 千円

よって，イが正解である。

	ランク	1回目	2回目	3回目
損益分岐点分析	A	/	/	/

■平成 30 年度　第 11 問（設問 2）
　当社の当期の損益計算書は，以下のとおりであった。下記の設問に答えよ。

損益計算書

売上高	240,000	千円	（販売価格 200 円×販売数量 1,200 千個）
変動費	96,000		（1 個当たり変動費 80 円×販売数量 1,200 千個）
貢献利益	144,000	千円	
固定費	104,000		
営業利益	40,000	千円	

（設問 2）
　次期の利益計画において，固定費を 2,000 千円削減するとともに，販売価格を 190円に引き下げる案が検討されている。また，この案が実施されると，販売数量は1,400 千個に増加することが予想される。次期の予想営業利益として，最も適切なものはどれか。なお，他の条件は一定であるものとする。

　　　ア　52,000 千円

　　　イ　57,600 千円

　　　ウ　68,000 千円

　　　エ　72,800 千円

解答	ア

■解説

条件を変えて分析する，感度分析に関する問題である。

設問文で変更する条件が示されている。

①固定費を 2,000 千円削減する⇒ 104,000 千円 − 2,000 千円 = 102,000 千円
②販売価格を 190 円に引き下げる
③販売数量が 1,400 千個に増加する。

以上の条件を踏まえて，目標営業利益を算出する。
売上高 = S，変動費 = V，固定費 = F，目標営業利益 = P
$P = S − V − F = 266,000 − (80 × 1,400) − 102,000 = 52,000$ 千円

よって，アが正解である。

損益分岐点分析	ランク	1回目		2回目		3回目	
	A	／		／		／	

■**令和3年度　第12問**

損益分岐点分析に関する記述として，最も適切なものはどれか。

ア　安全余裕率は，損益分岐点比率の逆数である。

イ　損益分岐点売上高は，固定費を変動費率で除して求められる。

ウ　損益分岐点比率は小さいほど赤字になるリスクが低い。

エ　目標利益達成のための売上高は，損益分岐点売上高に目標利益を加算して求められる。

解答	ウ

■解説

損益分岐点分析に関する理解を問う問題である。

ア：不適切である。安全余裕率とは，実際の売上高と損益分岐点の差がどのくらいあるかを表す指標であり，現状の売上高の安全度を示す。損益分岐点比率の逆数ではなく，「安全余裕率（％）＝100％－損益分岐点比率（％）」となる補数の関係にある。

イ：不適切である。損益分岐点売上高とは，利益がちょうど0となる売上高であり，以下のように，固定費を限界利益率で除して求められる。

$$損益分岐点売上高 = \frac{固定費}{限界利益率}$$

ウ：適切である。損益分岐点比率は，実際の売上高と損益分岐点売上高の比率を計算した指標（＝損益分岐点売上高÷実際売上高）であり，実際の売上高に対し，損益分岐点売上高が何％なのかを表す。損益分岐点比率は小さいほど，売上低下によって赤字になるリスクが低いと言え，不況抵抗力が強くなる。

エ：不適切である。目標利益達成のための売上高は，損益分岐点売上高を算出する式の中で，以下のように，固定費に目標利益を加算することで求められる。

$$目標利益達成売上高 = \frac{固定費 + 目標利益}{限界利益率}$$

よって，ウが正解である。

第 5 章

利益と資金の管理

1.　予算・実績差異分析

▶▶ 出題項目のポイント

　この項目では，売上高，原価，利益等の損益項目について，予算と実績との差異や，対前年度の増減額を分析させる計算問題が出題される。

　予算・実績差異の場合も，対前期増減額の場合も，分析に当たっては，さらに要因別に細分化して分析を行う。細分化する際の視点となる要因は，数量差異と単価差異である。

・売上高差異＝実際（当期）売上高−予算（前期）売上高＝販売数量差異＋価格差異

　　販売数量差異＝（実際（当期）販売数量−予算（前期）販売数量）

　　　　　　　　　×予算（前期）販売価格

　　価格差異＝（実際（当期）販売価格−予算（前期）販売価格）

　　　　　　　　　×実際（当期）販売数量

・費用差異＝実際（前期）費用−予算（当期）費用＝数量差異＋単位当たりコスト差異

　　数量差異＝（実際（前期）販売数量−予算（当期）販売数量）

　　　　　　　　　×単位当たり予算（前期）コスト

　　単位当たりコスト差異

　　　　　　　＝（単位当たり実際（前期）コスト−単位当たり予算（当期）コスト）

　　　　　　　　　×実際（当期）販売数量

・利益差異＝売上高差異＋原価（費用）差異

　　上記を統合した分析となる。

▶▶ 出題の傾向と勉強の方向性

　過去に出題された論点は，予算・実績差異分析（売上高：平成 23 年度第 12 問，平成 27 年度第 8 問，令和 3 年度第 8 問，販売費：平成 22 年度第 11 問），対前期増減分析（売上高：平成 21 年度第 9 問，売上総利益：平成 15 年度第 8 問，平成 24 年度第 8 問）である。

　勉強の方向性としては，上記の過去問演習をとおして，差異分析や増減分析の際の要因別の分析方法を習得しておきたい。基本的な考え方と手法を理解しておけば，分析対象が，どの項目になった場合でも，予算・実績，年度別比較とも対応可能となる。

■取組状況チェックリスト

1. 予算・実績差異分析						

予算・実績差異分析

問題番号	ランク	1回目		2回目		3回目
令和3年度 第8問	B	╱		╱		╱
平成27年度 第8問	B	╱		╱		╱

対前期増減分析

問題番号	ランク	1回目		2回目		3回目
―	―	╱		╱		╱

予算・実績差異分析	ランク	1回目	2回目	3回目
	B	╱	╱	╱

■令和 3 年度　第 8 問

　ある製品の販売予算が以下のとおり編成されており，第 3 四半期（Q3）の実際販売量が 1,600 個，実際販売価格が 98,000 円であった。予算実績差異を販売数量差異と販売価格差異に分割する場合，最も適切な組み合わせを下記の解答群から選べ。

	Q1	Q2	Q3	Q4	合計
販売量（個）	1,200	1,400	1,500	1,400	5,500
売上高（万円）	12,000	14,000	15,000	14,000	55,000

〔解答群〕

　ア　販売数量差異 1,000 万円（不利差異）と販売価格差異 300 万円（不利差異）

　イ　販売数量差異 1,000 万円（不利差異）と販売価格差異 320 万円（不利差異）

　ウ　販売数量差異 1,000 万円（有利差異）と販売価格差異 300 万円（不利差異）

　エ　販売数量差異 1,000 万円（有利差異）と販売価格差異 320 万円（不利差異）

解答	工

■解説

売上高の予算・実績差異分析に関する理解を問う問題である。

売上高差異の分析は，数量差異と価格差異に細分化して行う。
差異分析を行う際は，以下のように図で整理して考えると把握しやすくなる。

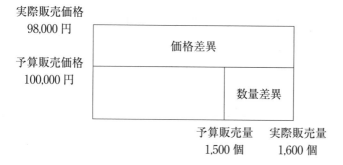

実際販売価格
　98,000 円

予算販売価格
　100,000 円

・価格差異：（98,000 円 − 100,000 円）× 1,600 個 = −3,200,000 円（不利差異）
・数量差異：（1,600 個 − 1,500 個）× 100,000 円 = 10,000,000 円（有利差異）

よって，エが正解である。

予算・実績差異分析	ランク	1回目	2回目	3回目
	B	／	／	／

■**平成 27 年度　第 8 問**

　販売予算が以下のとおり編成されていたとする。いま，第 2 四半期（Q2）の実際
販売量が 1,100 個，販売価格が 99,000 円であったとする。数量差異と価格差異の組み
合わせとして，最も適切なものを下記の解答群から選べ。

販売予算	Q1	Q2	Q3	Q4	合　計
販売量（個）	1,000	1,200	1,400	1,400	5,000
売上高（万円）	10,000	12,000	14,000	14,000	50,000

〔解答群〕

　ア　数量差異 900 万円（不利差異）と価格差異 210 万円（不利差異）

　イ　数量差異 1,000 万円（不利差異）と価格差異 110 万円（不利差異）

　ウ　数量差異 1,100 万円（不利差異）と価格差異 10 万円（不利差異）

　エ　数量差異 1,200 万円（不利差異）と価格差異 90 万円（有利差異）

解答	イ

■解説

売上高の予算・実績差異分析に関する理解を問う問題である。

売上高差異の分析は，数量差異と価格差異に細分化して行う。
差異分析を行う際は，以下のように図で整理して考えると把握しやすくなる。

・価格差異：(99,000 円 − 100,000 円) × 1,100 個 ＝ − 1,100,000 円（不利差異）
・数量差異：(1,100 個 − 1,200 個) × 100,000 円 ＝ − 10,000,000 円（不利差異）

よって，イが正解である。

2.　セールス・ミックス

▶▶ 出題項目のポイント

　この項目では，営業利益を最大にする製品販売量の組み合わせである，最適セールス・ミックスに関する問題が出題される。

　複数の製品を取り扱う企業においては，限られた経営資源を活用して，全社的に最大限の利益を得るという観点から，優先的に製造販売すべき製品とその組み合わせについての意思決定を行う必要がある。

　限られた経営資源の下で企業全体として最大限の利益を得るためには，経営資源単位当たりの収益性が高い製品を優先して製造販売することになる。この場合，製品ごとの収益性の指標には，通常，限界利益（売上高から変動費のみを差し引いた利益）が用いられる。

　セールス・ミックス決定の問題において，経営資源における制約条件の内容によって，以下のように，考慮すべき事項が異なってくる。

・「販売数量」に制約がある場合：製品 1 個当たりの限界利益額
　製品 1 個販売するとしたら，どの製品を販売するか。
・「売上総額」に制約がある場合：貢献利益率
　製品を一定金額分販売するとしたら，どの製品を販売するか。
・「機械時間や作業時間」に制約がある場合：機械または作業時間 1 時間当たりの貢献利益額
　製品を 1 時間機械加工または作業をして製造販売するとしたら，どの製品を製造販売するか。

　また，制約条件が複数ある場合には，線形計画法（リニア・プログラミング）の手法が用いられる。制約条件が 2 つの場合には図解法，3 つ以上の場合にはシンプレックス法が用いられることが多い。

▶▶ 出題の傾向と勉強の方向性

　過去にこの分野で出題されたのは，制約条件が 1 つ（設備稼働時間）の場合の最適セールス・ミックス問題（平成 19 年度第 10 問），および，線形計画法（図解法）によるセールス・ミックス決定問題（平成 22 年度第 10 問）のみである。

　勉強の方向性としては，過去 10 年間出題がないため，制約条件が 1 つの場合のセ

ールス・ミックスの考え方を理解しておく程度でよい。

■取組状況チェックリスト

2. セールス・ミックス						
最適セールス・ミックス						
問題番号	ランク	1回目		2回目		3回目
—	—	／		／		／

3.　部門別損益計算

▶▶ 出題項目のポイント

　この項目では，事業部門別損益計算に当たって，どのような利益概念により各事業部の全社に対する貢献度をどのように評価するかについての理解を問われる。

　事業部が，全社的な観点から利益獲得に貢献する度合いを評価するための利益概念としては，一般的に，貢献利益が用いられる。

　貢献利益とは，売上高から変動費と個別固定費を差し引いた利益のことであり，その部門の全社利益に対する貢献額の意味をもつ。

　個別固定費とは，固定費のうち，その部門に直接関連して発生するものである。これに対して，全部門に共通して発生し，何らかの合理的な基準で各部門に配賦される共通固定費がある。

　ある事業部門を存続させるか廃止するかという意思決定を行う場合には，その事業部門による企業全体の純利益への貢献度の有無，すなわち，変動費と個別固定費を回収した後に，共通固定費の回収に貢献するだけの利益を獲得しているかどうかで判断する必要がある。したがって，貢献利益概念が，判断指標として用いられる。

　なお，事業部評価に当たって，売上高から変動費を差し引いた，限界利益を用いることもある。

▶▶ 出題の傾向と勉強の方向性

　過去に出題された論点は，貢献利益および限界利益概念に関する問題（平成 18 年度第 10 問，平成 21 年度第 10 問（設問 1），平成 24 年度第 9 問），事業部廃止の意思決定に関する問題（平成 21 年度第 10 問（設問 2））である。

　勉強の方向性としては，貢献利益と限界利益の概念と算出法を把握したうえで，部門別損益計算上において，全社利益に対してどのような意味合いを持っており，事業部統廃合の意思決定にどのような判断を与えるのかを理解しておく必要がある。

■取組状況チェックリスト

3. 部門別損益計算						
部門別損益計算						
問題番号	ランク	1回目		2回目		3回目
―	―	／		／		／

4. 資金繰りと資金計画

▶▶ 出題項目のポイント

　この項目では，資金繰りや資金計画を考える際の基本的な概念である正味運転資本や，資金収支に関しての基本的な理解を問われる。

　正味運転資本とは，流動資産から流動負債を控除したものであり，流動資産のうち流動負債と見合いの分を除いた，企業の運営に利用可能な正味の資本を表す。これがプラスの場合には，資金繰りは正常であると考えられる。

　流動資産が増加するか，あるいは流動負債が減少すれば，正味運転資本は増加することになる。

　正味運転資本を管理し，流動資産と流動負債のバランスを適正に保つことは，企業の短期支払能力の確保および資金的に安定した企業運営の面で重要である。

　また，日常的な資金管理に利用される資金繰り表は，一定期間のすべての現金収入と現金支出を分類・集計し，現金収支の動きを把握するものである。

　資金繰り表の作成により，資金の動きを効率化し，かつ資金不足が生じる可能性などを予測することができる。

　決まった形式はないが，一般的に，通常の営業の過程で発生する現金収支を意味する経常収支，設備投資等の現金収支である経常外収支，資金調達関連の現金収支である財務収支とに区分して作成されることが多い。

▶▶ 出題の傾向と勉強の方向性

　過去にこの分野から出題された論点は，正味運転資本に関する問題（平成13年度第11問（設問5），平成14年度第13問，平成16年度第13問（設問6），平成23年度第13問，平成24年度第14問），資金繰り表（平成24年度第12問，令和3年度第13問，令和4年度第13問），資金収支に関する問題（平成14年度第9問，平成21年度第11問，平成24年度第12問）である。

　勉強の方向性としては，まず，正味運転資本の意義内容と増減要因については過去問を通してひととおり理解し，さらに余裕があれば，近年出題の増えている資金繰り表については押さえておきたい。

■取組状況チェックリスト

4. 資金繰りと資金計画							

正味運転資本							
問題番号	ランク	1回目		2回目		3回目	
—	—	╱		╱		╱	

資金繰り表							
問題番号	ランク	1回目		2回目		3回目	
令和3年度 第13問	B	╱		╱		╱	
令和4年度 第13問（設問1）	B	╱		╱		╱	
令和4年度 第13問（設問2）	B	╱		╱		╱	

運転資金管理							
問題番号	ランク	1回目		2回目		3回目	
令和5年度 第13問	C*	╱		╱		╱	

＊ランクCの問題と解説は，「過去問完全マスター」のHP（URL：https://jissen-c.jp/）よりダウンロードできます。

資金繰り表	ランク	1回目	2回目	3回目
	B	／	／	／

■令和3年度　第13問

9月中に予定される取引に関する以下の資料に基づき，最低限必要な借入額として，最も適切なものを下記の解答群から選べ。なお，当月中現金残高が300,000円を下回らないようにするものとする。

【資　料】

9月1日　　月初の現金有高は400,000円である。

6日　　売掛金300,000円を現金で回収する。

12日　　備品1,200,000円を購入し，代金のうち半額は現金で支払い，残額は翌月15日に支払う。

21日　　商品を1,400,000円で販売する。代金は掛けとし，回収は翌月20日とする。

25日　　給料その他の費用500,000円を現金で支払う。

〔解答群〕

ア　200,000円　　イ　400,000円　　ウ　700,000円　　エ　1,300,000円

解答	ウ

■解説

資金繰りに関する理解を問う問題である。

　資金繰りに関して，9月に予定される取引による日々の現金残高を追っていき，月中残高が 300,000 円を下回らないために最低限必要な借入額を割り出す。

日付	取引内容	現金収支（円）	現金残高（円）
9/1	前月繰越		400,000
9/6	売掛金を現金回収	300,000	700,000
9/12	備品購入（代金の半額を現金支払）	△600,000	100,000
	月中現金残高が 300,000 円を下回らないように，借入を仮置き（①）	200,000	300,000
9/21	商品掛販売（掛のため，現金収入なし）	0	300,000
9/25	給料支払	△500,000	△200,000
	月中現金残高が 300,000 円を下回らないように，借入を仮置き（②）	500,000	300,000

最低限必要な借入額　①＋②＝＿＿＿＿＿ 700,000 円

　よって，ウが正解である。

資金繰り表	ランク	1回目	2回目	3回目
	B	／	／	／

■**令和 4 年度　第 13 問（設問 1）**

次の文章を読んで，下記の設問に答えよ。

A 社では，X1 年 4 月末に以下のような資金繰り表（一部抜粋）を作成した（表中のカッコ内は各自推測すること）。

（単位：万円）

			5 月	6 月
前月末残高			1,000	470
経営収支	収入	現金売上	200	240
		売掛金回収	800	800
		収入合計	1,000	1,040
	支出	現金仕入	720	（　）
		諸費用支払	510	540
		支出合計	1,230	（　）
	収支過不足		−230	（　）
備品購入支出			300	0
当月末残高			470	（　）

売上高の実績額および予想額は以下のとおりである。

（単位：万円）

4 月（実績）	5 月（予想）	6 月（予想）	7 月（予想）
1,000	1,000	1,200	1,600

また，条件は以下のとおりである。
1. 売上代金の 20％は現金で受け取り，残額は翌月末に受け取る。
2. 仕入高は翌月予想売上高の 60％とする。仕入代金は全額現金で支払う。
3. すべての収入，支出は月末時点で発生するものとする。
4. 5 月末に事務用備品の購入支出が 300 万円予定されているが，それを除き，経常収支以外の収支はゼロである。
5. A 社では，月末時点で資金残高が 200 万円を下回らないようにすることを，資金管理の方針としている。

A 社は資金不足に陥ることを避けるため，金融機関から借り入れを行うことを検討している。6 月末の時点で資金残高が 200 万円を下回らないようにするには，いくら借り入れればよいか。最も適切なものを選べ。ただし，借入金の利息は年利率 5％であり，1 年分の利息を借入時に支払うものとする。

ア　190 万円　　イ　200 万円　　ウ　460 万円　　エ　660 万円

解答	イ

■解説

資金繰り表に関する理解を問う問題である。

6月末の資金残高が200万円を下回らないようにするための借入実行額を求めるにあたって，まずは，現状の条件下での6月の当月末予想残高を算出する。資金繰り表中のカッコ内の金額を，順を追って推測していけばよい。

・6月（予想）現金仕入：

条件②より，翌月（7月）予想売上高1,600万円×60％＝960万円
・6月支出合計：現金仕入960万円＋諸費用支払540万円＝1,500万円
・6月収支過不足：収入合計1,040万円－支出合計1,500万円＝▲460万円

以上より，6月の月末予想残高は，前月末残高470万円－460万円＝10万円　となり，資金不足を避けるために維持したい6月末の資金残高200万円に対して，現状の予想資金残高は190万円不足していることになる。

借入によりこの不足額を補うが，借入金の年間利息（年利率5％）を借入時に支払う約定のため，必要な借入実行額は，以下のように求められる。

190万円÷（1－0.05）＝200万円

よって，イが正解である。

資金繰り表	ランク	1回目	2回目	3回目
	B	/	/	/

■**令和 4 年度　第 13 問（設問 2）**

A 社では，X1 年 4 月末に以下のような資金繰り表（一部抜粋）を作成した。

（単位：万円）

			5 月	6 月
前月末残高			1,000	470
経営収支	収入	現金売上	200	240
		売掛金回収	800	800
		収入合計	1,000	1,040
	支出	現金仕入	720	（　）
		諸費用支払	510	540
		支出合計	1,230	（　）
収支過不足			−230	（　）
備品購入支出			300	0
当月末残高			470	（　）

売上高の実績額および予想額は以下のとおりである。

（単位：万円）

4 月（実績）	5 月（予想）	6 月（予想）	7 月（予想）
1,000	1,000	1,200	1,600

また，条件は以下のとおりである。
　①売上代金の 20％は現金で受け取り，残額は翌月末に受け取る。
　②仕入高は翌月予想売上高の 60％とする。仕入代金は全額現金で支払う。
　③すべての収入，支出は月末時点で発生するものとする。
　④5 月末に事務用備品の購入支出が 300 万円予定されているが，それを除き，経常収支以外の収支はゼロである。
　⑤A 社では，月末時点で資金残高が 200 万円を下回らないようにすることを，資金管理の方針としている。

中小企業診断士であるあなたは，A 社の経営者から，当座の資金繰り対策として銀行借入以外の手段がないか，アドバイスを求められた。6 月末の時点で資金残高が 200 万円を下回らないようにするための手段として，最も適切なものはどれか。

ア　5 月に予定されている事務用備品の購入支出のうち半額を現金払いとし，残額の支払いは 7 月に延期する。
イ　6 月に予定されている諸費用支払のうち 400 万円を現金払いとし，残額の支払いは 7 月に延期する。
ウ　仕入先と交渉して，6 月の仕入代金のうち半額を現金払いとし，残額を買掛金（翌月末払い）とする。
エ　得意先と交渉して，5 月の売上代金のうち半額を現金で受け取り，残額を売掛金（翌月末回収）とする。

解答	ウ

■**解説**

資金繰り予定表に基づく資金繰り対策について，理解を問う問題である。

前提として，令和4年度第13問（設問1）の解答より，6月末の予想資金残高は，対策をしなければ，10万円となる見込みである。この残高が200万円を下回らないようにするための対策として，適切な記述を選択する。

ア：不適切である。5月に予定されている事務用備品の購入支出の半額150万円を7月に延期したとしても，現状の6月末予想残高10万円＋対策による増加分150万円＝160万円にとどまり，200万円を下回る。

イ：不適切である。6月予定の諸費用支払い540万円を400万円として，残額140万円を7月の支払いに延期したとしても，現状の6月末予想残高10万円＋対策による増加分140万円＝150万円にとどまり，200万円を下回る。

ウ：適切である。現在の条件では全額が当月払いとなっている6月の仕入代金960万円（＝翌月（7月）予想売上高1,600万円×60％）のうち，半額480万円を翌月（7月）末払いの買掛金とした場合，現状の6月末予想残高10万円＋対策による増加分480万円＝490万円となり，200万円以上の資金残高水準を維持できる。

エ：不適切である。5月の予想売上代金のうち，現状では当月現金回収割合を20％の条件としているところ，半額（50％）に引き上げたとしても，残額を翌月末回収の売掛金とするという条件が変わらないため，6月末予想残高10万円は変わらない結果となる。

よって，ウが正解である。

第6章

キャッシュ・フロー

1. キャッシュ・フロー計算書

▶▶ 出題項目のポイント

　キャッシュ・フロー計算書は，貸借対照表，損益計算書と並び，企業の経営状況を記す重要な財務諸表である。キャッシュ・フローは文字どおり現金の流れを示し，キャッシュ・フロー計算書は投資家や銀行が投資先・融資先の企業が経営活動を行っていく中で，どのようにキャッシュを生み出し，活用しているのか，キャッシュは潤沢にあるのか，などを判断する基準となっている。

　キャッシュ・フロー計算書の作成および表示方法には，直接法と間接法とがあり，それぞれの表示項目と体系の学習は必須である。

　キャッシュ・フロー計算書の表示区分は，大きく分けて，「営業活動によるキャッシュ・フロー」区分，「投資活動によるキャッシュ・フロー」区分，「財務活動によるキャッシュ・フロー」区分からなる。

　「営業活動によるキャッシュ・フロー」区分には，営業損益計算の対象となった取引のほか，投資活動および財務活動以外の取引によるキャッシュ・フローを記載する。

　「投資活動によるキャッシュ・フロー」区分には，固定資産の取得および売却，現金同等物に含まれない短期投資の取得および売却等によるキャッシュ・フローを記載する。

　「財務活動によるキャッシュ・フロー」区分には，資金の調達および返済によるキャッシュ・フローを記載する。

　直接法と間接法との違いは，このうち「営業活動によるキャッシュ・フロー」区分の計算および表示方法の相違によるものである。すなわち，直接法では，営業収入，原材料または商品の仕入支出，人件費支出等，主要な取引ごとにキャッシュ・フローを総額表示する。これに対し，間接法では，税金等調整前当期純利益に，非資金損益項目，営業活動に係る資産および負債の増減，「投資活動によるキャッシュ・フロー」および「財務活動によるキャッシュ・フロー」の区分に含まれる損益項目を加減して表示する。

　直接法は，利用者にとってはわかりやすい印象となる反面，実務的にはデータ集計等が煩雑となる。間接法は，利用者にもある程度の知識が求められるが，実務的には，税金等調整前当期純利益に対する調整計算で済むため作成しやすい，という特徴がある。

▶▶ 出題の傾向と勉強の方向性

キャッシュ・フロー計算書は，平成13年度から令和2年度の20年間のうち，平成17年度，平成23年度，平成26年度、平成27年度以外で毎年のように出題される頻出分野となっている。2次試験でも非常に重要な論点である。「営業活動によるキャッシュ・フロー」区分については，直接法，間接法ともに出題されており，両方について十分な対策が必要である。具体的には，直接法では，各主要取引データの集計，間接法では，各調整項目の意味内容と算出方法についてよく理解し，白紙の状態からでも必要項目を自分で挙げて，実際に計算できるくらいまで学習する必要がある。

また，「営業活動によるキャッシュ・フロー」区分の小計欄以下の項目の内容や，「投資活動によるキャッシュ・フロー」区分の各項目の算出方法についても，ひととおりの学習が必要である。

■取組状況チェックリスト

1. キャッシュ・フロー計算書						

キャッシュ・フロー計算書

問題番号	ランク	1回目		2回目		3回目	
平成29年度 第13問	A	／		／		／	
平成28年度 第9問（設問1）	A	／		／		／	
令和5年度 第9問	A	／		／		／	
平成30年度 第12問	A	／		／		／	
令和2年度 第13問	A	／		／		／	
令和元年度 第12問	A	／		／		／	

営業CF（利息等の処理）

問題番号	ランク	1回目		2回目		3回目	
―	―	／		／		／	

現金及び現金同等物

問題番号	ランク	1回目		2回目		3回目	
―	―	／		／		／	

キャッシュ・フロー計算書	ランク	1回目		2回目		3回目	
	A	／		／		／	

■**平成 29 年度　第 13 問**

　キャッシュ・フロー計算書における営業活動によるキャッシュ・フローの区分（間接法）で増加要因として表示されるものはどれか。最も適切なものを選べ。

　　ア　売上債権の増加

　　イ　貸倒引当金の増加

　　ウ　短期借入金の増加

　　エ　有形固定資産の売却

解答	イ

■解説

　キャッシュ・フロー計算書のうち，間接法における営業活動によるキャッシュ・フロー区分の増加要因に関する理解を問う問題である。

　間接法では，損益計算書上の税引前当期純利益（または税引前当期純損失）と現金収支とのずれを生じさせる項目を加減算して調整することにより，一会計期間のキャッシュ・フローを導き出す。

　ア：不適切である。資産の増加は，キャッシュ・フローの減少要因となる。売上債権の増加は，営業活動によるキャッシュ・フローの区分で表示されるが，資産の増加にあたるため，キャッシュ・フローの区分の減少要因である。

　イ：適切である。負債の増加は，キャッシュ・フローの増加要因となる。貸倒引当金の増加は，営業活動によるキャッシュ・フローの区分で表示され，かつ負債の増加にあたるため，キャッシュ・フローの区分の増加要因にあたる。

　ウ：不適切である。短期借入金の増減による収支は，財務活動によるキャッシュ・フローの区分で表示される。

　エ：不適切である。有形固定資産の売却による収入は，投資活動によるキャッシュ・フローの区分で表示される。

　よって，イが正解である。

キャッシュ・フロー 計算書	ランク	1回目		2回目		3回目	
	A	／		／		／	

■平成 28 年度　第 9 問（設問 1）

次の貸借対照表と損益計算書について，下記の設問に答えよ。

貸借対照表　　　　　　　　（単位：千円）

資産の部			負債・純資産の部		
	20X1 年	20X2 年		20X1 年	20X2 年
現金預金	30,000	20,000	買掛金	30,000	50,000
売掛金	20,000	55,000	未払費用	9,000	17,000
貸倒引当金	△1,000	△3,000	長期借入金	—	100,000
商品	40,000	50,000	資本金	100,000	100,000
建物・備品	100,000	225,000	利益剰余金	20,000	40,000
減価償却累計額	△30,000	△40,000			
	159,000	307,000		159,000	307,000

20X2 年　　　　　　損益計算書　　　　　（単位：千円）

売上原価	60,000	売上	125,000
給与	28,000		
減価償却費	10,000		
貸倒引当金繰入	2,000		
支払利息	5,000		
当期純利益	**20,000**		
	125,000		125,000

（設問 1）

キャッシュ・フロー計算書上の表示として最も適切なものはどれか。

　　ア　売上債権の増加額　△ 35,000 千円

　　イ　減価償却費　　　　△ 10,000 千円

　　ウ　固定資産の増加額　125,000 千円

　　エ　仕入債務の増加額　△ 20,000 千円

解答	ア

■解説

　キャッシュ・フロー計算書（間接法）の表示に関する問題である。

　本問は，各設問の内容を貸借対照表と損益計算書のデータから読み取った数値と照らし合わせ，キャッシュ・フロー計算書ではその増減が＋と－のどちらの効果となるか（キャッシュの増加なのか減少なのか）を判断できれば解答することができる。

　ア：適切である。20X1 年から 20X2 年にかけて売掛金（売上債権）が増加しているが，売上債権の増加はキャッシュにマイナスの影響を与えるため，キャッシュ・フロー計算書上の表示では，「売上債権の増加額　△35,000 千円」となる。

　イ：不適切である。非資金支出である減価償却費は，キャッシュにプラスの影響を与えるため，キャッシュ・フロー計算書上の表示では，「減価償却費10,000 千円」として調整される。

　ウ：不適切である。20X1 年から 20X2 年にかけて固定資産が増加しているが，固定資産の取得はキャッシュアウトを意味するため，キャッシュ・フロー計算書上の表示では，「固定資産の増加額（取得支出）△125,000 千円」となる。

　エ：不適切である。20X1 年から 20X2 年にかけて買掛金（仕入債務）が増加しているが，仕入債務の増加はキャッシュにプラスの影響を与えるため，キャッシュ・フロー計算書上の表示では，「仕入債務の増加額　20,000 千円」となる。

　よって，アが正解である。

キャッシュ・フロー計算書	ランク	1回目		2回目		3回目	
	A	/		/		/	

■令和5年度　第9問

キャッシュ・フロー計算書に関する記述として，最も適切なものはどれか。

ア　間接法によるキャッシュ・フロー計算書では，棚卸資産の増加額は営業活動によるキャッシュ・フローの増加要因として表示される。

イ　資金の範囲には定期預金は含まれない。

ウ　支払利息は，営業活動によるキャッシュ・フローの区分で表示する方法と財務活動によるキャッシュ・フローの区分で表示する方法の2つが認められている。

エ　有形固定資産の売却による収入は，財務活動によるキャッシュ・フローの区分で表示される。

解答	ウ

■解説

キャッシュ・フロー計算書について理解を問う問題である。

ア：不適切である。資産の増加は，キャッシュ・フローの減少要因となる。棚卸資産の増加は，営業活動によるキャッシュ・フローの区分で表示されるが，資産の増加にあたるため，キャッシュ・フローの区分の減少要因である。

イ：不適切である。キャッシュ・フロー計算書における資金の範囲は現金及び現金同等物とされ，取得日から満期日又は償還日までの期間が3か月以内の短期投資である定期預金は，現金同等物に含まれる。

ウ：適切である。利息および配当金の表示方法については，以下の2つの方法が認められている。
・受取利息，受取配当金および支払利息は営業活動によるキャッシュ・フローの区分に記載し，支払配当金は財務活動によるキャッシュ・フローの区分に記載する方法（第1法）
・受取利息および受取配当金は投資活動によるキャッシュ・フローの区分に記載し，支払利息および支払配当金は財務活動によるキャッシュ・フローの区分に記載する方法（第2法）

エ：不適切である。有形固定資産の売却による収入は，投資活動によるキャッシュ・フローの区分で表示される。

よって，ウが正解である。

キャッシュ・フロー計算書	ランク	1回目	2回目	3回目
	A	/	/	/

■平成30年度　第12問

キャッシュ・フロー計算書に関する記述として，最も適切なものはどれか。

ア　財務活動によるキャッシュ・フローの区分には，資金調達に関する収入や支出，有価証券の取得や売却，および貸し付けに関する収入や支出が表示される。

イ　仕入債務の増加額は，営業活動によるキャッシュ・フローの区分（間接法）において，△（マイナス）を付けて表示される。

ウ　法人税等の支払額は，財務活動によるキャッシュ・フローの区分で表示される。

エ　利息および配当金の受取額については，営業活動によるキャッシュ・フローの区分で表示する方法と投資活動によるキャッシュ・フローの区分で表示する方法が認められている。

解答	エ

■解説

　キャッシュ・フロー計算書に関する問題で，頻出論点である。基本的な事項が多いのでしっかり覚えておきたい。

　　ア：不適切である。財務活動によるキャッシュ・フローの区分には，資金調達に関する収入や支出が表示される。有価証券の取得や売却，および貸し付けに関する収入や支出が表示されるのは投資活動によるキャッシュ・フロー区分である。

　　イ：不適切である。仕入債務の増加額は，営業活動によるキャッシュ・フローの区分（間接法）においては，キャッシュの増加に影響するので，正の値で表示される。

　　ウ：不適切である。法人税等の支払額は，財務活動ではなく，営業活動によるキャッシュ・フローの区分で表示される。

　　エ：適切である。利息および配当金の受取額については，営業活動によるキャッシュ・フローの区分で表示する方法と投資活動によるキャッシュ・フローの区分で表示する方法が認められている。

　よって，エが正解である。

キャッシュ・フロー計算書	ランク	1回目		2回目		3回目	
	A	／		／		／	

■令和2年度　第13問

キャッシュ・フロー計算書に関する記述として，最も適切なものはどれか。

ア　「営業活動によるキャッシュ・フロー」の区分では，主要な取引ごとにキャッシュ・フローを総額表示しなければならない。

イ　受取利息及び受取配当金は，「営業活動によるキャッシュ・フロー」の区分に表示しなければならない。

ウ　キャッシュ・フロー計算書の現金及び現金同等物期末残高と，貸借対照表の現金及び預金の期末残高は一致するとは限らない。

エ　法人税等の支払額は，「財務活動によるキャッシュ・フロー」の区分に表示される。

解答	ウ

■解説

キャッシュ・フロー計算書に関する理解を問う問題である。

ア：不適切である。営業活動によるキャッシュ・フローは，商品の販売や仕入，給料の支払い，経費の支払いなどの主要な取引ごとにキャッシュ・フローを総額表示する方法と，損益計算書の税金等調整前当期純利益に非資金損益項目や，投資活動や財務活動の区分に含まれる損益項目を加減して表示する方法の2通りがある。前者を直接法，後者を間接法という。

イ：不適切である。利息および配当金の表示方法については，受取利息，受取配当金および支払利息は，「営業活動によるキャッシュ・フロー」の区分に記載し，支払配当金は「財務活動によるキャッシュ・フロー」の区分に記載する方法と，受取利息および受取配当金は，「投資活動によるキャッシュ・フロー」の区分に記載し，支払利息および支払配当金は「財務活動によるキャッシュ・フロー」の区分に記載する方法が認められている。

ウ：適切である。キャッシュ・フロー計算書の現金及び現金同等物のうち，現金とは，手許現金及び要求払預金（当座預金，普通預金，通知預金等），現金同等物とは，容易に換金可能であり，かつ，価値の変動について僅少なリスクしか負わない短期投資をいう。現金同等物には，取得日から満期日又は償還日までの期間が3か月以内の短期投資である定期預金，譲渡性預金，コマーシャル・ペーパー，売戻し条件付現先，公社債投資信託が含まれるため，貸借対照表の現金及び預金残高とは一致するとは限らない。

エ：不適切である。法人税等の支払額は，財務活動ではなく，営業活動によるキャッシュ・フローの区分で表示される。

よって，ウが正解である。

キャッシュ・フロー計算書	ランク	1回目		2回目		3回目	
	A	／		／		／	

■令和元年度　第12問

　有形固定資産を売却することで得た資金の全額を，長期借入金の返済にあてたとする。他の条件を一定とすると，これによるキャッシュ・フロー計算書および財務比率への影響に関する記述として，最も適切なものの組み合わせを下記の解答群から選べ。

　　a　財務活動によるキャッシュ・フローは減少する。

　　b　自己資本比率は上昇する。

　　c　投資活動によるキャッシュ・フローは減少する。

　　d　流動比率は上昇する。

〔解答群〕

　ア　aとb

　イ　aとc

　ウ　aとd

　エ　bとc

　オ　cとd

解答	ア

■**解説**

　キャッシュ・フロー計算書のうち，投資活動によるキャッシュ・フローと財務活動によるキャッシュ・フローに関する理解を問う問題である。

　有形固定資産を売却することで資金を得る取引は，投資活動によるキャッシュ・フロー区分において，キャッシュ・フローの増加として記載される。
　また，長期借入金の返済取引は，財務活動によるキャッシュ・フロー区分において，キャッシュ・フローの減少として記載される。

　また，有形固定資産（固定資産）を売却して長期借入金（固定負債）を返済した場合，総資本と固定負債は減少することになる。
　したがって，流動比率（＝流動資産÷流動負債×100（%））には影響はないが，自己資本比率（＝自己資本÷総資本×100（%））は上昇することになる。

　よって，アが正解である。

2. CF の種類と算出

▶▶ 出題項目のポイント

　この項目では，キャッシュ・フロー計算書作成の大前提としての，営業キャッシュ・フロー（以下，CF），投資 CF，財務 CF 等，種類と算出方法，および CF 計算書作成の枠を超えて，フリー CF の算出方法や運転資金管理についてまで，幅広く CF の概念の理解が問われている。

　CF の増減要因の考え方については，CF 計算書の作成方法を理解していれば基本的には同じである。

　フリー・キャッシュ・フロー（以下，FCF）は，CF 計算書の作成表示項目とは異なる概念であり，投資者（株主および債権者）への分配の原資の目安として，以下の算式により求められる。

$$FCF＝営業利益×（1－実効税率）＋減価償却費－運転資本増減額－設備投資額$$

　FCF の概念や算定方法は，DCF 法による企業価値算出の際の基礎データとなる将来 FCF として利用されるため，よく理解しておく必要がある。

▶▶ 出題の傾向と勉強の方向性

　CF の増減に関する理解を問う出題は，キャッシュ・フロー計算書の学習の中で同時にマスターするのが効率がよい。また，FCF についても，企業価値計算のための基礎的事項として，よく概念を理解し反射的に計算式が浮かぶようにしてほしい。

■取組状況チェックリスト

2. CF の種類と算出						
CF の増減						
問題番号	ランク	1 回目		2 回目		3 回目
令和 3 年度 第 9 問	B	/		/		/
平成 27 年度 第 9 問	B	/		/		/
CF の算出						
問題番号	ランク	1 回目		2 回目		3 回目
－	－	/		/		/

CFの増減	ランク	1回目		2回目		3回目	
	B	/		/		/	

■令和3年度　第9問

キャッシュフローが増加する原因として，最も適切なものはどれか。

　ア　売掛金の減少

　イ　仕入債務の減少

　ウ　棚卸資産の増加

　エ　長期借入金の減少

解答	ア

■解説

キャッシュ・フローの増加要因に関する理解を問う問題である。

ア：適切である。資産の減少は，キャッシュ・フローの増加要因となる。

イ：不適切である。負債の減少は，キャッシュ・フローの減少要因となる。

ウ：不適切である。資産の増加は，キャッシュ・フローの減少要因となる。

エ：不適切である。負債の減少は，キャッシュ・フローの減少要因となる。

よって，アが正解である。

CFの増減	ランク	1回目		2回目		3回目	
	B	／		／		／	

■平成27年度　第9問

キャッシュフローの減少額として最も適切なものはどれか。

　ア　減価償却費

　イ　仕入債務の増加

　ウ　棚卸資産の増加

　エ　長期借入金の増加

解答	ウ

■解説

キャッシュフローの減少要因についての理解を問う問題である。

　基本的に，貸借対照表の借方（左側）の項目（現金以外）の数値が増加した場合はキャッシュの減少となり，貸方（右側）が増加した場合はキャッシュの増加となると理解しておけばよい。

　企業は貸借対照表の右側でキャッシュを調達し，左側の資産にキャッシュを使うからである。

　　ア：不適切である。減価償却費は，非資金費用であり，キャッシュフローを把握する場合にはプラスに考える。

　　イ：不適切である。仕入債務（負債）は貸借対照表の右側に計上されるものであり，仕入債務の増加はキャッシュの増加要因となる。

　　ウ：適切である。棚卸資産（資産）は貸借対照表の左側に計上されるものであり，棚卸資産の増加はキャッシュの減少要因となる。

　　エ：不適切である。長期借入金（負債）は貸借対照表の右側に計上されるものであり，長期借入金の増加はキャッシュの増加要因となる。

　よって，ウが正解である。

第7章

資金調達と配当政策

1. 資本コスト

▶▶ 出題項目のポイント

　資本コストとは，企業が資金を調達または維持するために調達先に支払うことが期待されるコストのことをいう。資金提供者の種類によって，自己資本（株式）コストと他人資本（負債）コストに区別できる。自己資本の場合は，株式配当金やキャピタル・ゲイン，他人資本の場合は，借入金に対する支払利息や社債利息等が，資本コストに該当する。

　この自己資本と他人資本それぞれの資本コストを，調達資金の構成比率により加重平均したものが加重平均資本コスト（WACC：Weighted Average Cost of Capital）である。企業の資金調達源泉は，自己資本・他人資本の両方であることが多いため，企業全体の資本コストとしては，多くの場合，加重平均資本コストが利用されることになる。

　また，資本コストは，企業が最低限あげなければならない資本利益率，すなわち投資家による最低要求利益率を意味するものでもあるため，投資案件に最低限求められる収益率であるハードルレートとして利用される。

　さらに，企業価値評価（DCF 法）では，企業全体の資本コストとして加重平均資本コストが割引率として用いられることがある。

　試験対策上，各資本コストの意味内容を十分に理解し，必要なデータを使って確実に計算できるようにしておかなければならない。

▶▶ 出題の傾向と勉強の方向性

　資本コストは，最頻出項目の 1 つである。資本構成を考慮した加重平均資本コストを算出させる基本的な問題のほか，MM 理論や CAPM による自己資本コスト計算を絡めた問題，社債の資本コストを求めさせる問題等，さまざまな問われ方で出題されている。また，資本コストは，投資の意思決定計算や企業価値評価（DCF 法）にも利用される基礎的な概念でもある。

　資本コストの算出自体が問われる問題は，他の受験生も十分に対策をしており，出題されれば確実に得点すべき問題となる。したがって，算出方法，利用方法とも，完全にマスターしておく必要がある。

■取組状況チェックリスト

1. 資本コスト

加重平均資本コスト

問題番号	ランク	1回目	2回目	3回目
平成28年度 第14問（設問1）	A	／	／	／
平成28年度 第14問（設問2）	A	／	／	／
平成27年度 第14問	A	／	／	／
令和3年度 第15問	A	／	／	／
平成29年度 第24問	A	／	／	／
令和元年度 第21問	A	／	／	／

社債の資本コスト

問題番号	ランク	1回目	2回目	3回目
平成30年度 第13問	B	／	／	／
令和2年度 第20問	B	／	／	／

配当割引モデルと資本コスト

問題番号	ランク	1回目	2回目	3回目
平成29年度 第18問	A	／	／	／
平成26年度 第19問	A	／	／	／
平成28年度 第16問	A	／	／	／

加重平均資本コスト	ランク	1回目		2回目		3回目	
	A	／		／		／	

■平成 28 年度　第 14 問（設問 1）

加重平均資本コスト（WACC）の計算手順に関する次の記述について，下記の設問に答えよ。

加重平均資本コストは，株主資本（自己資本）コストと他人資本コストを，その　A　に応じて加重平均することで求められる。加重平均に用いるのは，理論的にはそれぞれの　B　である。

（設問 1）

記述中の空欄AおよびBにあてはまる語句の組み合わせとして最も適切なものはどれか。

ア　A：運用形態　B：時価

イ　A：運用形態　B：簿価

ウ　A：資本構成　B：時価

エ　A：資本構成　B：簿価

オ　A：調達源泉　B：簿価

解答	ウ

■解説

　加重平均資本コストの計算手順についての理解を問う基本的な問題である。

　加重平均資本コスト（WACC：Weighted Average Cost of Capital）とは，調達源泉別（資本構成別）の資本コストを各調達額の占める割合で加重平均して算出した企業全体の資本コストである。この際，株主資本と他人資本（負債）は，帳簿価額ではなく時価を用いる。

　よって，ウが正解である。

	ランク	1回目		2回目		3回目	
加重平均資本コスト	A	/		/		/	

■平成 28 年度　第 14 問（設問 2）

加重平均資本コスト（WACC）の計算手順に関する次の記述について，下記の設問に答えよ。

加重平均資本コストは，株主資本（自己資本）コストと他人資本コストを，その　A　に応じて加重平均することで求められる。加重平均に用いるのは，理論的にはそれぞれの　B　である。

また，他人資本コストには　C　を考慮する必要がある。具体的には，他人資本コストに　D　を乗じることで，　C　を考慮した他人資本コストを求める。

（設問 2）

記述中の空欄CおよびDにあてはまる語句の組み合わせとして最も適切なものはどれか。

ア　C：節税効果　　　　　D：1－限界税率

イ　C：節税効果　　　　　D：限界税率

ウ　C：レバレッジ効果　　D：1－限界税率

エ　C：レバレッジ効果　　D：1＋限界税率

オ　C：レバレッジ効果　　D：限界税率

解答	ア

■解説

　加重平均資本コストの計算手順についての理解を問う基本的な問題である。

　加重平均資本コストとは，調達源泉別の資本コストを各調達額の占める割合で加重平均して算出した企業全体の資本コストである。

　通常，以下の式で表される。

　WACC＝株主資本コスト× ｛株主資本の額÷（有利子負債の額＋株主資本の額)｝
　　　　　＋負債コスト×（1−実効税率）× ｛有利子負債の額
　　　　　÷（有利子負債の額＋株主資本の額)｝

　他人資本（有利子負債）による資金調達では，株主資本による資金調達とは異なり，利息の支払いによる節税効果を考慮する必要がある。配当の支払いは損益計算外で行われるのに対し，利息の支払いは損益計算の中で費用として計上され利益を減少させるため，税金を減らす効果がある。

　したがって，WACC 算出式でも，負債コストに対しては節税効果を考慮するために「1−実効（限界）税率」を乗じることになる。

　よって，アが正解である。

加重平均資本コスト	ランク	1回目		2回目		3回目	
	A	／		／		／	

■平成 27 年度　第 14 問

　以下の B 社の資料に基づいて加重平均資本コストを計算した値として，最も適切なものを下記の解答群から選べ。なお，B 社は常に十分な利益を上げている。

株主資本（自己資本）コスト	10％
他人資本コスト	5％
限界税率	40％
負債の簿価	600 百万円
負債の時価	600 百万円
株主資本の簿価	1,000 百万円
株主資本の時価	1,400 百万円

〔解答群〕

　ア　7％

　イ　7.375％

　ウ　7.6％

　エ　7.9％

解答	エ

■解説

　加重平均資本コスト（WACC：Weighted Average Cost of Capital）を算出させる問題である。

　加重平均資本コストとは，調達源泉別の資本コストを各調達額の占める割合で加重平均して算出した企業全体の資本コストである。

　通常，以下の式で表される。

　WACC＝株主資本コスト× ｜株主資本の額÷（有利子負債の額＋株主資本の額）｜
　　　　　＋負債コスト×（1－実効税率）× ｜有利子負債の額÷（有利子負債の額
　　　　　＋株主資本の額）｜

　なお，株主資本および有利子負債の額は，時価を用いる。

　本問において数値データを上記の式にあてはめると，以下のように算出される。

　WACC＝10％× ｜1,400百万円÷（600百万円＋1,400百万円）｜ ＋5％×（1－0.4）
　　　　　× ｜600百万円÷（600百万円＋1,400百万円）｜ ＝7.9％

　よって，エが正解である。

加重平均資本コスト	ランク	1回目		2回目		3回目	
	A	／		／		／	

■**令和 3 年度　第 15 問**

　以下の資料に基づき計算した加重平均資本コストとして，最も適切なものを下記の解答群から選べ。なお，負債は社債のみで構成され，その時価は簿価と等しいものとする。

【資　料】

株価	1,200 円
発行済株式総数	50,000 株
負債簿価	4,000 万円
自己資本コスト	12%
社債利回り	4%
実効税率	30%

〔解答群〕

　ア　6.16%　　イ　7.68%　　ウ　8.32%　　エ　8.80%

解答	ウ

■解説

　加重平均資本コスト（WACC：Weighted Average Cost of Capital）を算出させる問題である。

　加重平均資本コストとは，調達源泉別の資本コストを各調達額の占める割合で加重平均して算出した企業全体の資本コストである。

　通常，以下の式で表される。

WACC＝株主資本コスト×　|株主資本の額÷（有利子負債の額＋株主資本の額）|
　　　　　＋負債コスト×（1－実効税率）×|有利子負債の額÷（有利子負債の額
　　　　　＋株主資本の額）|
株主資本および有利子負債の額は，時価を用いる。

　本問において数値データを上記の式にあてはめると，以下のように算出される。

WACC＝12%×|6,000万円（注）÷（4,000万円＋6,000万円）|＋4%×（1－0.3）
　　　　　×|4,000万円÷（4,000万円＋6,000万円）|＝8.32%

（注）株主資本時価＝株価1,200円×発行済株式総数50,000株＝6,000万円

　よって，ウが正解である。

加重平均資本コスト	ランク	1回目	2回目	3回目
	A	/	/	/

■平成 29 年度　第 24 問

　負債と純資産の構成が 2：1 の企業がある。この企業の税引前負債資本コストが 3 ％（税率は 40％），株主資本コストが 12％であるときの加重平均資本コストとして，最も適切なものはどれか。

　　ア　5.2％

　　イ　5.8％

　　ウ　6.0％

　　エ　9.0％

解答	ア

■解説

　加重平均資本コスト（WACC：Weighted Average Cost of Capital）を算出させる問題である。

　加重平均資本コストとは，調達源泉別の資本コストを各調達額の占める割合で加重平均して算出した企業全体の資本コストであり，通常，以下の式で算出される。

　WACC＝株主資本コスト×｛株主資本の額÷（有利子負債の額＋株主資本の額）｝
　　　　　＋負債コスト×（1－実効税率）×｛有利子負債の額÷（有利子負債の額
　　　　　＋株主資本の額）｝

　本問にあてはめると，

　WACC＝12％×1/3＋3％×（1－0.4）×2/3＝5.2％

　よって，アが正解である。

加重平均資本コスト	ランク	1回目	2回目	3回目
	A	／	／	／

■令和元年度　第21問

　負債と純資産の構成が2：1の企業がある。この企業の税引前負債資本コストが3％（税率は30％），株主資本コストが12％であるときの加重平均資本コストとして，最も適切なものはどれか。

　　ア　3.8％

　　イ　5.4％

　　ウ　7.5％

　　エ　9.0％

解答	イ

■解説

加重平均資本コストを算出させる問題である。

加重平均資本コスト（WACC）とは，調達源泉別の資本コストを各調達額の占める割合で加重平均して算出した企業全体の資本コストであり，通常，以下の式で算出される。

WACC＝株主資本コスト×｛株主資本の額÷（有利子負債の額＋株主資本の額）｝＋負債コスト×（1－実効税率）×｛有利子負債の額÷（有利子負債の額＋株主資本の額）｝

本問にあてはめると，以下のようになる。

$$\text{WACC}＝12\% \times \frac{1}{3} + 3\% \times (1-0.3) \times \frac{2}{3}$$
$$＝5.4\%$$

よって，イが正解である。

社債の資本コスト	ランク	1回目	2回目	3回目
	B	／	／	／

■平成 30 年度　第 13 問

　A 社は，額面 100 万円の社債（償還までの期間が 3 年，クーポン・レート 3%（年 1 回払い））を発行しようと考えている。現在，複利最終利回りは 2.0% と予想される。このとき，A 社の社債の価格はおよそいくらと考えられるか。最も適切なものを下記の解答群から選べ。なお，複利現価係数と年金現価係数は以下のものを使用すること。

期間（年）	複利現価係数		年金現価係数	
	2%	3%	2%	3%
1	0.980	0.971	0.980	0.971
2	0.961	0.943	1.941	1.914
3	0.942	0.915	2.883	2.829

〔解答群〕

　ア　98 万円

　イ　100 万円

　ウ　103 万円

　エ　105 万円

解答	ウ

■解説

社債発行の理論価額に関する理解を問う問題である。

社債は，企業の資金調達方法の1つであり，元本と一定期間の利息の利払いが約定されている点が特徴である。

社債の価格については，約定された元本と利息で生み出されるキャッシュ・フローを購入者の期待収益率で割り引くことによって算出される。

生み出されるキャッシュ・フローと割引率は以下のとおりである。本問では，利息は償還時まで毎年元本の3%，つまり，3万円が年1回支払われ，元本100万円は償還時に支払われる。割引率は問題文中に「複利最終利回りは2.0%」とあるので，問題文中の表の複利現価係数2%の列にある数字を適用する。

	1年後	2年後	3年後
利息	3万円	3万円	3万円
元本			100万円
割引率	0.980	0.961	0.942

以上をもとに社債価格を計算する。

1年目の割引後キャッシュ・フロー＝3×0.980＝2.94万円
2年目の割引後キャッシュ・フロー＝3×0.961＝2.883万円
3年目の割引後キャッシュ・フロー＝103×0.942＝97.026万円
全部の合計＝102.849万円（約103万円）

よって，ウが正解である。

社債の資本コスト	ランク	1 回目	2 回目	3 回目
	B	/	/	/

■令和 2 年度　第 20 問

　額面が 121 万円，償還までの期間が 2 年の割引債の市場価格が 100 万円であった。
このとき，この割引債の複利最終利回り（年）として，最も適切なものはどれか。

　　ア　10.0%

　　イ　11.0%

　　ウ　17.4%

　　エ　21.0%

解答	ア

■解説

割引債の複利最終利回りについての理解を問う問題である。

　割引債とは，あらかじめ利子相当分を差し引いた価格で発行され，満期償還時に額面金額で償還される債券のことをいう。

　割引債の発行価格は，額面を最終利回りで割り引いて求められるため，満期までの年数を n とすると，以下のような算式で表すことができる。

　割引債の価格＝額面÷（1＋金利$)^n$

　本問において，複利最終利回りを X として算式にあてはめると，以下のように求めることができる。

$$100 = 121 \div (1 + X)^2$$

$$(1 + X)^2 = 121 \div 100 = 1.21$$

$$(1 + X) = 1.1$$

$$X = 0.1$$

　よって，アが正解である。

配当割引モデルと 資本コスト	ランク	1回目		2回目		3回目	
	A	／		／		／	

■**平成 29 年度　第 18 問**

　当社の前期末の 1 株当たり配当金は 120 円であり，今後毎年 2% の定率成長が期待されている。資本コストを 6% とすると，この株式の理論価格として，最も適切なものはどれか。

　　ア　2,400 円

　　イ　3,000 円

　　ウ　3,060 円

　　エ　3,180 円

解答	ウ

■解説

配当割引モデル（Dividend Discount Model）による理論株価を算出させる問題である。

配当割引モデルとは，将来投資家が得る配当金の合計額を投資家の期待収益率で割り引いて，現在価値にすることにより理論株価を求める手法のことである。

配当割引モデルによる株価算定の公式は，以下のとおりである。

$$株価（円）= \frac{次期の配当額}{期待収益率 - 配当成長率}$$

上記公式に本問の数値データをあてはめると，理論株価は以下のように求められる。

$$理論価格（円）= \frac{120 円 \times (1+0.02)}{6\% - 2\%} = 3,060 円$$

よって，ウが正解である。

配当割引モデルと資本コスト	ランク	1回目	2回目	3回目
	A	／	／	／

■平成 26 年度　第 19 問

　A 社の配当は 60 円で毎期一定であると期待されている。このとき，以下のデータに基づいて A 社の理論株価を算定した場合，最も適切なものを下記の解答群から選べ。

【データ】

安全利子率：2%

市場ポートフォリオの期待収益率：4%

A 社のベータ値：1.5

〔解答群〕

　ア　1,000 円

　イ　1,200 円

　ウ　1,500 円

　エ　3,000 円

解答	イ

■解説

配当割引モデルの理解を問う問題である。

理論株価は，配当金額と株主資本コストより，次のように求められる。

$$理論株価 = \frac{配当金額}{株主資本コスト}$$

株主資本コストは，CAPM を用いて求められるので，

株主資本コスト＝安全利子率＋β（市場ポートフォリオの期待収益率－安全利子率）

$$= 2 + 1.5 \ (4 - 2)$$

$$= 5\%$$

これより，理論株価は，

$$理論株価 = \frac{60}{0.05}$$

$$= 1,200 \ 円$$

よって，イが正解である。

配当割引モデルと資本コスト	ランク	1 回目		2 回目		3 回目	
	A	/		/		/	

■平成 28 年度　第 16 問

　1 年後の配当は 105 千円，その後毎年 3％の成長が永続することを見込んでいる。割引率（株主資本コスト）が年 5％である場合，配当割引モデルに基づく企業価値の推定値として最も適切なものはどれか。

　　ア　1,575 千円

　　イ　2,100 千円

　　ウ　3,500 千円

　　エ　5,250 千円

解答	エ

■解説

配当割引モデルによる企業価値算定についての理解を問う問題である。

配当割引モデルとは，将来投資家が得る配当金の合計額を投資家の期待収益率で割り引いて，現在価値にすることにより企業価値の理論値を求める手法のことである。

配当の成長率を加味した公式は，以下のようになる。

企業価値＝配当金合計÷（期待収益率－配当成長率）

本問のデータを当てはめると，

企業価値＝105千円÷（5％－3％）
　　　　＝5,250千円

よって，エが正解である。

2. 配当政策

▶▶ 出題項目のポイント

　配当政策とは，企業が獲得した利益を，どのように株主に配分するかという方針のことである。すなわち，株主に配当や自己株式の買戻し等として直接還元するか，内部留保して再投資にあて企業価値の向上を目指すかについては，株主にとって絶対的にどちらが有利とはいえず，企業にとっては意思決定の問題となる。

　税金がなく，市場参加者に情報の不均衡がなく，コストがかからずに自由に資金を移動できるような完全市場では，配当政策は株主にとっての企業価値（＝株価）に影響を与えないことが証明されている（＝MM 理論）。

　ただし，実際には，税金や諸コストの存在，あるいはシグナリング効果などから，配当政策は株価に影響を与えることになる。したがって，企業は，諸事情を総合的に考慮したうえで配当政策を決定する必要がある。

　この項目では，上記の理論的背景を理解したうえで，配当政策に関連する各指標の算式を押さえ，配当政策と各指標，および企業の業績変動や企業価値等との関係性について，理解しておく必要がある。

▶▶ 出題の傾向と勉強の方向性

　配当政策に関しては，直近年度での出題が増えている。平成 20 年度第 17 問，平成 22 年度第 19 問では，配当政策の内容と指標数値の動きとの関連性について，平成 23 年度第 17 問では，配当政策が企業価値に与える影響について，平成 27 年度第 12 問，令和 3 年度第 16 問，令和 4 年度第 23 問，令和 5 年度第 14 問では，主な配当政策の種類について，理解が問われている。

　形式は理論問題が多くなっているが，解答するためには，配当政策に関連する主要な指標である，配当性向，配当利回り，株主資本配当率等の算式を覚えていることが不可欠であるため，確実に押さえておく必要がある。

■取組状況チェックリスト

問題番号	ランク	1回目		2回目		3回目	
平成 27 年度 第 12 問	A	／		／		／	
令和 3 年度 第 16 問	A	／		／		／	
令和 4 年度 第 23 問	A	／		／		／	
令和 5 年度 第 14 問	A	／		／		／	

配当政策

配当政策	ランク	1回目	2回目	3回目
	A	/	/	/

■平成27年度　第12問

　A社は，株主に対する利益還元政策を行うこととした。利益還元政策として，最も不適切なものはどれか。なお，A社は十分な現金を所有しており，財務的破綻について考慮する必要はない。

　ア　株式の分割

　イ　記念配当の実施

　ウ　自己株式の取得

　エ　普通配当の増配

解答	ア

■解説

株主に対する利益還元政策についての理解を問う基本的な問題である。

ア：不適切である。株式分割とは，発行済みの株式を分割して株式数を増加させることをいい，1株当たりの株価を下げたり株式数を増やしたりすることで市場での株式の流通性を高める効果がある。増資とは異なり，単に1株を複数の株式に細分化するだけのため，会社の資本金や既存株主の持株比率などに変化はなく，株主の利益に実質的な影響はない。

イ：適切である。配当の実施は，株主に対する利益還元の最も基本的な施策である。

ウ：適切である。自己株式の取得とは，発行済み株式を自社が取得することであり，配当の実施と並ぶ代表的な株主への利益還元策となっている。

エ：適切である。配当の実施は，株主に対する利益還元の最も基本的な施策である。

よって，アが正解である。

配当政策	ランク	1回目		2回目		3回目	
	A	／		／		／	

■**令和 3 年度　第 16 問**

株主還元に関する記述として，最も適切なものはどれか。

ア　自社株買いを行うと当該企業の純資産が減少するため，売買手数料をゼロと
すれば株価は下落する。

イ　自社株買いを行った場合，取得した株式は一定期間のうちに消却しなければ
ならない。

ウ　配当額を自己資本で除した比率を配当利回りという。

エ　有利な投資機会がない場合には，余裕資金を配当などで株主に還元すること
が合理的である。

解答	エ

■解説

株主に対する還元政策についての理解を問う問題である。

ア：不適切である。自社株買いを行うと，純資産が減少するとともに株式数も減
少するため，理論上，株価は変化しない。

イ：不適切である。自社株買いで取得した自己株式について，保有期間の制限ル
ールはない。

ウ：不適切である。配当利回りとは，株価に対し，年間あたりどれだけの配当を
受けることができるかを示すもので，1株当たり配当金を株価で除した比率
である。

エ：適切である。有利な投資機会がない場合に，配当などで株主に還元すること
は，余裕資金について株主価値を最大化するような活用をせずに無駄遣いや
収益性の低い投資をする可能性に対する市場の懸念を払拭する効果があると
考えられる。すなわち，株主と経営者間の利害不一致から生じるエージェン
シー問題の一部の低減につながり，株価にプラスとなる意味で合理的である。

よって，エが正解である。

配当政策	ランク	1回目	2回目	3回目
	A	／	／	／

■令和 4 年度　第 23 問

配当政策に関する記述として，最も適切なものはどれか。ただし，他の条件は一定とする。

ア　1 株当たり配当金額を一定にする政策では，当期の利益額にかかわらず配当性向は変わらない。

イ　自己資本配当率（配当額÷期首自己資本）を一定にする政策では，当期の利益額にかかわらず 1 株当たり配当金額は変わらない。

ウ　当期の利益額のうち投資に必要な支出分を留保し，残余を配当する政策では，当期の利益額にかかわらず配当性向は変わらない。

エ　配当性向を一定にする政策では，当期の利益額にかかわらず自己資本配当率（配当額÷期首自己資本）は変わらない。

解答	イ

■解説

配当政策に関する基本的な理解を問う問題である。

配当性向とは，当期に獲得した純利益のうち配当金として株主に分配する割合のことであり，算式にすると以下のようになる。

$$\text{配当性向（\%）} = \frac{\text{配当金総額}}{\text{当期純利益}} = \frac{\text{1株当たり配当金}}{\text{1株当たり当期純利益}}$$

ア：不適切である。上記の式より，分子の1株当たり配当金を一定で支払う配当政策の場合には，当期の利益額変動にともなって分母の1株当たり当期純利益が変動するため，配当性向は変動することになる。

イ：適切である。自己資本配当率（配当額÷期首自己資本）を一定にする配当政策の場合には，当期の利益額が変動したとしても1株当たりの配当金額は変わらない。

ウ：不適切である。当期の利益額のうち投資に必要な支出分を留保した残余を配当する場合には，上記の式より，当期の利益額の変動により配当性向は変わることになる。

エ：不適切である。配当性向を一定にする配当政策の場合，上記の式より，当期の利益額（配当性向の分母）が変動した場合には，配当額（配当性向の分子）も変動する。したがって，自己資本配当率（配当額÷期首自己資本）も，配当額（自己資本配当率の分子）が変動することになり，変化する。

よって，イが正解である。

配当政策	ランク	1回目	2回目	3回目
	A	／	／	／

■**令和 5 年度　第 14 問**

　Z 社の期首自己資本は 3,000 万円である。また，ROE は 5%，配当性向は 40%，発行済株式数は 20 万株である。Z 社の当期の 1 株当たり配当として，最も適切なものはどれか。ただし，本問において，ROE は当期純利益を期首自己資本で除した値とする。

　　ア　2 円

　　イ　3 円

　　ウ　4 円

　　エ　5 円

解答	イ

■解説

1株当たり配当について理解を問う問題である。

　本問において，ROE と配当性向のデータを使って1株当たりの配当金額を計算するためには，まず当期純利益を計算する。次に，配当性向を使用して，配当総額を求め，最終的に発行済株式数で割って1株当たりの配当金額を求める。

・当期純利益の計算：

　当期純利益＝期首自己資本× ROE
　＝3,000 万円× 5%
　＝150 万円

・配当金額の計算：

　総配当金額＝当期純利益×配当性向
　＝150 万円× 40%
　＝60 万円

・1株当たりの配当金額の計算：

　1株当たりの配当金額＝総配当金額÷発行済株式数
　＝60 万円÷ 20 万株
　＝3 円

　よって，イが正解である。

3. 最適資本構成

▶▶ 出題項目のポイント

　MM（モジリアーニ・ミラー）理論とは，税金や取引コストがない完全資本市場下と仮定した場合，自己資本と他人資本の構成割合である資本構成や配当政策は，企業価値に何らの影響を与えない，ということを証明する理論である。すなわち，MM理論に基づけば，最適資本構成は存在しない，ということになる。

　ただし，法人税を考慮した場合には，他人資本による資金調達割合が高いほど，節税効果の分，企業価値が高くなるとされる。

　しかし，実際には，他人資本の割合が高まるほど，倒産リスクも高くなるため，一定限度を超えると，逆に他人資本での調達割合の上昇が企業価値の低下を招く局面となり，企業価値は下がっていく。

　したがって，税金が存在する実際の資本市場では，企業価値を最大化するような最適資本構成が存在し，企業は，自己資本と他人資本の最適な構成割合を模索して資金調達を行うことになる。

　この項目では，上記のような資金調達に当たっての最適な資本構成について，MM理論の考え方を押さえ，資本構成の変化が企業価値に対してどのような影響を与えるかについて，理解を問う問題が出題される。

▶▶ 出題の傾向と勉強の方向性

　最適資本構成に関しては，安定的に出題されている。平成20年度第18問，平成29年度第17問，令和2年度第24問，令和3年度第17問のように，MM理論の考え方が直接的に問われる問題と，明示はないが，MM理論をベースに解答する平成22年度第14問や平成25年度第15問のような問題が出題されている。また，平成19年度第17問では，同じくMM理論をベースに，企業価値の各種算出方法による計算問題が出題されている。

　MM理論は，ファイナンス論の基本的定理の1つである。最適資本構成や配当政策についてだけでなく，企業価値の算出等にも関連して何らかのかたちで出題される可能性が高いため，基本的な内容は理解しておく必要がある。

■取組状況チェックリスト

3. 最適資本構成						

MM 理論

問題番号	ランク	1 回目		2 回目		3 回目
令和 2 年度 第 24 問	A	／		／		／
平成 29 年度 第 17 問	A	／		／		／
令和 3 年度 第 17 問	A	／		／		／
平成 27 年度 第 13 問（設問 1）	A	／		／		／
平成 27 年度 第 13 問（設問 2）	A	／		／		／

資本構成と企業価値

問題番号	ランク	1 回目		2 回目		3 回目
平成 26 年度 第 15 問（設問 2）	A	／		／		／
令和元年度 第 22 問（設問 2）	A	／		／		／
平成 26 年度 第 15 問（設問 1）	A	／		／		／
令和 5 年度 第 15 問（設問 1）	A	／		／		／
令和 5 年度 第 15 問（設問 2）	A	／		／		／

MM 理論	ランク	1回目		2回目		3回目	
	A	/		/		/	

■令和2年度　第24問

　モジリアーニとミラーの理論（MM 理論）に関する記述として，最も適切なものはどれか。ただし，投資家は資本市場において裁定取引を円滑に行うことができ，負債にはリスクがなく，法人税は存在しないと仮定する。

ア　PER（株価収益率）は，無借金の方が負債で資金調達するよりも小さくなる。

イ　企業の最適資本構成は存在し，それによって企業価値も左右される。

ウ　企業の市場価値は，当該企業の期待収益率でキャッシュフローを資本化することによって得られ，資本構成に影響を与える。

エ　投資のための切捨率は，資金調達方法にかかわりなく，一意に決定される。

解答	エ

■解説

MM（モジリアーニ・ミラー）理論に関する理解を問う問題である。

MM理論とは，完全な資本市場下で，かつ法人税がないと仮定した場合，資本構成（自己資本と負債の構成割合）や配当政策は，企業価値に何らの影響を与えない，とする理論である。

ア：不適切である。MM理論では，資本構成は企業価値に何らの影響を与えず，PERは資本構成によって変わらない。

$$PER（株価収益率）= \frac{株価}{1株当たり当期純利益} \times 100$$

イ：不適切である。法人税がないと仮定した場合，負債の節税効果もないため，資本構成（自己資本と負債の構成割合）は，企業価値に何らの影響を与えない。

ウ：不適切である。企業の資本価値と資本構成とは相互に影響を与えない。

エ：適切である。MM理論では，資金調達方法（資本構成）は企業価値に何らの影響も与えない。したがって，資本コストと負債コストの加重平均資本コスト（WACC）も資本構成によって変わらないため，投資判断の切捨率（ハードルレート）は，資金調達方法にかかわりなく，一意に決定される。

よって，エが正解である。

MM 理論	ランク	1 回目		2 回目		3 回目	
	A	/		/		/	

■平成 29 年度　第 17 問

　借入金のあるなし以外は同一条件の 2 つの企業がある。このとき，税金が存在する場合のモジリアーニとミラーの理論（MM 理論）に関する記述として，最も適切なものはどれか。

ア　節税効果による資本コストの上昇により，借入金のある企業の企業価値の方が高くなる。

イ　節税効果による資本コストの上昇により，無借金企業の企業価値の方が高くなる。

ウ　節税効果による資本コストの低下により，借入金のある企業の企業価値の方が高くなる。

エ　節税効果による資本コストの低下により，無借金企業の企業価値の方が高くなる。

解答	ウ

■解説

　MM（モジリアーニ・ミラー）理論に関する理解を問う問題である。

　MM 理論では，完全資本市場下で，かつ法人税がないと仮定した場合，資本構成や配当政策は企業価値に何らの影響を与えないが，法人税が存在する場合には，負債利用の節税効果により，負債利用度が高まるほど資本コストが低下し，企業価値が高くなる，とされる。

（ただし，負債利用度が一定限度を超えた局面では，倒産リスクが高まることで資本コストを押し上げ，企業価値は低下していく。）

　よって，ウが正解である。

	ランク	1回目		2回目		3回目	
MM 理論	A	／		／		／	

■**令和 3 年度　第 17 問**

　モジリアーニとミラーの理論（MM 理論）に基づく資本構成に関する記述として，最も適切なものはどれか。

　ア　自己資本による資金調達はコストが生じないので，負債比率が低下するほど企業価値は増加する。

　イ　倒産リスクの高低は，最適資本構成に影響する。

　ウ　負債比率が非常に高くなると，自己資本コストは上昇するが，負債コストは影響を受けない。

　エ　法人税が存在する場合，負債比率の水準は企業価値に影響しない。

解答	イ

■解説

　MM（モジリアーニ・ミラー）理論に基づく資本構成に関する理解を問う問題である。

　ア：不適切である。自己資本の場合も資金調達コストは生じる。また，MM理論では，完全資本市場下で，かつ法人税がないと仮定した場合，資本構成や配当政策は企業価値に何らの影響を与えないが，法人税が存在する場合には，負債利用の節税効果により，負債利用度が高まるほど資本コストが低下し，企業価値は高くなる，とされる。

　イ：適切である。負債利用度が一定限度を超えて倒産リスクが高まると，資本コストを押し上げ企業価値は低下していく。倒産リスクの高低は最適資本構成に影響することになる。

　ウ：不適切である。負債比率が非常に高くなると倒産リスクも高まることから，株主も債権者も，高いリスクに見合う高いリターンを求めるようになるため，自己資本コスト・負債コストとも上昇する。

　エ：不適切である。法人税が存在する場合には，負債利用の節税効果により，負債比率の水準が高まるほど資本コストが低下し，企業価値は高くなる。

　よって，イが正解である。

MM 理論	ランク	1回目	2回目	3回目
	A	/	/	/

■**平成 27 年度　第 13 問（設問 1）**

MM 理論に基づく最適資本構成に関する以下の記述について，下記の設問に答えよ。

MM 理論の主張によると，完全な資本市場の下では，企業の資本構成は企業価値に影響を与えない。しかし，現実の資本市場は完全な資本市場ではない。そこで，完全な資本市場の条件のうち，法人税が存在しないという仮定を緩め，法人税の存在を許容すると，負債の増加は　A　を通じて企業価値を　B　ことになる。この条件下では，負債比率が　C　の場合において企業価値が最大となる。

一方で，負債比率が高まると，　D　も高まることから，債権者も株主も　E　リターンを求めるようになる。結果として，　A　と　D　の　F　を考慮して最適資本構成を検討する必要がある。

（設問 1）

記述中の空欄 A ～ C にあてはまる語句の組み合わせとして最も適切なものはどれか。

ア　A：支払利息の増加による株主価値の低下　　B：高める　　C：　0%

イ　A：支払利息の増加による株主価値の低下　　B：低める　　C：100%

ウ　A：節税効果　　　　　　　　　　　　　　　B：高める　　C：100%

エ　A：節税効果　　　　　　　　　　　　　　　B：低める　　C：　0%

解答	ウ

■解説

　MM（モジリアーニ・ミラー）理論に関する理解を問う問題である。

　MM理論とは，完全な資本市場下で，かつ法人税がないと仮定した場合，資本構成（自己資本と負債の構成割合）や配当政策は，企業価値に何らの影響を与えない，とする理論である。

　この理論では，法人税が存在する場合には，負債利用の節税効果により，負債利用度が高まるほど企業価値が高くなる，と説明される。すなわち，究極的には負債比率が100％であれば，企業価値は最大化されることになる。

　よって，ウが正解である。

MM 理論	ランク	1回目	2回目	3回目
	A	／	／	／

■平成 27 年度　第 13 問（設問 2）

　MM 理論に基づく最適資本構成に関する以下の記述について，下記の設問に答えよ。

　MM 理論の主張によると，完全な資本市場の下では，企業の資本構成は企業価値に影響を与えない。しかし，現実の資本市場は完全な資本市場ではない。そこで，完全な資本市場の条件のうち，法人税が存在しないという仮定を緩め，法人税の存在を許容すると，負債の増加は　A　を通じて企業価値を　B　ことになる。この条件下では，負債比率が　C　の場合において企業価値が最大となる。

　一方で，負債比率が高まると，　D　も高まることから，債権者も株主も　E　リターンを求めるようになる。結果として，　A　と　D　の　F　を考慮して最適資本構成を検討する必要がある。

（設問 2）

　記述中の空欄 D ～ F にあてはまる語句の組み合わせとして最も適切なものはどれか。

　　ア　D：債務不履行（デフォルト）リスク　　E：より高い　　F：トレードオフ

　　イ　D：債務不履行（デフォルト）リスク　　E：より低い　　F：相乗効果

　　ウ　D：財務レバレッジ　　　　　　　　　　E：より高い　　F：相乗効果

　　エ　D：財務レバレッジ　　　　　　　　　　E：より低い　　F：トレードオフ

解答	ア

■**解説**

　MM（モジリアーニ・ミラー）理論に基づく最適資本構成の考え方について理解を問う問題である。

　MM理論では，法人税が存在する場合には，負債利用の節税効果により，負債利用度が高まるほど企業価値が高くなる，と考える。

　ただし，より現実的には，負債利用度が一定限度を超えた局面では，倒産リスク（債務不履行（デフォルト）リスク）が高まることで，債権者も株主もそのリスクに見合った高いリターンを求めるため資本コストを押し上げることになり，企業価値は低下していく。

　そのため，最も企業価値を高める最適資本構成を検討する際には，負債利用による節税効果と債務不履行リスクとのトレードオフを考慮する必要がある。

　よって，アが正解である。

資本構成と企業価値	ランク	1回目		2回目		3回目	
	A	/		/		/	

■平成 26 年度　第 15 問（設問 2）

　現在 A 社は，全額自己資本で資金調達しており，その時価は 10,000 万円である。A 社は毎期 600 万円の営業利益をあげており，この営業利益はフリー・キャッシュフローに等しい。MM 理論が成り立つものとして，下記の設問に答えよ。

（設問 2）

　A 社が利子率 2 ％の借入を行うことによって 2,000 万円の自己株式を買入消却し，負債対自己資本比率を 20：80 に資本構成を変化させたとき，法人税が存在する場合，資本構成変化後の A 社の企業価値はいくらになるか。最も適切なものを選べ。

　ただし，法人税率は 40 ％とする。

　　ア　9,960 万円

　　イ　10,000 万円

　　ウ　10,040 万円

　　エ　10,800 万円

解答	エ

■解説

法人税がある場合の MM 理論の理解を問う問題である。

MM 理論は，法人税がある場合，節税効果が働き修正される。企業価値は，負債がある場合，負債の支払利息の節税効果の現在価値分だけ高まる。

負債の支払利息は 40 万円である。この節税効果は，16 万円（40 万円 × 0.4）となる。これより，節税効果の現在価値を求めると，

$$節税効果の現在価値 = \frac{支払利息の節税効果}{負債の利子率} \times 100$$

$$= \frac{16}{0.02}$$

$$= 800 万円$$

全額自己資金で資金調達した場合の企業価値は，10,000 万円であり，法人税が存在する場合の企業価値は，次のように求められる。

企業価値 ＝ 10,000 ＋ 800 ＝ 10,800 万円

よって，エが正解である。

資本構成と企業価値	ランク	1回目	2回目	3回目
	A	/	/	/

■令和元年度　第22問（設問2）

A社は，5,000万円の資金を必要とする新規事業を始めようとしている。この投資により毎期300万円の営業利益を確実に得ることができ，この営業利益はフリーキャッシュフローに等しいものとする。今，5,000万円の資金を調達するために，次の2つの相互排他的資金調達案が提案されている。

MM理論が成り立つものとして，下記の設問に答えよ。

（第1案）5,000万円すべて株式発行により資金調達する。
（第2案）2,500万円は株式発行により，残額は借り入れにより資金調達する。なお，利子率は5％である。

（設問2）

法人税が存在する場合，（第2案）の企業価値は（第1案）のそれと比べていくら差があるか，最も適切なものを選べ。ただし，法人税率は30％とする。

ア　（第2案）と（第1案）の企業価値は同じ。

イ　（第2案）の方が（第1案）より125万円低い。

ウ　（第2案）の方が（第1案）より125万円高い。

エ　（第2案）の方が（第1案）より750万円高い。

解答	エ

■解説

資本構成と企業価値に関する理解を問う問題である。

　本問のように，法人税が存在する場合，株主資本100％である（第1案）のケースの企業価値と，負債と株主資本の割合が5：5（＝借入2,500万円：株式発行2,500万円）の資本構成となる（第2案）のケースの企業価値とでは，負債の節税効果分，負債利用のある（第2案）の方が高くなる。

　したがって，まず，（第2案）負債と株主資本の割合を5：5にした場合の負債の節税効果を計算する。

　　負債の節税効果
　　　＝借入2,500万円×利子率5％×実効税率30％
　　　＝37.5万円

　次に，毎年発生する負債の節税効果37.5万円を，負債コスト5％で割り引くと，節税効果分の現在価値を算出することができる。

　　37.5万円÷5％＝750万円

　よって，エが正解である。

資本構成と企業価値	ランク	1回目		2回目		3回目	
	A	/		/		/	

■平成 26 年度　第 15 問（設問 1）

現在 A 社は，全額自己資本で資金調達しており，その時価は 10,000 万円である。A 社は毎期 600 万円の営業利益をあげており，この営業利益はフリー・キャッシュフローに等しい。MM 理論が成り立つものとして，下記の設問に答えよ。

（設問 1）

A 社が利子率 2％の借入を行うことによって 2,000 万円の自己株式を買入消却し，負債対自己資本比率を 20：80 に変化させたとき，A 社の自己資本利益率は何％になるか。最も適切なものを選べ。ただし，法人税は存在しないものとする。

　　ア　7％

　　イ　8％

　　ウ　22％

　　エ　24％

解答	ア

■解説

MM 理論の理解を問う問題である。

MM 理論は，モジリアーニとミラーによって提唱された理論であり，「完全市場では，企業価値は資本構成や配当政策によって変化しない」という理論である。

ここでは，借入後の自己資本と負債を求めて，自己資本利益率を計算する。借入後の自己資本＝8,000 万円，負債＝2,000 万円となる。

また，借入後の利益は次のように求められる。

利益＝営業利益－支払利息

$$600 - 2,000 \times 0.02 = 560 \text{ 万円}$$

したがって，A 社の自己資本利益率は，

$$\text{自己資本利益率} = \frac{\text{利益}}{\text{自己資本}} \times 100$$

$$= \frac{560}{8,000} \times 100$$

$$= 7\%$$

よって，アが正解である。

資本構成と企業価値	ランク	1回目	2回目	3回目
	A	／	／	／

■令和5年度　第15問（設問1）

次の文章を読んで，下記の設問に答えよ。

現在，Y社は総資本10億円（時価ベース）の全額を自己資本で調達して事業活動を行っており，総資本営業利益率は10％である。また，ここでの営業利益は税引前当期純利益に等しく，また同時に税引前キャッシュフローにも等しいものとする。Y社は今後の事業活動において，負債による調達と自己株式の買い入れによって総資本額を変えずに負債と自己資本との割合（資本構成）を1：1に変化させることを検討しており，その影響について議論している。

（設問1）

税金が存在しない場合，Y社が資本構成を変化させたとき，ROEの値として，最も適切なものはどれか。ただし，負債利子率は3％であり，資本構成の変化によって総資本営業利益率は変化しないものとする。

　ア　13％

　イ　13.5％

　ウ　17％

　エ　17.5％

解答	ウ

■解説

　資本構成と企業価値について理解を問う問題である。

　本問においては，Ｙ社が資本構成を変更し，負債と自己資本の比率を 1：1 とした場合の ROE（自己資本利益率）が求められている。

　総資本 10 億円に対して負債と自己資本の比率が 1：1 となることから，負債と自己資本は，それぞれ 5 億円となる。
　次に，総資本営業利益率が 10％であるため，営業利益は総資本 10 億円 × 10％＝1 億円，負債の利子費用は，負債 5 億円 × 3％＝0.15 億円となる。
　また，営業利益と等しいという前提により，税引前利益は 1 億円となる。

　以上のデータより，ROE は次のように算出できる。

　ROE ＝（税引前利益 − 利子費用）÷ 自己資本
　　　 ＝（1 億円 − 0.15 億円）÷ 5 億円
　　　 ＝ 17％

　よって，ウが正解である。

資本構成と企業価値	ランク	1回目	2回目	3回目
	A	／	／	／

■**令和5年度　第15問（設問2）**

次の文章を読んで，下記の設問に答えよ。

　現在，Y社は総資本10億円（時価ベース）の全額を自己資本で調達して事業活動を行っており，総資本営業利益率は10％である。また，ここでの営業利益は税引前当期純利益に等しく，また同時に税引前キャッシュフローにも等しいものとする。Y社は今後の事業活動において，負債による調達と自己株式の買い入れによって総資本額を変えずに負債と自己資本との割合（資本構成）を1：1に変化させることを検討しており，その影響について議論している。

（設問2）

　モジリアーニ・ミラー理論において法人税のみが存在する場合，Y社が資本構成を変化させることで，企業全体の価値に対する影響として，最も適切なものはどれか。ただし，法人税率は20％とする。

　ア　企業価値が1億円減少する。

　イ　企業価値が1億円増加する。

　ウ　企業価値が4億円減少する。

　エ　企業価値が4億円増加する。

解答	イ

■解説

法人税がある場合の MM 理論の資本構成と企業価値について理解を問う問題である。

MM 理論では，法人税がある場合は節税効果が働き，企業価値は負債がある場合，負債の支払利息の節税効果の現在価値分だけ高まるとされている。

法人税がある場合の負債利用の企業価値は，以下の式で表される。

負債利用の場合の企業価値
＝負債を利用しない場合の企業価値＋負債金額×税率

本問では，全額自己資本調達の総資本 10 億円について，資本構成を負債と自己資本の割合を 1：1 に変化させることから，以下のように企業価値の変化を算出することができる。

負債利用の場合の企業価値
＝総資本（時価ベース）10 億円＋負債 5 億円×法人税率 20%
＝11 億円

負債利用の場合の企業価値－負債を利用しない場合の企業価値
＝11 億円－10 億円
＝1 億円

よって，イが正解である。

4.　資金調達手段

▶▶ 出題項目のポイント

　資金調達は，その源泉の違いにより，外部金融と内部金融の 2 つに大別される。

　外部金融とは，企業外部から資金調達することであり，直接金融（株式や社債発行等），間接金融（借入等），企業間信用（買掛金等）とに分類できる。

　内部金融とは，企業内部での資金留保であり，事業活動により生み出した利益の内部留保や，減価償却等がある。

　このほか，短期的に返済が必要な短期資金（運転資金等）と，通常 1 年以上返済を要しない長期資金（設備資金，長期運転資金等）とに分類することもできる。

　また，ファイナンス・リースは，特定の設備投資を目的とした，資金調達手段の多様化の 1 つとして活用されている。

　資金調達手段の具体例と，それらの源泉別・性質別の分類と特徴についての知識はひととおり押さえておきたい。

▶▶ 出題の傾向と勉強の方向性

　資金調達手段については，基本的な分類と特徴についての知識問題が平成 13 年度第 13 問，平成 15 年度第 15 問，平成 21 年度第 12 問と平成 23 年度第 14 問，平成 24年度第 15 問，平成 29 年度第 14 問，令和元年度第 20 問，令和 3 年度第 14 問で問われている。常識的な範囲の内容であり，出題が重複している部分もあるため，ここで取り上げた問題を中心に，ひととおりの分類知識を押さえておけばよいだろう。また，資金調達手段の 1 つであるファイナンス・リースについては，平成 22 年度第 13 問，平成 25 年度第 13 問，平成 28 年度第 4 問，平成 30 年度第 6 問，令和 2 年度第 7 問のようにたびたび出題されており，定義や要件を確実に押さえておきたい。

■取組状況チェックリスト

4. 資金調達手段						

資金調達手段

問題番号	ランク	1回目		2回目		3回目
平成 28 年度 第 10 問	A	/		/		/
平成 29 年度 第 14 問	A	/		/		/
令和元年度 第 20 問	A	/		/		/
令和 3 年度 第 14 問	A	/		/		/

ファイナンス・リース

問題番号	ランク	1回目		2回目		3回目
平成 28 年度 第 4 問	A	/		/		/
令和 2 年度 第 7 問	A	/		/		/
平成 30 年度 第 6 問	A	/		/		/
平成 26 年度 第 6 問	C*	/		/		/

＊ランク C の問題と解説は，「過去問完全マスター」の HP（URL：https://jissen-c.jp/）よりダウンロードできます。

資金調達手段	ランク	1回目		2回目		3回目	
	A	／		／		／	

■平成28年度　第10問

　直接金融と間接金融に関する記述として最も適切なものはどれか。

　ア　ある企業の増資に応じて，個人投資家が証券会社を通して株式を取得したとき，その企業にとっては直接金融となる。

　イ　銀行が株式の発行を行った場合は間接金融となる。

　ウ　金融庁は，「貯蓄から投資へ」というスローガンの下，直接金融の割合を減らし間接金融の割合を増やすことを目指している。

　エ　社債の発行による資金調達は，借入金による資金調達と同じ負債の調達であり，間接金融である。

<table>
<tr><td>解答</td><td>ア</td></tr>
</table>

■解説

資金調達手段についての理解を問う問題である。

資金調達は，その源泉の違いにより，外部金融と内部金融の2つに大別される。

外部金融とは，企業外部から資金調達することであり，直接金融（株式や社債発行等），間接金融（借入等），企業間信用（買掛金等）に分類できる。

内部金融とは，企業内部での資金留保であり，事業活動により生み出した利益の内部留保や，減価償却等がある。

ア：適切である。株式発行による投資家からの資金調達であるため，企業にとって直接金融にあたる。

イ：不適切である。銀行が株式を発行して資金調達を行った場合，銀行にとっては直接金融にあたる。

ウ：不適切である。「貯蓄から投資へ」というスローガンは，従来の銀行による間接金融（預金を通じて企業に資金を融通する方法）から，証券会社を通じた直接金融（投資家の資金を直接企業に流す）へと個人資産をシフトさせるという意味である。

エ：不適切である。社債の発行は，市場から直接資金を調達する方法であるため，直接金融である。

よって，アが正解である。

資金調達手段	ランク	1回目		2回目		3回目	
	A	／		／		／	

■平成29年度　第14問

　次の文中の空欄A〜Dに当てはまる語句の組み合わせとして，最も適切なものを下記の解答群から選べ。

　企業の資金調達方法には，大きく分けて　A　と　B　がある。代表的な　A　としては　C　があり，　B　としては　D　があげられる。

〔解答群〕

　ア　A：外部金融　　B：内部金融　　C：株式発行　　D：利益留保

　イ　A：間接金融　　B：直接金融　　C：企業間信用　D：社債発行

　ウ　A：直接金融　　B：間接金融　　C：社債発行　　D：利益留保

　エ　A：内部金融　　B：外部金融　　C：社債発行　　D：減価償却

解答	ア

■解説

　資金調達の形態について基本的な理解を問う問題である。

　資金調達は，その源泉の違いにより，外部金融と内部金融の2つに大別される。

　外部金融とは，企業外部から資金調達することであり，直接金融（株式や社債発行等），間接金融（借入等），企業間信用（買掛金等）に分類できる。

　内部金融とは，企業内部での資金留保であり，事業活動により生み出した利益の内部留保や，減価償却等がある。

　よって，アが正解である。

資金調達手段	ランク	1回目	2回目	3回目
	A	／	／	／

■**令和元年度 第 20 問**

資金調達に関する記述として，最も適切なものはどれか。

　ア　企業が証券会社や証券市場を介して，投資家に株式や債券を購入してもらう
　　　ことで資金を集める仕組みを間接金融と呼ぶ。

　イ　資金調達における目的は，売上高の極大化である。

　ウ　資産の証券化は，資金調達手段として分類されない。

　エ　利益の内部留保や減価償却による資金調達を内部金融と呼ぶ。

解答	エ

■**解説**

　資金調達手段についての理解を問う問題である。

　資金調達は，その源泉の違いにより，外部金融と内部金融の2つに大別される。

　外部金融とは，企業外部から資金調達することであり，直接金融（株式や社債発行等），間接金融（借入等），企業間信用（買掛金等）に分類できる。

　内部金融とは，企業内部での資金留保であり，事業活動により生み出した利益の内部留保や，減価償却等がある。

　　ア：不適切である。企業が証券会社や証券市場を介して，投資家に株式や債券を購入してもらうことで資金を集める仕組みは，直接金融である。

　　イ：不適切である。資金調達における目的は，事業活動に必要な資金を集め運用し，利益や新たな資金を獲得することであり，売上高の極大化が目的とは限らない。

　　ウ：不適切である。資産の証券化とは，会社が持つ各種資産を証券という形に変えて資金調達を行う手法である。

　　エ：適切である。利益の内部留保や減価償却により資金調達を，内部金融とよぶ。

　よって，エが正解である。

資金調達手段	ランク	1回目		2回目		3回目	
	A	/		/		/	

資金調達の形態に関する記述として，最も適切なものはどれか。

ア　株式分割は直接金融に分類される。

イ　減価償却は内部金融に分類される。

ウ　増資により発行した株式を，銀行が取得した場合は間接金融となる。

エ　転換社債は，株式に転換されるまでは負債に計上されるので間接金融である。

解答	イ

■解説

　資金調達の形態について基本的な理解を問う問題である。

　資金調達は，その源泉の違いにより，外部金融と内部金融の2つに大別される。

　外部金融とは，企業外部から資金調達することであり，直接金融（株式や社債発行等），間接金融（借入等），企業間信用（買掛金等）に分類できる。

　内部金融とは，企業内部での資金留保であり，事業活動により生み出した利益の内部留保や，減価償却等がある。

　　ア：不適切である。株式分割とは，1株を複数株にする等，発行済みの株式を細
　　　　分化することにより，株数を増やすことであり，資金調達を伴わない新株式
　　　　の発行形態である。

　　イ：適切である。減価償却は，企業内部での資金留保効果があり，内部金融に分
　　　　類される。

　　ウ：不適切である。増資による株式発行は直接金融であり，銀行が取得した場合
　　　　でも同様である。

　　エ：不適切である。転換社債は，発行会社の株式に転換することのできる権利が
　　　　ついている社債であり，社債は企業が市場から資金を直接調達する金融の形
　　　　態として直接金融に分類される。

　よって，イが正解である。

ファイナンス・リース	ランク	1回目		2回目		3回目	
	A	／		／		／	

■平成28年度　第4問

新規のファイナンス・リースに関する記述として最も適切なものはどれか。

ア　貸し手にとっては資産の販売とみなされる取引である。

イ　借り手にとっては原則として賃借取引であり，費用計上による節税効果を期待できる。

ウ　支払リース料は損益計算書に販売費・一般管理費として計上される。

エ　少額の違約金を支払えば，途中解約することができる。

解答	ア

■解説

ファイナンス・リース取引について理解を問う問題である。

　ファイナンス・リース取引とは，企業等が，メーカー等から固定資産を購入する際に，リース会社が，企業が指定した物件を購入して当該企業にリースする形態をとる取引である。したがって，経済的実体としては，企業がリース会社から融資を受けて物件を購入し，資金を分割返済していくのと変わりがない。

ア：適切である。上記のように，ファイナンス・リース取引は，経済的実体として，貸し手側であるリース会社が，企業の代わりにメーカーから資産を購入し，企業に資金を貸し付けて資産を販売する取引とみなされる。

イ：不適切である。ファイナンス・リース取引は，借り手側にとっても，貸し手側と同様に，売買取引として会計処理を行うこととされている。

ウ：不適切である。支払リース料が販売費・一般管理費として計上されるのはオペレーティング・リース取引の場合である。ファイナンス・リース取引の支払リース料の会計処理は，資産取得（新規リース取引）時に，対象資産の資産計上と同時にリース会社への債務総額を計上した上で，リース料支払いの際には支払リース料金額を，リース債務元本返済と支払利息に分けて計上していくことになる。

エ：不適切である。ファイナンス・リース取引は以下の2要件を満たすものである。

①ノン・キャンセラブル：リース契約に基づくリース期間の中途において当該契約を解除することができないこと。

②フル・ペイアウト：借り手が，当該契約に基づき使用する物件からもたらされる経済的利益を実質的に享受することができ，かつ，当該リース物件の使用にともなって生じるコストを実質的に負担することとなること。

　よって，アが正解である。

ファイナンス・リース	ランク	1回目		2回目		3回目	
	A	／		／		／	

■**令和2年度　第7問**

リース取引の借手側の会計処理と開示に関する記述として，<u>最も不適切なものはどれか</u>。

　ア　オペレーティング・リース取引については，通常の賃貸借取引にかかる方法に準じて会計処理を行う。

　イ　オペレーティング・リース取引のうち解約不能のものにかかる未経過リース料は，原則として注記する。

　ウ　ファイナンス・リース取引にかかるリース債務は，支払期限にかかわらず，固定負債に属するものとする。

　エ　ファイナンス・リース取引にかかるリース資産は，原則としてその内容および減価償却の方法を注記する。

解答	ウ

■解説

リース取引（借手側）の会計処理と開示に関する理解を問う問題である。

リース取引は，①ファイナンス・リース取引と②オペレーティング・リース取引に分類される。

① ファイナンス・リース取引

ファイナンス・リース取引とは，リース期間の途中で解約ができず，リース物件にかかるコストをすべて借り主側が負担するという取引である。ファイナンス・リース取引は，所有権移転取引（リース期間終了後にリース物件の所有権が貸し主から借り主に移る）と所有権移転外取引に分類される。

② オペレーティング・リース取引

オペレーティング・リース取引はファイナンス・リース取引以外の取引をいう。

ア：適切である。オペレーティング・リース取引については，通常の賃貸借取引に係る方法に準じて会計処理を行う（リース取引に関する会計基準15）。

イ：適切である。オペレーティング・リース取引のうち解約不能のものに係る未経過リース料は，重要性が乏しい場合を除き，貸借対照表日後1年以内のリース期間に係るものと，貸借対照表日後1年を超えるリース期間に係るものとに区分して注記する（リース取引に関する会計基準22）。

ウ：不適切である。リース債務は，貸借対照表日後1年以内に支払の期限が到来するものは流動負債に属するものとし，貸借対照表日後1年を超えて支払の期限が到来するものは固定負債に属するものとする（リース取引に関する会計基準17）。

エ：適切である。ファイナンス・リース取引にかかるリース資産については，重要性が乏しい場合を除き，その内容（主な資産の種類等）および減価償却の方法を注記する（リース取引に関する会計基準19）。

よって，ウが正解である。

ファイナンス・リース	ランク	1回目	2回目	3回目
	A	／	／	／

■**平成 30 年度　第 6 問**

　ファイナンス・リース取引の借手側の会計処理および開示に関する記述として，最も適切なものはどれか。

ア　所有権移転ファイナンス・リース取引にかかるリース資産の減価償却費は，リース期間を耐用年数とし，残存価額をゼロとして算定する。

イ　リース債務は，貸借対照表日後 1 年以内に支払の期限が到来するものは流動負債に属するものとし，貸借対照表日後 1 年を超えて支払の期限が到来するものは固定負債に属するものとする。

ウ　リース資産およびリース債務の計上額は，リース契約締結時に合意されたリース料総額とする。

エ　リース資産は，貸借対照表日後 1 年以内にリース期間が満了するものは流動資産に，貸借対照表日後 1 年を超えてリース期間が満了するものは有形固定資産または無形固定資産に含めて表示する。

解答	イ

■解説

ファイナンス・リース取引の会計処理等に関する問題である。

　備品や機械などのリース物件を，貸し主と借り主で合意された料金・期間で使用する契約で行われる取引をリース取引という。
　リース取引は，①ファイナンス・リース取引と②オペレーティング・リース取引に分類される。
　①ファイナンス・リース取引
　　ファイナンス・リース取引とは，リース期間の途中で解約ができず，リース物件にかかるコストをすべて借り主側が負担するという取引である。ファイナンス・リース取引は，所有権移転取引（リース期間終了後にリース物件の所有権が貸し主から借り主に移る）と所有権移転外取引に分類される。
　②オペレーティング・リース取引
　　オペレーティング・リース取引はファイナンス・リース取引以外の取引をいう。

　ア：不適切である。所有権移転ファイナンス・リース取引にかかるリース資産の減価償却費は，自己所有の固定資産に適用する減価償却方法と同一の方法により算定する。この場合の耐用年数は，経済的使用可能予測期間とする。
　イ：適切である。リース債務は，他の有利子負債と同様に，貸借対照表日後1年以内に支払の期限が到来するものは流動負債に属するものとし，貸借対照表日後1年を超えて支払の期限が到来するものは固定負債に属するものとする。
　ウ：不適切である。リース資産およびリース債務の計上額は，原則として，リース契約締結時に合意されたリース料総額から利息相当額を控除した額とする。
　エ：不適切である。リース資産は，原則として，一括してリース資産として有形固定資産または無形固定資産に含めて表示する。

　よって，イが正解である。

第 8 章

投資決定

1. 設備投資の経済性計算

▶▶ 出題項目のポイント

この項目では，企業が中長期の戦略的観点で行う設備投資に関する意思決定についての理解を問われる。

固定資産への設備投資は，通常，投資額が多額となり，その後も長期にわたって企業の経営や業績に影響を与え続ける。したがって，投資実行前に，個々の投資案ごとの経済性計算を行って採用の可否を戦略的に意思決定する必要がある。

この意思決定の際の各投資案の採算性評価では，財務会計上の継続企業の概念に基づく期間損益計算ではなく，投資案ごとに，投資の始点である設備投資の時から，終点である設備の除却または売却時点までの全期間（＝投資案の経済的耐用年数）を対象にした全体損益計算を行う。その設備投資による経済効果が続くのは，その設備の除却等の時点までのためである。

この全体損益計算では，全期間収益総額＝現金収入額，同費用総額＝現金支出額となるため，会計上の収益および費用ではなく，現金収支額（正味キャッシュ・フロー）に基づいて経済性計算を行うことになる。なお，将来に関する意思決定のため，将来発生すると予測される現金収支がこの計算の対象である。

設備投資の経済性計算に関する問題では，以下の各データをいかに正確に読み取れるかが重要である。

①設備投資額：新設備の購入価額

②投資後の毎年の経済効果：

投資することによる収益増加やコスト削減等の経済効果として生じる正味キャッシュ・フロー（現金流入額−現金支出額）

＊税引後キャッシュ・フローによる場合には，正味キャッシュ・フローも税引後にする必要がある（正味キャッシュ・フローに「1−税率」を乗じる）。

また，設備投資によって増加する減価償却費のタックス・シールド（節税効果）を毎年の経済効果としてプラスする（正味キャッシュ・フローに「減価償却費増加額×税率」を毎年加算する）。

③設備売却収入：耐用年数経過時点の売却額

＊法人税がある場合には，このほか，会計上の売却損益のタックス・シールド（「売却損

益×税率」）も加減算する。

　以上の各データを集計し，その設備投資案の正味の経済効果を測定する。

　なお，投資の経済性計算では，時間価値を考慮する方法と，考慮しない方法とに分かれる。

　時間価値を考慮する方法では，投資の正味の経済効果を，資本コストにより現在価値に割り引いた正味現在価値を計算する。

　投資効果は，通常複数年にわたって見込まれるため，貨幣の時間価値を考慮する必要があるためである。たとえば，今もらう100万円と10年後にもらう100万円とでは，金融機関に預けた場合の利息分だけ，今もらうほうが経済的に有利である。さまざまな時点において生じる現金収支額の価値は異なるため，すべて現在時点へ割り引くことにより，時点を合わせて計算する必要がある。（各種評価手法については，次項2.を参照）

▶▶ 出題の傾向と勉強の方向性

　過去に出題された論点は，設備投資の意思決定の際の将来キャッシュ・フローの予測に関する問題（平成18年度第15問（設問1），平成20年度第22問，平成24年度第13問，平成26年度第12問，第13問，平成29年度第15問，令和2年度第23問，令和3年度第18問），設備投資案の正味現在価値を算出させる問題（平成17年度第9問，平成21年度第16問，平成27年度第16問），取替投資に関する問題（平成16年度第14問，平成18年度第5問）等である。

　勉強の方向性としては，投資案から得られる年々のキャッシュ・フローの予測計算を過去問や類題の練習により確実にできるようにしておく必要がある。そのうえで，設備投資案の正味現在価値の算出までのひととおりの流れを理解し，2次試験でも頻出の正味現在価値計算や取替投資計算まで対応できるようにしておきたい。

■取組状況チェックリスト

1. 設備投資の経済性計算				

キャッシュ・フローの予測

問題番号	ランク	1回目	2回目	3回目
平成 26 年度 第 12 問	A	／	／	／
平成 29 年度 第 15 問	A	／	／	／
令和 3 年度 第 18 問	A	／	／	／
令和 2 年度 第 23 問	A	／	／	／
平成 26 年度 第 13 問	A	／	／	／
令和元年度 第 10 問	C*	／	／	／

現在価値の考え方

問題番号	ランク	1回目	2回目	3回目
令和元年度 第 16 問	C*	／	／	／
令和 2 年度 第 17 問	C*	／	／	／
平成 27 年度 第 15 問 (設問 1)	B	／	／	／
平成 27 年度 第 15 問 (設問 2)	B	／	／	／
令和 4 年度 第 14 問	B	／	／	／

正味現在価値計算

問題番号	ランク	1回目	2回目	3回目
平成 27 年度 第 16 問 (設問 1)	B	／	／	／
平成 27 年度 第 16 問 (設問 2)	B	／	／	／

＊ランク C の問題と解説は，「過去問完全マスター」の HP（URL：https://jissen-c.jp/）よりダウンロードできます。

キャッシュ・フローの予測	ランク	1回目	2回目	3回目
	A	／	／	／

■平成 26 年度　第 12 問

　X 製品の需要が高まっているため，遊休機械設備を利用して月間 1,200 個増産することを検討中である。以下の資料に基づいて，増産によって得られる追加的な利益として，最も適切なものを下記の解答群から選べ。

【資料】

・遊休機械設備に関するデータ

　　月間減価償却費は 500,000 円であり，増産した場合には月間メンテナンス費用が追加的に 120,000 円かかる。

・X 製品に関するデータ

　　X 製品の販売価格は 2,000 円であり，単位当たり変動費は 1,500 円である。

　　また，減価償却費以外の固定費が月間 250,000 円発生すると予測されるが，このうち 60％は増産による追加的なコストである。

〔解答群〕

　ア　－170,000 円

　イ　330,000 円

　ウ　450,000 円

　エ　480,000 円

解答	イ

■解説

増産の可否判断に関する差額利益の計算問題である。

○増産によって発生する収入
・売上高　1,200 個× 2,000 円＝2,400,000 円／月
　合計 2,400,000 円／月………①

○増産によって発生する費用
・変動費　1,200 個× 1,500 円＝1,800,000 円／月
・メンテナンス費　120,000 円／月
・その他の固定費　150,000 円／月
　合計 2,070,000 円／月………②

○増産によって得られる追加的利益
　①－②＝330,000 円

なお，月間減価償却費の 500,000 円／月は，「遊休」機械設備の分の減価償却費であり，増産しなくても発生する費用であるため，上記の費用からは除く。

よって，イが正解である。

キャッシュ・フローの予測	ランク	1回目		2回目		3回目	
	A	／		／		／	

■平成 29 年度　第 15 問

　当社は，来年度の期首に新設備を購入しようと検討中である。新設備の購入価額は 100 百万円であり，購入によって毎年（ただし，5 年間）の現金支出費用が 30 百万円節約されると期待される。減価償却方法は，耐用年数 5 年，残存価額がゼロの定額法を採用する予定でいる。税率を 40 ％とするとき，この投資案の各期の税引後キャッシュフローとして，最も適切なものはどれか。

　　ア　12 百万円

　　イ　18 百万円

　　ウ　26 百万円

　　エ　34 百万円

解答	ウ

■解説

　設備投資の経済性計算の際の税引後キャッシュ・フローの算出についての理解を問う問題である。

　本問の投資案では，新設備購入により毎年の現金支出費用が節約される効果が見込まれ，以下の税引後キャッシュ・フローの増額が期待される。

① 各期の税引後現金支出費用節約額：30 百万円 $\times$ （1 - 0.4）＝18 百万円
② 各期の減価償却費による税金節約効果：100 百万円 $\div$ 5 $\times$ 0.4＝8 百万円

各期の税引後キャッシュ・フロー＝①＋②＝18 百万円＋8 百万円＝26 百万円

よって，ウが正解である。

キャッシュ・フロー の予測	ランク	1回目		2回目		3回目	
	A	／		／		／	

■**令和 3 年度　第 18 問**

　当社はある機械の導入の可否を検討している。この機械の導入により，年間の税引前キャッシュフローが 2,000 万円増加する。また，この機械の年間減価償却費は 900 万円である。

　実効税率を 30 ％とするとき，年間の税引後キャッシュフローはいくらになるか。

　最も適切なものを選べ。

　　ア　870 万円　　　イ　1,100 万円　　　ウ　1,670 万円　　　エ　2,030 万円

解答	ウ

■解説

　設備投資の経済性計算の際の税引後キャッシュ・フローの算出についての理解を問う問題である。

　本問では，機械の導入による年間の税引前キャッシュフローの増加額と年間の減価償却費のデータが与えられているため，それぞれ実効税率 30% を考慮して，以下のように年間の税引後キャッシュフローを算出する。

① 　年間の税引後キャッシュフロー増加額：2,000 万円 ×（1 − 0.3）＝ 1,400 万円
② 　年間の減価償却費による税金節約効果：900 万円 × 0.3 ＝ 270 万円

年間の税引後キャッシュ・フロー＝①＋②＝ 1,400 万円 ＋ 270 万円 ＝ 1,670 万円

　よって，ウが正解である。

キャッシュ・フローの予測	ランク	1回目		2回目		3回目	
	A	／		／		／	

■令和 2 年度　第 23 問

　当期首に 1,500 万円をある設備（耐用年数 3 年，残存価額ゼロ，定額法）に投資すると，今後 3 年間にわたって，各期末に 900 万円の税引前キャッシュフローが得られる投資案がある。税率を 30％とすると，この投資によって各期末の税引後キャッシュフローはいくらになるか。最も適切なものを選べ。

　　ア　180 万円

　　イ　280 万円

　　ウ　630 万円

　　エ　780 万円

解答	エ

■解説

　設備投資の経済性計算における税引後キャッシュ・フローの算出に関する問題である。

　本問の投資案では，設備投資により各期末に900万円の税引前キャッシュ・フローの獲得が見込まれている。

　また，減価償却費の増加による節税効果が生じるため，設備投資額が1,500万円（耐用年数3年，残存価額ゼロ，定額法），税率30％の場合，税引後キャッシュ・フローは以下のように算出される。

① 各期の税引後キャッシュ・フロー（増加減価償却費の節税効果考慮前）：

　　900万円×（1−0.3）＝630万円

② 各期の減価償却費による税金節約効果：

　　1,500万円÷3×0.3＝150万円

各期の税引後キャッシュ・フロー

　　＝①＋②＝630万円＋150万円＝780万円

よって，エが正解である。

キャッシュ・フローの予測	ランク	1回目		2回目		3回目	
	A	／		／		／	

■平成 26 年度　第 13 問

　以下のデータに基づいて，A 社のフリー・キャッシュフローを計算した場合，最も適切なものを下記の解答群から選べ。

【A 社のデータ】

　　営業利益 200 百万円

　　減価償却費 20 百万円

　　売上債権の増加額 10 百万円

　　棚卸資産の増加額 15 百万円

　　仕入債務の減少額 5 百万円

　　当期の設備投資額 40 百万円

　　法人税率 40%

〔解答群〕

　ア　70 百万円

　イ　80 百万円

　ウ　120 百万円

　エ　130 百万円

解答	ア

■解説

フリー・キャッシュフローの理解を問う問題である。

フリー・キャッシュフロー（FCF）を求めるには，次の計算式を用いる。
　FCF＝税引後営業利益＋減価償却費－運転資本の増加額－投資額

それぞれの要素を計算して求める。
　税引後営業利益＝200×（1－40％）＝120百万円
　運転資本の増加額＝売上債権＋棚卸資産－仕入債務
　　　　　　　　　＝10＋15－（－5）＝30百万円
　減価償却費＝20百万円，投資額＝40百万円より，
　FCF＝120＋20－30－40＝70百万円となる。

よって，アが正解である。

現在価値	ランク	1回目		2回目		3回目	
	B	/		/		/	

■平成 27 年度　第 15 問（設問 1）

　C 社は，取引先に対して貸付けを行っている。当該貸付金は，以下のようなキャッシュフローをもたらす予定である。現在価値の計算について，下記の設問に答えよ。なお，現行の会計基準との整合性を考慮する必要はない。

　　①　元本は 100 万円，貸付日は 20X1 年 4 月 1 日，貸付期間は 4 年である。

　　②　利息として，20X2 年から 20X5 年までの毎年 3 月 31 日に 6 万円が支払われる。

　　③　満期日の 20X5 年 3 月 31 日には元本の 100 万円が返済される。

（設問 1）

　この貸付金の，貸付日時点の現在価値として最も適切なものはどれか。なお，割引率は 6 ％とする。

　　ア　　792,000 円

　　イ　　982,200 円

　　ウ　1,000,000 円

　　エ　1,240,000 円

解答	ウ

■解説

　金銭債権の現在価値に関する理解を問う基本的な問題である。

　本問において，貸付金の元本は 100 万円，貸付期間 4 年間のあいだ毎期末に 6 万円の利息が支払われ，満期日には元本 100 万円が返済される。

　すなわち，この貸付金のクーポンレートは，6 万円 ÷ 100 万円 = 6% となっている。

　一方，割引率として与えられたデータは，6% である。

　したがって，クーポンレート 6% と割引率 6% とが同一となっているため，本問の貸付金の現在価値は，元本 100 万円と同額の 100 万円となる。

　よって，ウが正解である。

現在価値	ランク	1回目		2回目		3回目	
	B	/		/		/	

■平成 27 年度　第 15 問（設問 2）

　C 社は，取引先に対して貸付けを行っている。当該貸付金は，以下のようなキャッシュフローをもたらす予定である。現在価値の計算について，下記の設問に答えよ。なお，現行の会計基準との整合性を考慮する必要はない。

　① 　元本は 100 万円，貸付日は 20X1 年 4 月 1 日，貸付期間は 4 年である。

　② 　利息として，20X2 年から 20X5 年までの毎年 3 月 31 日に 6 万円が支払われる。

　③ 　満期日の 20X5 年 3 月 31 日には元本の 100 万円が返済される。

（設問 2）

　貸付けを行っている取引先の財政状態が悪化し，元本の一部が回収不能となる可能性が高まっていることが確認された。このとき，現在価値の計算は（設問 1）と比べてどのように変化するか，最も適切なものを選べ。

　　ア　割引率が高くなるため，現在価値は大きくなる。

　　イ　割引率が高くなるため，現在価値は小さくなる。

　　ウ　割引率が低くなるため，現在価値は大きくなる。

　　エ　割引率が低くなるため，現在価値は小さくなる。

解答	イ

■解説

　金銭債権の現在価値に関する理解を問う基本的な問題である。

　本問においては，貸付けを行っている取引先の財政状態が悪化し，貸付金の元本の一部が回収不能となる可能性が高まっている。

　貸付投資を行っているＣ社としては，そのリスクに見合ったリターンを要求することになるため，回収リスクが高まるということは，Ｃ社の貸付先への要求リターンも高くなる。すなわち，現在価値算定の際の割引率も高くなるということになる。

　割引率が高くなると，現在価値は小さくなる。

　よって，イが正解である。

金銭債権の現在価値	ランク	1回目		2回目		3回目	
	B	／		／		／	

■令和 4 年度　第 14 問

B 社は以下のような条件で，取引先に貸し付けを行った。割引率を 4%としたとき，貸付日における現在価値として，最も適切なものを下記の解答群から選べ。

① 貸付日は 2020 年 7 月 1 日，貸付期間は 5 年であり，満期日の 2025 年 6 月 30 日に元本 200 万円が返済されることになっている。

② 2021～2025 年の毎年 6 月 30 日に，利息として元本の 5%である 10 万円が支払われる。

③ 期間 5 年のときの複利現価係数と年金現価係数は以下のとおりである。

	複利現価係数	年金現価係数
4%	0.822	4.452
5%	0.784	4.329

〔解答群〕

ア　200.1 万円

イ　201.3 万円

ウ　207.7 万円

エ　208.9 万円

解答	エ

■解説

　金銭債権の現在価値に関する理解を問う基本的な問題である。

　複利現価係数とは，将来の一定時点のキャッシュ・フローを現在価値に割り引くための係数であり，年金現価係数とは，将来の数年間にわたって継続的に得られるキャッシュ・フローの現在価値の総額を求めるのに用いられる係数である。

　本問における貸付金は，貸付期間5年間のあいだ，毎期末に元本200万円の5%（10万円）の利息が支払われ，満期日には元本200万円が返済されることから，当該貸付金がもたらすキャッシュインフローは，この元本返済額と毎年の利息収入の合計となる。

　割引率として与えられたデータは4%となっているため，表中4%の，期間5年のときの複利現価係数と年金現価係数を用いて，貸付日における現在価値は，以下のように計算する。

　200万円 × 0.822 + 10万円 × 4.452　≒　208.9万円

　よって，エが正解である。

正味現在価値計算	ランク	1回目	2回目	3回目
	B	／	／	／

■平成 27 年度　第 16 問（設問 1）

次の文章を読んで，下記の設問に答えよ。

D 社は，4 つの投資案（①～④）の採否について検討している。同社では，投資案の採否を正味現在価値法（NPV 法）に基づいて判断している。いずれの投資案も，経済命数は 3 年である。

4 つの投資案の初期投資額および第 1 期末から第 3 期末に生じるキャッシュフローは，以下の表のとおり予測されている。初期投資は第 1 期首に行われる。なお，法人税は存在せず，割引率は 8% とする。

（単位：百万円）

	キャッシュフロー				NPV
	初期投資	第 1 期	第 2 期	第 3 期	
投資案①	−120	50	60	70	33
投資案②	−120	70	60	50	A
投資案③	−160	80	80	80	B
投資案④	−120	40	40	40	C

投資案②の NPV（空欄 A）および投資案③の NPV（空欄 B）にあてはまる金額の組み合わせとして，最も適切なものを下記の解答群から選べ。なお，NPV の計算にあたっては，以下の表を用いること。

割引率 8% の場合の複利現価係数および年金現価係数

	1 年	2 年	3 年
複利現価係数	0.93	0.86	0.79
年金現価係数	0.93	1.78	2.58

〔解答群〕

ア　A：22 百万円　　B：30 百万円

イ　A：33 百万円　　B：30 百万円

ウ　A：33 百万円　　B：46 百万円

エ　A：36 百万円　　B：30 百万円

オ　A：36 百万円　　B：46 百万円

解答	オ

■解説

　設備投資の経済性計算における正味現在価値（NPV：Net Present Value）法に関する基本的な理解を問う問題である。

　本問では，年々のキャッシュフローが異なる場合の投資案（投資案②・A）と，同額となる場合の投資案（投資案③・B）の NPV が問われている。

・投資案②（A）：
　年々のキャッシュフローが異なるため，複利現価係数を使用して算定する。
　　$NPV = 70 \times 0.93 + 60 \times 0.86 + 50 \times 0.79 - 120 = 36.2$

・投資案③（B）：
　年々のキャッシュフローが同額のため，年金現価係数を使用して算定する。
　　$NPV = 80 \times 2.58 - 160 = 46.4$

　よって，オが正解である。

正味現在価値計算	ランク	1回目		2回目		3回目	
	B	／		／		／	

■平成 27 年度　第 16 問（設問 2）

次の文章を読んで，下記の設問に答えよ。

D 社は，4 つの投資案（①～④）の採否について検討している。同社では，投資案の採否を正味現在価値法（NPV 法）に基づいて判断している。いずれの投資案も，経済命数は 3 年である。

4 つの投資案の初期投資額および第 1 期末から第 3 期末に生じるキャッシュフローは，以下の表のとおり予測されている。初期投資は第 1 期首に行われる。なお，法人税は存在せず，割引率は 8% とする。

（単位：百万円）

	キャッシュフロー				NPV
	初期投資	第 1 期	第 2 期	第 3 期	
投資案①	−120	50	60	70	33
投資案②	−120	70	60	50	A
投資案③	−160	80	80	80	B
投資案④	−120	40	40	40	C

割引率 8% の場合の複利現価係数および年金現価係数

	1 年	2 年	3 年
複利現価係数	0.93	0.86	0.79
年金現価係数	0.93	1.78	2.58

4 つの投資案は相互に独立しており，D 社は複数の投資案を採択することが可能である。しかし，資金の制約があり，初期投資額の上限は 380 百万円である。このとき，採択すべき投資案の組み合わせとして最も適切なものはどれか。

なお，D 社は他の投資案を有しておらず，380 百万円のうち初期投資に使用されなかった残額から追加のキャッシュフローは生じない。

　ア　投資案①，投資案②，および投資案③

　イ　投資案①，投資案②，および投資案④

　ウ　投資案②および投資案③

　エ　投資案②および投資案④

　オ　投資案③および投資案④

解答	ウ

■解説

　設備投資の経済性計算における正味現在価値（NPV：Net Present Value）法に関する理解を問う問題である。

　本問では，資金の制約がある場合の複数投資案の採択のしかたについて問われている。

　投資案①のNPVについては問題文より，33百万円，投資案②と投資案③のNPVについては前問（平成27年度第16問設問1）より，それぞれ36百万円，46百万円であることが判明しているため，ここでは投資案④のNPVを算出する。

・投資案④（C）：
NPV = 40 × 2.58 − 120 = − 16.8

　初期投資額の上限は380百万円であるため，NPVがマイナスとなる投資案④を除いて，③46百万円＞②36百万円＞①33百万円の順で，初期投資の上限の範囲で採択を検討することになる。

　ここで，3つの投資案の初期投資合計は，投資案③160百万円＋投資案②120百万円＋投資案①120百万円＝400百万円となり，上限380百万円を超えるため，NPVの大きい順で，投資案③と投資案②を採択することになる。

　よって，ウが正解である。

2.　投資評価基準

▶▶　出題項目のポイント

　この項目では，設備投資の経済性の各種評価手法の意義や特徴等についての理解を問われる。投資の経済性の評価手法は，時間価値を考慮する方法と，考慮しない方法とに分けられる。

　時間価値を考慮する方法には，内部利益率（IRR）法，収益性指数法，正味現在価値（NPV）法等があり，考慮しない方法には，回収期間法等がある。

　回収期間法とは，設備投資額の回収期間（＝投資による現金流出増加額／年々の現金流入平均増加額）が短い投資案ほど有利であると評価する方法である。計算が簡便で，また，投資の安全性を考慮できる（投資の回収期間は短い方がリスクが低い）が，時間価値を考慮しないこと，および投資回収後のキャッシュ獲得能力を考慮せず，投資案の収益性を評価に反映できないこと等が欠点であるといわれる。

　内部利益率（IRR）法とは，投資に必要な現金流出増加額の現在価値合計と，投資によって生ずる年々の現金流入増加額の現在価値合計とを等しくする，すなわち，投資の正味現在価値がゼロとなるような割引率（＝内部利益率）を求め，ハードルレート（資本コスト）を上回る投資案を採用すべきと判定する方法である。時間価値を考慮しているが，計算が試行錯誤的であったり，複数の内部利益率が算出されたり等，比較的煩雑である。また，利益率での評価のため，投資の規模については考慮されない。

　収益性指数法（PI）とは，年々の現金流入額の現在価値合計を投資額の現在価値合計で除した数値（＝収益性指数）が，1 よりも大きい投資案を採用すべきと判定する方法である。

　正味現在価値（NPV）法とは，投資による年々の現金流入増加額の割引現在価値合計から，投資に必要な現金流出増加額の割引現在価値合計を差し引いて，正味現在価値を計算し，その値が正となる投資案を有利であると評価する方法である。貨幣の時間価値及び投資の規模を考慮でき，現在最も利用されている手法である。

▶▶　出題の傾向と勉強の方向性

　過去に多く出題された論点は，設備投資の経済性の各種評価手法に関する問題（平成 13 年度第 14 問，平成 14 年度第 16 問，平成 15 年度第 16 問，平成 17 年度第 9 問，

平成 17 年度第 10 問（設問 1），平成 17 年度第 10 問（設問 2），平成 20 年度第 23 問，令和元年度第 23 問等）であり，文章題で各手法の内容の理解を問うものとなっている。

　勉強の方向性としては，設備投資の経済性計算を行う際に典型的に利用される各評価手法の意義やメリット・デメリット等，および各手法間の比較について，過去問を中心に数値例等も用いて，よく理解しておく必要がある。平成 14 年度第 16 問，平成 15 年度第 16 問などが基本的な問題となるので入手して取り組むことをお勧めする。

■取組状況チェックリスト

2. 投資評価基準							
投資評価基準							
問題番号	ランク	1 回目		2 回目		3 回目	
令和元年度 第 23 問	A	／		／		／	
令和 4 年度 第 21 問	A	／		／		／	
平成 26 年度 第 16 問	A	／		／		／	
令和 3 年度 第 19 問	A	／		／		／	
平成 30 年度 第 22 問（設問 1）	C*	／		／		／	
平成 30 年度 第 22 問（設問 2）	C*	／		／		／	
令和 4 年度 第 22 問	C*	／		／		／	
平成 28 年度 第 17 問	A	／		／		／	
令和 5 年度 第 17 問	A	／		／		／	

＊ランク C の問題と解説は，「過去問完全マスター」の HP（URL：https://jissen-c.jp/）よりダウンロードできます。

投資評価基準	ランク	1回目	2回目	3回目
	A	/	/	/

■令和元年度　第 23 問

投資評価基準に関する記述として，最も適切なものはどれか。

ア　会計的投資利益率法に使われる会計利益には減価償却費を計算に入れない。

イ　回収期間法における回収期間とは，プロジェクトの経済命数のことである。

ウ　正味現在価値はパーセントで表示される。

エ　正味現在価値法と内部収益率法は共に DCF 法であるが，同一の結論を導く
とは限らない。

解答	エ

■解説

投資評価基準に関する理解を問う問題である。

ア：不適切である。会計的利益率法とは，投資案の会計上の平均見積利益を平均
　　投資額で除した会計的利益率と必要利益率との比較によって，投資決定を行
　　う方法である。ここで使われる平均利益は，キャッシュ・フローを見積もる
　　ときのような減価償却費を足し戻す調整を行わない会計上の利益，すなわち，
　　減価償却費も差引計算した後の利益である。

イ：不適切である。回収期間法は，投資額をどの程度の期間で回収できるか，と
　　いう回収期間によって投資案を評価する手法である。

ウ：不適切である。正味現在価値を投資評価基準として用いる正味現在価値法は，
　　投資案によって得られるフリー・キャッシュ・フローの現在価値の総合計か
　　ら，投資額を引いた正味現在価値がプラスであれば投資を行うとする評価手
　　法である。正味現在価値はパーセントではなく，金額で表される。

エ：適切である。正味現在価値法と内部収益率法は共に DCF（Discounted Cash
　　Flow）法であるが，相互排他的な投資案の評価の場合には，投資判断につ
　　いての結論が異なる場合がある。

よって，エが正解である。

投資評価基準	ランク	1回目		2回目		3回目	
	A	/		/		/	

■令和 4 年度　第 21 問

投資の評価基準に関する記述として，最も適切な組み合わせを下記の解答群から選べ。

a　回収期間が短いほど，内部収益率は高くなる。

b　回収期間法では，回収後のキャッシュフローを無視している。

c　正味現在価値法では，投資によって生じる毎年のキャッシュフローの符号が複数回変化する場合，異なるいくつかの値が得られる場合がある。

d　内部収益率法を用いて相互排他的投資案を判定すると，企業価値の最大化をもたらさないことがある。

〔解答群〕

ア　a と b

イ　a と c

ウ　b と c

エ　b と d

オ　c と d

解答	エ

■解説

投資の評価基準について，基本的な理解を問う問題である。

a：不適切である。回収期間法は，投資額をどの程度の期間で回収できるか，と
いう回収期間によって投資案を評価する手法である。回収期間法では，投資
回収期間後のキャッシュフローについては考慮しないため，回収期間が長い
場合でも内部収益率は高くなることがある。

b：適切である。回収期間法は，投資額の回収までの期間が評価基準のため，回
収後のキャッシュフローは，評価上考慮されない。

c：不適切である。正味現在価値（NPV）法は，投資案によって得られるフリ
ー・キャッシュ・フローの現在価値の総和から，投資額を引いた正味現在価
値（NPV）がプラスであれば投資を行うとする評価手法である。したがって，
毎年のキャッシュフローの符号が複数回変化する場合であっても，複数の値
が得られるということはない。

d：適切である。内部収益率（IRR）法は，各投資案の内部利益率と，あらかじ
め設定している期待利回り（ハードルレート）とを比較して，投資案の採択
を決定する手法である。投資の利益率が評価基準であり，投資規模について
は考慮されないため，内部収益率法によって採択判定した投資案は，企業価
値の最大化をもたらすとは限らない。

よって，エが正解である。

投資評価基準	ランク	1回目	2回目	3回目
	A	／	／	／

■平成 26 年度　第 16 問

　次の文章の空欄 A，B に入る語句として，最も適切なものの組み合わせを下記の解答群から選べ。A 社は現在，相互に排他的な 2 つのプロジェクト X 案と Y 案の評価を行っている。X 案と Y 案の NPV と IRR は下表のとおりである。なお，2 つのプロジェクトとも初期投資を行った後はプロジェクト期間の終わりまで常にプラスのキャッシュフローをもたらす。

	NPV（割引率10%）	IRR
X 案	669 万円	16.04%
Y 案	751 万円	12.94%

　表のとおり，割引率 10％のもとで NPV は Y 案のほうが高いが，IRR は X 案のほうが上回っている。そこで，Y 案のキャッシュフローから X 案のキャッシュフローを差し引いた差額キャッシュフローの IRR を計算したところ，10.55％であった。したがって，資金制約がなく割引率が 10.55％以下の時は差額キャッシュフローの NPV は　A　となり，　B　案が採択されることになる。

〔解答群〕

　ア　A：プラス　B：X

　イ　A：プラス　B：Y

　ウ　A：マイナス　B：X

　エ　A：マイナス　B：Y

解答	イ

■解説

　相互排他的投資の評価方法の理解を問う問題である。

　相互排他的投資の評価を行う場合，内部収益率法（IRR）で2つを直接比較する評価には問題があるため，正味現在価値法（NPV）で評価する必要がある。

　内部収益率法（IRR）で評価する場合，2つの案のキャッシュフローの差額を用いて計算する。問題文より，その時の内部収益率法（IRR）は10.55％とあり，割引率10％よりも大きく，差額のキャッシュフローのNPVはプラスとなる。

　よって，イが正解である。

投資評価基準	ランク	1回目		2回目		3回目	
	A	/		/		/	

■令和3年度　第19問

　当社は設備 A〜C の導入を比較検討している。各設備の初期投資額ならびに将来の現金収支の現在価値合計は，以下のとおりである。

　正味現在価値法を用いた場合と，収益性指数法を用いた場合で，それぞれどの設備への投資案が採択されるか。最も適切な組み合わせを下記の解答群から選べ。なお，設備 A〜C への投資案は相互排他的である。

	初期投資額	現金収支の現在価値合計
設備 A	4,400 万円	5,500 万円
設備 B	5,000 万円	6,500 万円
設備 C	4,000 万円	5,400 万円

〔解答群〕

　ア　正味現在価値法：設備 A　　収益性指数法：設備 B

　イ　正味現在価値法：設備 A　　収益性指数法：設備 C

　ウ　正味現在価値法：設備 B　　収益性指数法：設備 B

　エ　正味現在価値法：設備 B　　収益性指数法：設備 C

　オ　正味現在価値法：設備 C　　収益性指数法：設備 B

解答	エ

■解説

相互排他的投資の評価方法の理解を問う問題である。

正味現在価値法は，投資案によって得られる将来の現金収支の現在価値合計から，投資額を引いた正味現在価値（NPV）がプラスであれば投資を行うとする評価手法である。プラスの投資案が複数ある場合には，より NPV が大きい投資案を採用することで投資案の優先順位の判断を行うことになる。

収益性指数法（現在価値指数法）は，投資から得られる将来の現金収支の現在価値合計と投資額の現在価値合計の比率で投資案を評価する方法である。収益性指数が100％よりも大きければ，その投資は有利であり，100％よりも小さければ，その投資は不利と判定し，複数の投資案を比較する場合は，収益性指数が大きい投資案ほど有利と判断することになる。

本問において，正味現在価値と収益性指数を，設備 A～C の各投資案について算出すると，以下のようになる。

・正味現在価値

　設備 A：　5,500 万円－4,400 万円＝1,100 万円
　設備 B：　6,500 万円－5,000 万円＝1,500 万円　→最も有利
　設備 C：　5,400 万円－4,000 万円＝1,400 万円

・収益性指数

　設備 A：　5,500 万円÷4,400 万円＝1.25
　設備 B：　6,500 万円÷5,000 万円＝1.3
　設備 C：　5,400 万円÷4,000 万円＝1.35　→最も有利

よって，エが正解である。

投資評価基準	ランク	1 回目	2 回目	3 回目
	A	／	／	／

■**平成 28 年度　第 17 問**

　現在，3 つのプロジェクト（プロジェクト①〜プロジェクト③）の採否について検討している。各プロジェクトの初期投資額，第 1 期末から第 3 期末に生じるキャッシュフロー，および内部収益率（IRR）は以下の表のとおり予測されている。いずれのプロジェクトも，経済命数は 3 年である。初期投資は第 1 期首に行われる。なお，法人税は存在しないと仮定する。

（金額の単位は百万円）

	キャッシュフロー				IRR
	初期投資	第 1 期	第 2 期	第 3 期	
プロジェクト①	−500	120	200	280	8.5％
プロジェクト②	−500	200	200	200	（　）％
プロジェクト③	−500	300	200	60	7.6％

　内部収益率法を用いた場合のプロジェクトの順位づけとして，最も適切なものを下記の解答群から選べ。たとえば，プロジェクト①＞プロジェクト②は，プロジェクト①の優先順位が高いことを示す。なお，内部収益率の計算にあたっては，以下の表を用いること。

経済命数が 3 年の場合の複利現価係数および年金現価係数

	6％	7％	8％	9％	10％	11％
複利現価係数	0.840	0.816	0.794	0.772	0.751	0.731
年金現価係数	2.673	2.624	2.577	2.531	2.487	2.444

〔解答群〕

　ア　プロジェクト①＞プロジェクト②＞プロジェクト③

　イ　プロジェクト①＞プロジェクト③＞プロジェクト②

　ウ　プロジェクト②＞プロジェクト①＞プロジェクト③

　エ　プロジェクト②＞プロジェクト③＞プロジェクト①

　オ　プロジェクト③＞プロジェクト①＞プロジェクト②

解答	ウ

■解説

　内部収益率法による投資評価について理解を問う問題である。

　内部収益率（IRR）法は，各投資案の内部利益率と，あらかじめ設定している期待利回り（ハードルレート）とを比較して，投資案の採択を決定する手法である。
　本問では，ハードルレートの設定がないため，内部収益率が高い順にプロジェクトの採否の優先順位を決定する。

　内部収益率とは，投資案から得られるフリー・キャッシュ・フローの現在価値が投資額と一致するような割引率である。
　本問で与えられているデータでは，プロジェクト②のIRRのみ不明であるため，これを算出する。なお，プロジェクト②の年々のキャッシュ・フローは一定となっていることから，算出にあたっては，年金現価係数を用いる。

　毎年のキャッシュ・フロー×年金現価係数－投資額＝0

　200×年金現価係数－投資額500＝0

　年金現価係数＝500÷200＝2.5

　年金現価係数表をみると，年金現価係数が2.5となる割引率は，9％～10％の間であることがわかる。
　したがって，プロジェクト②（9％～10％）＞プロジェクト①（8.5％）＞プロジェクト③（7.6％）となる。

　よって，ウが正解である。

投資評価基準	ランク	1回目		2回目		3回目	
	A	／		／		／	

■令和 5 年度　第 17 問

　以下の，リスクの異なる H 事業部と L 事業部を持つ多角化企業に関する資料に基づいて，H 事業部に属する投資案（H 案）と L 事業部に属する投資案（L 案）の投資評価を行ったとき，最も適切なものを下記の解答群から選べ。ただし，この多角化企業は借り入れを行っていない。

【資料】

H 案の内部収益率（IRR）	10%
L 案の内部収益率（IRR）	7%
リスクフリー・レート	2%
H 事業部の資本コスト	11%
L 事業部の資本コスト	5%
全社的加重平均資本コスト（WACC）	8%

〔解答群〕

　ア　H 案，L 案ともに棄却される。

　イ　H 案，L 案ともに採択される。

　ウ　H 案は棄却され，L 案は採択される。

　エ　H 案は採択され，L 案は棄却される。

解答	ウ

■解説

　内部収益率法による投資評価について理解を問う問題である。

　内部収益率（IRR）法は，各投資案の内部収益率と，あらかじめ設定している期待利回り（ハードルレート）とを比較して，ハードルレートを上回る内部収益率を期待できる投資案について採択を判定する手法である。

　本問では，ハードルレートの選択肢として，各事業部それぞれの資本コストと，全社的加重平均資本コストのデータが与えられている。
　問題文より，H事業部とL事業部はリスクが異なることが前提とされているため，投資案の採択判断のハードルレートとしては，全社的加重平均資本コストではなく，事業部ごとのリスクを反映した各事業部の資本コストを採用することが合理的である。

　上記に基づいて，各投資案の投資評価をみてみると，まず，H案の内部収益率（IRR）は10％で，H事業部の資本コスト11％を下回るため，H案は採択されないことになる。
　一方，L案の内部収益率（IRR）は7％で，L事業部の資本コスト5％を上回るため，L案は採択されると判断できる。

　よって，ウが正解である。

3. 不確実性下の投資決定

▶▶ 出題項目のポイント

この項目では，投資案の結果を正確に予測できない不確実性下での投資決定における投資案の期待値計算，リスク分析および評価手法についての理解を問われる。

設備等の投資意思決定では，まずその投資から生じる将来のキャッシュ・フローを予測するが，投資によるキャッシュ・フローは長期にわたって生じるため，経済的変化の影響を受けやすく不確実性を帯びている。

この不確実性を低減するためのリスクの分析には，以下のような方法がある。

・感度分析：最初に定めた条件を変化させて，キャッシュ・フローがどの程度変化するかを見る方法である。

・デシジョン・ツリー：逐次的に投資決定が行われるような場合に適用される手法である。不確実性下の投資決定では，1つの投資判断に対して複数の結果が生じうる。また，その結果を受けた次の投資判断についても複数の結果が生じる。これらの複数回の投資判断を階層的にツリー構造で整理し，それぞれの投資結果の期待値を示し，最も期待効用の高い投資を選択できるようにする手法である。

・シミュレーション：コンピュータ等を利用し，さまざまなキャッシュ・フローのリスクを生じさせる要因（変化要因）を確率変数とみなして，その変化による結果を試算し，キャッシュ・フローの確率分布を見いだす手法である。

以上のようなリスク分析を受けて行う，キャッシュ・フローのリスク評価手法には，確実性等価法とリスク調整割引率法とがある。

・確実性等価法：不確実性のある期待キャッシュ・フローをそのリスクの度合いによって確実性の高いキャッシュ・フローに変換して，正味現在価値を求める方法である。

・リスク調整割引率法：確実性等価法とは逆に，正味現在価値の分母の割引率にリスク度合いを加味して調整する方法である。

▶▶ 出題の傾向と勉強の方向性

過去に出題された論点としては，リスクのある投資案の期待値を算出させる問題（平成 16 年度第 18 問，平成 20 年度第 25 問，平成 22 年度第 15 問，平成 29 年度第 16 問）や，不確実性下の意思決定におけるリスク評価手法についての知識を問う問

題（平成 18 年度第 15 問（設問 3），平成 18 年度第 15 問（設問 4）），リスク調整割引率法による NPV 算出問題（平成 19 年度第 16 問（設問 2））等である。平成 20 年度第 25 問はデシジョン・ツリーの問題であるが，2 次試験でも過去に出題実績のある論点である。

　勉強の方向性としては，リスクの存在する投資案の期待値計算の方法については，平成 29 年度第 16 問のような簡単な計算問題をとおして習得しておきたい。

■取組状況チェックリスト

3. 不確実性下の投資決定						
不確実性下の投資決定						
問題番号	ランク	1 回目		2 回目		3 回目
平成 29 年度 第 16 問	C*	／		／		／

＊ランク C の問題と解説は，「過去問完全マスター」の HP（URL：https://jissen-c.jp/）よりダウンロードできます。

第9章

証券投資論

1. ポートフォリオ理論

▶▶ 出題項目のポイント

この項目では，証券投資において，複数のリスクとリターンの異なる証券を組み合わせ，最も低いリスクで最大のリターンを得ることを目的とするポートフォリオ理論についての理解を問われる。

ファイナンス理論において，投資対象には，リスクがゼロの安全資産と，リスクのある危険資産とがある。危険資産のリターン（期待収益率）は，各将来の状況の発生確率にその状況での危険資産の収益率を乗じた総和の期待値として算定される。また，危険資産のリスクは，危険資産の収益率のばらつきの程度であり，分散あるいは標準偏差により測定される。

ポートフォリオとは，複数の資産を組み合わせて，リスクの低減とリターンの最大化を図るような資産構成のことをいい，互いに連動性のない資産でポートフォリオを組むと個別資産のリスクが低減される効果が生じる。同一リスクのポートフォリオの中で最も期待収益率の高くなるポートフォリオを効率的ポートフォリオ，効率的ポートフォリオの集合である曲線を，効率的フロンティアという。

▶▶ 出題の傾向と勉強の方向性

過去に出題された論点としては，ポートフォリオのリスク低減効果に関する問題（平成22年度第16問，平成24年度第19問，平成27年度第19問，平成30年度第16問）や，2証券のポートフォリオのリターンとリスクとの関係を表すグラフ問題（平成16年度第11問，平成20年度第20問，平成29年度第19問，令和元年度第17問），効率的フロンティアに関するグラフ問題（平成16年度第11問，平成21年度第17問，平成28年度第18問，平成30年度第17問）等が挙げられる。

勉強の方向性としては，複数証券のポートフォリオについて，リターン（期待収益率）とリスク（標準偏差）の各計算方法，および，リスクを算出するに当たっての，分散，共分散および相関係数等の各概念について，簡単な数値例を使って学習しておく必要がある。また，効率的ポートフォリオや最適ポートフォリオの選択については，グラフ図表も含めたひととおりの理解が必要である。平成16年度第11問が論点を網羅する問題となっている。

なお，1次試験では標準偏差や共分散などの計算式は押さえておく必要がある。

■取組状況チェックリスト

<table>
<tr><td colspan="9">1. ポートフォリオ理論</td></tr>
</table>

ポートフォリオ理論

問題番号	ランク	1回目		2回目		3回目	
令和元年度 第13問	A	/		/		/	
平成28年度 第11問	A	/		/		/	
平成30年度 第18問	A	/		/		/	
令和4年度 第15問	A	/		/		/	
令和2年度 第19問	A	/		/		/	
平成27年度 第17問（設問1）	A	/		/		/	
平成27年度 第17問（設問2）	A	/		/		/	
平成27年度 第19問	A	/		/		/	
令和5年度 第18問	A	/		/		/	
平成30年度 第16問	A	/		/		/	
平成29年度 第19問	A	/		/		/	
令和元年度 第17問	A	/		/		/	
平成26年度 第17問	A	/		/		/	
平成29年度 第23問	A	/		/		/	
令和元年度 第15問	A	/		/		/	
令和3年度 第20問	A	/		/		/	
令和2年度 第22問	A	/		/		/	
平成28年度 第18問（設問1）	A	/		/		/	
平成28年度 第18問（設問2）	A	/		/		/	
平成30年度 第17問	A	/		/		/	
令和4年度 第16問	A	/		/		/	

分散

問題番号	ランク	1回目		2回目		3回目	
平成28年度 第15問（設問1）	C*	/		/		/	
平成28年度 第15問（設問2）	C*	/		/		/	

＊ランクCの問題と解説は，「過去問完全マスター」のHP（URL：https://jissen-c.jp/）よりダウンロードできます。

ポートフォリオ理論	ランク	1回目		2回目		3回目	
	A	/		/		/	

■令和元年度　第13問

　以下の図は，横軸にリスク，縦軸にリターンを取ったリスク・リターン平面上に，資産 A から資産 D のそれぞれのリスクとリターンをプロットしたものである。このとき，図中にある無差別曲線を有する投資家が，保有する際に最も望ましいと考えられる資産として，最も適切なものを下記の解答群から選べ。

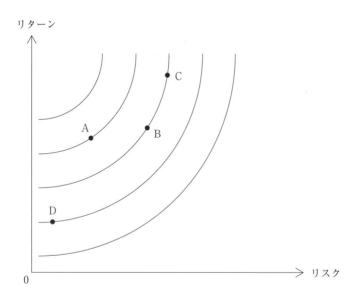

〔解答群〕

　ア　A

　イ　B

　ウ　C

　エ　D

解答	ア

■解説

投資家の無差別曲線に関する問題である。

本問のように，横軸にリスク（標準偏差），縦軸にリターン（期待収益率）を取ったリスク・リターン平面上に描かれる無差別曲線が，右上がりの図になるのは，「リスク回避型」の投資家の場合である。

リスク回避型の投資家の場合，リスクが同じであれば，より高いリターンの資産，リターンが同じであれば，より低いリスクの資産を選択する。また，より「左上」（＝リスクが低くリターンが高い）に位置する無差別曲線の方が効用が高くなる。

したがって，資産Aから資産Dの中では，より左上に位置する無差別曲線上にある資産Aが最も望ましい。

よって，アが正解である。

ポートフォリオ理論	ランク	1回目	2回目	3回目
	A	／	／	／

■平成 28 年度　第 11 問

　リスク中立的な投資家の効用関数のグラフとリスク回避的な投資家の効用関数の
グラフの組み合わせとして，最も適切なものを下記の解答群から選べ。

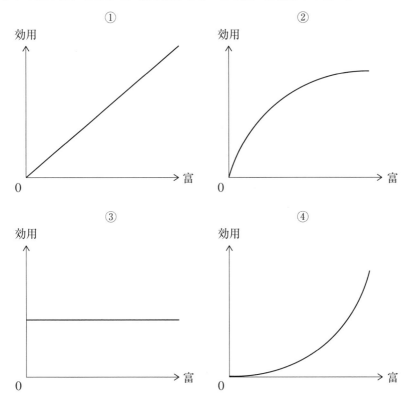

〔解答群〕

　ア　リスク中立的な投資家：① 　リスク回避的な投資家：②

　イ　リスク中立的な投資家：① 　リスク回避的な投資家：③

　ウ　リスク中立的な投資家：① 　リスク回避的な投資家：④

　エ　リスク中立的な投資家：③ 　リスク回避的な投資家：②

　オ　リスク中立的な投資家：③ 　リスク回避的な投資家：④

解答	ア

■解説

　投資家のリスク選好のタイプによる効用関数のグラフの違いについて問う問題である。

　将来得られる富が増加すれば効用（人が財やサービスを消費することから得られる満足の水準）も高くなるのはどの投資家でも同じであるが，リスクに対する選好度合によって，増加の仕方が異なってくる。

　リスクに対して中立的な投資家の場合には，富の増減に関わらず限界効用（財やサービスを1単位追加して消費することによる満足の水準の増加分）は一定である。したがって，効用を縦軸，富を横軸にとったグラフでは，富の増加に対して同じ増分で効用も増加するため，右肩上がりの直線として表されることになる。

　これに対して，リスクに対して回避的な投資家の場合には，富が大きくなるほど，限界効用は逓減していく。したがって，富の増加に対してカーブが緩やかになっていくグラフとなる。

　なお，富が大きくなるほど限界効用が逓増していくグラフ（④）は，リスク愛好的な投資家の効用関数を表したものである。

　よって，アが正解である。

ポートフォリオ理論	ランク	1回目	2回目	3回目
	A	／	／	／

■平成 30 年度　第 18 問

　資産 A，B の収益率の期待値（リターン）と標準偏差（リスク）および相関係数が以下の表のように与えられているとき，資産 A，B を組み込んだポートフォリオの収益率が 16％になるためには，資産 A への投資比率を何％にしたらよいか。最も適切なものを下記の解答群から選べ。

	資産 A	資産 B
期 待 値	10％	20％
標準偏差	15％	25％
相関係数	-0.35	

〔解答群〕

　ア　20％

　イ　30％

　ウ　40％

　エ　50％

解答	ウ

■解説

ポートフォリオの期待収益率（リターン）に関する問題である。

複数資産のポートフォリオのリターンは，それぞれの資産の期待値を加重平均することで算出される。

本問では，資産AとBを組み込んだポートフォリオの収益率は16％とあらかじめ設定されており，問われているのは資産AとBの組み合わせ比率となっている。

資産Aの投資比率をaとすると，以下のように計算される。

資産Aの期待値10％ × a ＋ 資産Bの期待値20％ ×（1−a）＝16％

$$10a + 20 - 20a = 16$$
$$-10a = -4$$
$$a = 0.4 \ (40\%)$$

よって，ウが正解である。

ポートフォリオ理論	ランク	1回目		2回目		3回目	
	A	／		／		／	

■令和4年度　第15問

　C社では，以下の証券Yと証券Zに等額ずつ分散投資するポートフォリオで運用することを検討している。証券Yと証券Zの収益率の相関係数がゼロのとき，ポートフォリオの収益率の標準偏差として，最も適切なものを下記の解答群から選べ。

	証券Y	証券Z
期待収益率	3%	6%
標準偏差	10%	20%

ただし，$\sqrt{15} \fallingdotseq 3.9$，$\sqrt{30} \fallingdotseq 5.5$，$\sqrt{125} \fallingdotseq 11.2$，$\sqrt{250} \fallingdotseq 15.8$ である。

〔解答群〕

　ア　3.9%

　イ　5.5%

　ウ　11.2%

　エ　15.8%

解答	ウ

■解説

ポートフォリオの収益率の標準偏差を求める問題である。

まず，証券 Y と証券 Z のポートフォリオの収益率の分散を求める。

Y と Z のポートフォリオの収益率の分散
= （Y の投資比率）^{2} ×（Y の標準偏差）^{2} +（Z の投資比率）^{2} ×（Z の標準偏差）^{2}
　 + 2 ×（Y の投資比率）×（Y の標準偏差）×（Z の投資比率）×（Z の標準偏差）
　 × 相関係数

本問の各データをあてはめると，以下のようになる。
$(0.5)^2 ×（10\%）^2 +（0.5）^2 ×（20\%）^2 + 0 = 25\% + 100\% = 125\%$

次に，分散の平方根により，ポートフォリオの標準偏差を求める。
$\sqrt{125\%} ≒ 11.2\%$

よって，ウが正解である。

ポートフォリオ理論	ランク	1回目	2回目	3回目
	A	／	／	／

■令和2年度　第19問

　E社株とF社株の2銘柄を用いてポートフォリオを作ることを考えている。それぞれのリターンの平均が，E社株10%，F社株18%のとき，ポートフォリオの期待収益率を16%にするにはE社株の投資比率を何%にするべきか。最も適切なものを選べ。

　　ア　16%

　　イ　25%

　　ウ　35%

　　エ　75%

解答	イ

■解説

ポートフォリオの期待収益率（リターン）に関する問題である。

E社株とF社株それぞれのリターンの平均と，その2社の株式からなるポートフォリオの期待収益率が判明しているため，E社株の投資比率（x％とする）は，2社の株式のリターンの加重平均値を求める式から逆算すればよい。

$$10 \times x + 18 \times (1-x) = 16$$

$$10x + 18 - 18x = 16$$

$$-8x = -2$$

$$x = 0.25$$

よって，イが正解である。

ポートフォリオ理論	ランク	1回目		2回目		3回目	
	A	/		/		/	

■平成27年度　第17問（設問1）

次の文章を読んで，下記の設問に答えよ。

E社は，2つのプロジェクト（プロジェクトAおよびプロジェクトB）の採否について検討している。両プロジェクトの収益率は，今夏の気候にのみ依存することが分かっており，気候ごとの予想収益率は以下の表のとおりである。なお，この予想収益率は投資額にかかわらず一定である。また，E社は，今夏の気候について，猛暑になる確率が40%，例年並みである確率が40%，冷夏になる確率が20%と予想している。

	今夏の気候		
	猛暑	例年並み	冷夏
プロジェクトA	5%	2%	-4%
プロジェクトB	-4%	2%	8%

（設問1）

プロジェクトAに全額投資したと仮定する。当該プロジェクトから得られる予想収益率の期待値および標準偏差の組み合わせとして，最も適切なものはどれか。

ア　期待値：1%　　標準偏差：3.4%

イ　期待値：1%　　標準偏差：11.8%

ウ　期待値：2%　　標準偏差：3.3%

エ　期待値：2%　　標準偏差：10.8%

解答	ウ

■解説

ポートフォリオ理論に関する理解を問う問題である。

　本問においては，プロジェクト A のリターン（収益率の期待値）とリスク（標準偏差）を求められている。

①期待値：将来の状況の発生確率にその状況でのリスク資産の収益率を乗じた総和

$$5\% \times 40\% + 2\% \times 40\% + -4\% \times 20\% = 2\%$$

②標準偏差：
　・偏差　（猛暑）　　$5\% - 2\% = 3\%$
　　　　　（例年並み）$2\% - 2\% = 0$
　　　　　（冷夏）　　$-4\% - 2\% = -6\%$
　・偏差の 2 乗×確率
　　　　　（猛暑）　　$3 \times 3 \times 40\% = 3.6$
　　　　　（例年並み）$0 \times 0 \times 40\% = 0$
　　　　　（冷夏）　　$-6 \times -6 \times 20\% = 7.2$
　・プロジェクト A の分散
　　　　　$3.6 + 0 + 7.2 = 10.8$
　・プロジェクト A の標準偏差
　　　　　10.8 の平方根 ≒ 3.3

　よって，ウが正解である。

ポートフォリオ理論	ランク	1回目	2回目	3回目
	A	／	／	／

■**平成 27 年度　第 17 問（設問 2）**

次の文章を読んで，下記の設問に答えよ。

　E 社は，2 つのプロジェクト（プロジェクト A およびプロジェクト B）の採否について検討している。両プロジェクトの収益率は，今夏の気候にのみ依存することが分かっており，気候ごとの予想収益率は以下の表のとおりである。なお，この予想収益率は投資額にかかわらず一定である。また，E 社は，今夏の気候について，猛暑になる確率が 40％，例年並みである確率が 40％，冷夏になる確率が 20％と予想している。

	今夏の気候		
	猛暑	例年並み	冷夏
プロジェクト A	5%	2%	−4%
プロジェクト B	−4%	2%	8%

（設問 2）

　2 つのプロジェクトに関する記述として最も適切なものはどれか。

ア　2 つのプロジェクトに半額ずつ投資することで，どちらかのプロジェクトに全額投資した場合よりもリスクが低減される。

イ　2 つのプロジェクトの予想収益率の相関係数は 0 以上 1 未満となる。

ウ　プロジェクト A のリスクのほうがプロジェクト B のリスクよりも大きい。

エ　プロジェクト B の期待収益率は負である。

解答	ア

■解説

ポートフォリオ理論に関する理解を問う問題である。

本問においては，2つのプロジェクトについて問われているため，前問に続き，プロジェクト B のリターン（収益率の期待値）とリスク（標準偏差）も算出する。

①期待値：将来の状況の発生確率にその状況でのリスク資産の収益率を乗じた総和
$$-4\% \times 40\% + 2\% \times 40\% + 8\% \times 20\% = 0.8\%$$

②標準偏差：
・偏差 （猛暑）　　$-4\% - 0.8\% = -4.8\%$
　　　（例年並み）　$2\% - 0.8\% = 1.2\%$
　　　（冷夏）　　　$8\% - 0.8\% = 7.2\%$
・偏差の2乗×確率
　　　（猛暑）　　　$-4.8 \times -4.8 \times 40\% = 9.216$
　　　（例年並み）$1.2 \times 1.2 \times 40\% = 0.576$
　　　（冷夏）　　　$7.2 \times 7.2 \times 20\% = 10.368$
・プロジェクト B の標準偏差
　　　$9.216 + 0.576 + 10.368 = 20.16$（分散）→平方根 $\fallingdotseq 4.5$（標準偏差）

ア：適切である。プロジェクト A と B の予想収益率は，気候の動きに対して相互に反対の動きとなっているため，半額ずつ両プロジェクトに投資するほうがポートフォリオのリスク分散効果によりリスクが低減される。

イ：不適切である。上記より，2つのプロジェクトの相関係数はマイナスとなっている。

ウ：不適切である。標準偏差が A3.3％＜ B4.5％であるため，記述は逆である。

エ：不適切である。プロジェクト B の期待収益率は 0.8％でプラスである。

よって，アが正解である。

ポートフォリオ理論	ランク	1回目		2回目		3回目	
	A	/		/		/	

■平成 27 年度　第 19 問

ポートフォリオ理論におけるリスクに関する記述として最も適切なものはどれか。

ア　安全資産とは，リスクがなく，期待収益率がゼロである資産のことである。

イ　収益率が完全な正の相関を有する 2 つの株式へ分散投資しても，リスク分散効果は得られない。

ウ　同一企業の社債と株式への投資を比較すると，リスクが高いのは社債への投資である。

エ　分散投資によって，リスクをゼロにすることができる。

解答	イ

■**解説**

ポートフォリオ理論におけるリスクに関する理解を問う問題である。

ア：不適切である。安全資産とは国債等，理論的にリスクがゼロか，限りなく低い資産であるが，期待収益率はゼロにはならない。

イ：適切である。相関係数が完全な正の相関を有するような2つの株式への投資は，市場の変化に対して全く同一の動きをすることになるため，リスク分散の効果は得られない。

ウ：不適切である。社債は原則として元本の償還が契約で決められている債権であるのに対し，株式は元本の保証はない。そのため，同一企業では株式への投資のほうが社債への投資よりもリスクが高い。

エ：不適切である。証券のリスク（収益率の変動）は，①市場の変動に関連する変動（＝システマティック・リスク）と，②市場全体の変動とは無関係な個別証券固有の変動（＝アンシステマティック・リスク）とに分けられる。このうち，①のシステマティック・リスクについては，分散投資を行っても，市場全体との相関によるリスクであるため，ゼロにすることはできない。

よって，イが正解である。

ポートフォリオ理論	ランク	1回目	2回目	3回目
	A	／	／	／

■**令和5年度　第18問**

　ポートフォリオ理論に関する記述として，最も適切なものはどれか。ただし，リスク資産の間の相関係数は1未満であり，投資比率は正とする。

　ア　2つのリスク資産からなるポートフォリオのリスク（リターンの標準偏差）は，ポートフォリオを構成する各資産のリスクを投資比率で加重平均した値である。

　イ　2つのリスク資産からなるポートフォリオのリターンは，ポートフォリオを構成する各資産のリターンを投資比率で加重平均した値である。

　ウ　2つのリスク資産からポートフォリオを作成するとき，両資産のリターン間の相関係数が大きいほど，リスク低減効果は顕著となる。

　エ　安全資産とリスク資産からなるポートフォリオのリスク（リターンの標準偏差）は，リスク資産への投資比率に反比例する。

解答	イ

■解説

ポートフォリオ理論について理解を問う問題である。

ア：不適切である。2つのリスク資産からなるポートフォリオのリスクは，単に各資産のリスクを投資比率で加重平均したものではなく，資産間の相関関係も考慮する必要がある。資産間の相関が完全に正（相関係数が1）の場合のみ，ポートフォリオのリスクは各資産のリスクを投資比率で加重平均した値になる。

イ：適切である。2つのリスク資産からなるポートフォリオの期待リターンは，各資産の期待リターンを投資比率で加重平均したものになる。

ウ：不適切である。実際には，2つの資産のリターン間の相関係数が小さいほど，リスク低減効果は顕著になる。相関係数が低い場合（特に負の場合），一方の資産が損失を出したときに他方が利益を出す可能性が高くなり，全体のリスクを減らすことができる。

エ：不適切である。安全資産とリスク資産からなるポートフォリオのリスクは，リスク資産への投資比率に比例して変動する。

よって，イが正解である。

ポートフォリオ理論	ランク	1回目		2回目		3回目	
	A	／		／		／	

■平成 30 年度　第 16 問

　分散投資によるポートフォリオのリスク減少の様子を示した以下の図と，図中の①と②に当てはまる用語の組み合わせのうち，最も適切なものを下記の解答群から選べ。

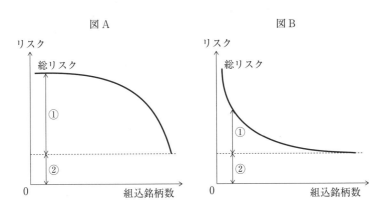

〔解答群〕

　ア　図 A　①：システマティック・リスク
　　　　　　②：非システマティック・リスク

　イ　図 A　①：非システマティック・リスク
　　　　　　②：システマティック・リスク

　ウ　図 B　①：システマティック・リスク
　　　　　　②：非システマティック・リスク

　エ　図 B　①：非システマティック・リスク
　　　　　　②：システマティック・リスク

解答	エ

■解説

　システマティック・リスクと非システマティック・リスクに関する問題である。

　リスク証券のリスク（収益率の変動）は，①市場の変動に関連する変動（＝システマティック・リスク）と，②市場全体の変動とは無関係な個別証券固有の変動（＝非システマティック・リスク）とに分けられる。

　このうち，①のシステマティック・リスクについては，分散投資を行っても，市場全体との相関によるリスクであるため，ゼロにすることはできない。
　それを踏まえて本問のグラフを見てみると，システマティック・リスクは複数銘柄に分散投資しても逓減しないリスクであるため，②はシステマティック・リスクであることがわかる。
　一方，個別銘柄のリスクは組込銘柄数が増えることによって逓減する。本問のグラフを見ると，図Bがそれを表している。

　よって，エが正解である。

ポートフォリオ理論	ランク	1回目		2回目		3回目	
	A	/		/		/	

■平成29年度　第19問

A，Bの2つの株式から構成されるポートフォリオにおいて，相関係数をさまざまに設定した場合のリターンとリスクを表した下図の①〜④のうち，相関係数が−1であるケースとして，最も適切なものを下記の解答群から選べ。

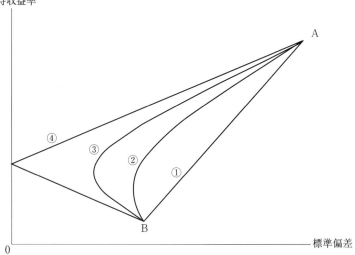

〔解答群〕

ア　①

イ　②

ウ　③

エ　④

解答	エ

■**解説**

　2証券のポートフォリオの収益率のリターン（期待収益率）とリスク（標準偏差）との関係を表すグラフに関する理解を問う問題である。

　相関係数とは，2証券の収益率の相関関係を示す尺度であり，-1から1の範囲で表される。相関係数が1である場合，2証券の値動きはまったく同じ方向となり（＝完全相関），その2証券のポートフォリオによるリスク分散効果はない。

　また，相関係数が-1である場合，2証券の値動きはまったく逆方向となり（＝完全逆相関），ポートフォリオのリスク分散効果は最大限に働き，リスク（標準偏差）は0となる。

　リスクのある2証券のポートフォリオにおいて，投資比率を変化させた場合の軌跡は，左下が凸となる弓状の線分から右上に伸びる形状となる。

　本問では，相関係数＝-1であるから，リスク（標準偏差）が0となる投資比率が存在することになるが，そのような形状となっているのは④の図線のみである。

　よって，エが正解である。

ポートフォリオ理論	ランク	1回目		2回目		3回目	
	A	/		/		/	

■令和元年度　第17問

次の文章は，X，Yの2資産から構成されるポートフォリオのリターンとリスクの変化について，説明したものである。空欄A～Dに入る語句の組み合わせとして，最も適切なものを下記の解答群から選べ。

以下の図は，X，Yの2資産から構成されるポートフォリオについて，投資比率をさまざまに変化させた場合のポートフォリオのリターンとリスクが描く軌跡を，2資産間の　A　が異なる4つの値について求めたものである。

X，Yの　A　が　B　のとき，ポートフォリオのリターンとリスクの軌跡は①に示されるように直線となる。　A　が　C　なるにつれて，②，③のようにポートフォリオのリスクをより小さくすることが可能となる。

　A　が　D　のとき，ポートフォリオのリスクをゼロにすることが可能となり，④のような軌跡を描く。

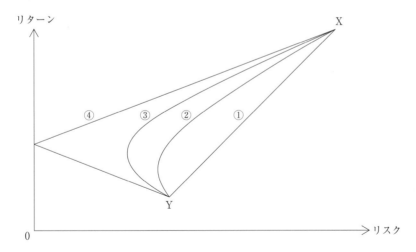

〔解答群〕

ア　A：相関係数　　B：-1　　C：大きく　　D：ゼロ

イ　A：相関係数　　B：+1　　C：小さく　　D：-1

ウ　A：ベータ値　　B：ゼロ　　C：大きく　　D：+1

エ　A：ベータ値　　B：+1　　C：小さく　　D：-1

解答	イ

■解説

ポートフォリオの相関係数に関する問題である。

本問における図は，証券 X と証券 Y のポートフォリオの投資比率の変化によるリスクとリターンの動きを表したものであり，2つの証券の相関係数（相関の度合）の違いによって4パターンの線形が描かれている。

相関係数は，−1 から +1 の範囲で表され，相関係数が +1 である場合，2つの証券の値動きはまったく同じ方向となり（＝完全相関），その2つの証券のポートフォリオによるリスク分散効果はなくなる。本問の図では，直線となっている①にあたる。

また，相関係数が−1 である場合，2つの証券の値動きはまったく逆方向となり（＝完全逆相関），ポートフォリオのリスク分散効果は最大限に働き，リスク（標準偏差）は 0 となる。本問の図では，左下が凸となる弓状の線分から右上に伸びる形状，かつリスクが 0 となる投資比率が存在している④にあたる。

なお，相関係数の値が 1 から−1 に向かって小さくなるにつれて，①から④に向かって②や③のような形状になっていく。

よって，イが正解である。

ポートフォリオ理論	ランク	1 回目	2 回目	3 回目
	A	／	／	／

■平成 26 年度　第 17 問

　安全資産の収益率とリスク資産の収益率との相関係数 ρ の値として，最も適切なものはどれか。

　　ア　$\rho = -1$

　　イ　$\rho = 0$

　　ウ　$0 < \rho < 1$

　　エ　$\rho = 1$

解答	イ

■解説

相関係数の理解を問う問題である。

相関係数は，2つの資産の収益率が同じ方向に動くのか，反対の方向に動くのか，関係なく動くのか，を見る指標である。同じ方向に動く場合，正の相関があるといい，反対の方向に動く場合，負の相関があるという。また，相関係数は−1から1の値をとる。

相関係数の値	動き方
−1の時	完全に反対の方向に動く
0の時	完全に関係なく動く
1の時	完全に同じ方向に動く

リスク資産は，収益率が複数の値をとる資産のことで，株式などがある。一方，安全資産は，集積率が1つの値に定まり，国債などがある。このように，リスク資産と安全資産には，相関がなく，まったく関係なく動くため，相関係数 ρ は0となる。

よって，イが正解である。

ポートフォリオ理論	ランク	1回目	2回目	3回目
	A	/	/	/

■平成 29 年度　第 23 問

　最適ポートフォリオの選択に関する次の文中の空欄A～Cに当てはまる用語の組み合わせとして，最も適切なものを下記の解答群から選べ。

　危険資産と安全資産が存在する市場では，どのような投資家であっても，選択されるポートフォリオは　A　上にある。これは，選択可能な危険資産ポートフォリオの組み合わせは無数に存在するが，選択される危険資産の組み合わせは，　A　と危険資産ポートフォリオの　B　が接する点に限られることを意味している。

　　C　に左右される部分は，この唯一選択される危険資産ポートフォリオと安全資産への投資比率の決定のみとなり，危険資産ポートフォリオ自体の選択は　C　とは別に決定される。

〔解答群〕

　ア　A：資本市場線　　　　B：有効フロンティア　C：投資家の効用

　イ　A：証券市場線　　　　B：無差別曲線　　　　C：投資のリターン

　ウ　A：無差別曲線　　　　B：資本市場線　　　　C：投資の効率性

　エ　A：有効フロンティア　B：証券市場線　　　　C：投資のリスク

解答	ア

■解説

　最適ポートフォリオの選択に関する理解を問う問題である。

　最適ポートフォリオとは，一定の期待収益をもたらし，リスクが最小となる効率的ポートフォリオの中から，投資家がその投資方針に従って選択したポートフォリオを指す。以下，図表とあわせて考えるとよい。

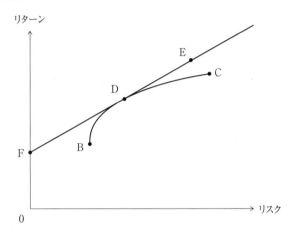

　同一リスクのポートフォリオの中で最も期待収益率の高くなるポートフォリオ（＝有効ポートフォリオ）の集合である曲線を，有効（効率的）フロンティアという。この有効フロンティアは，危険資産のみでポートフォリオを組成した場合，上図の曲線BDCとなる。

　これに，安全資産も組み合わせた場合，安全資産100％と危険資産0％の組み合わせであれば，リスクはゼロとなる。有効フロンティアでは，同じリスクであれば最も高いリターンとなるポートフォリオを選択するため，安全資産と危険資産の投資機会集合の有効フロンティアを表す曲線は，点Fからスタートして曲線BDCに引いた接線FDE（＝資本市場線）となる。

　よって，アが正解である。

ポートフォリオ理論	ランク	1回目		2回目		3回目	
	A	／		／		／	

■**令和元年度　第15問**

ポートフォリオに関する記述として，最も適切なものはどれか。

　ア　安全資産とはリスクのない資産であると定義される。

　イ　安全資産と有効フロンティア上の任意の点で新しいポートフォリオを作ることにした。このとき，新たなポートフォリオのリスクとリターンの組み合わせは曲線となる。

　ウ　安全資産と有効フロンティア上の任意の点で作られる最も望ましいリスク・リターンの組み合わせを証券市場線という。

　エ　危険資産のみから構成されるポートフォリオの集合のうち，リスク・リターンの面から望ましい組み合わせのみを選んだ曲線を投資機会集合という。

解答	ア

■解説

ポートフォリオに関する理解を問う問題である。

ア：適切である。安全資産とは国債等，理論的にリスクがゼロか，限りなく低い
資産である。

イ：不適切である。安全資産と有効フロンティア（同一リスクのポートフォリオ
の中で最も期待収益率の高くなるポートフォリオの集合である曲線）上の任
意の点で新しいポートフォリオを作るとき，新たなポートフォリオのリスク
とリターンの組み合わせは，直線（資本市場線）となる。

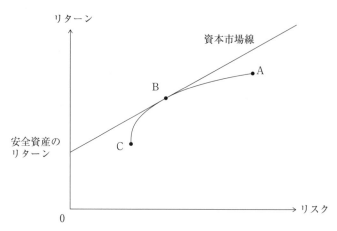

ウ：不適切である。安全資産と有効フロンティア上の任意の点で作られる最も望
ましいリスク・リターンの組み合わせは，資本市場線という。

エ：不適切である。危険資産のみから構成されるポートフォリオの集合（＝投資
機会集合）のうち，リスク・リターンの面から望ましい組み合わせのみを選
んだ曲線は，有効（効率的）フロンティアという。

よって，アが正解である。

ポートフォリオ理論	ランク	1回目	2回目	3回目
	A	／	／	／

■令和 3 年度　第 20 問

　証券投資論に関する記述として，最も適切なものはどれか。ただし，投資家はリスク回避的であり，安全資産への投資が可能であるものとする。

　　ア　効率的フロンティアは，安全資産より期待収益率の高いポートフォリオすべての集合である。

　　イ　最適なリスク・ポートフォリオは，投資家のリスク回避度とは無関係に決まる。

　　ウ　市場ポートフォリオの有するリスクは，すべてのポートフォリオの中で最小である。

　　エ　投資家のリスク回避度は，効率的フロンティアに影響を与える。

解答	イ

■解説

ポートフォリオ理論に関する理解を問う問題である。

ア：不適切である。効率的フロンティアは，同じリスクであれば最も高いリター
　　ンとなるポートフォリオを選択することから，安全資産と危険資産の投資機
　　会集合の効率的フロンティアを表す曲線は，点Dからスタートして曲線
　　ABCに引いた接線（＝資本市場線）となり，安全資産より期待収益率の高
　　いポートフォリオすべての集合ではない。

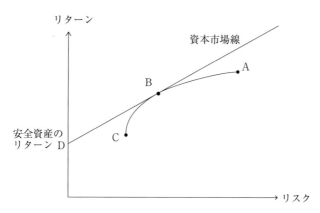

イ：適切である。最適なリスク・ポートフォリオは，投資家のリスク回避度とは
　　関係なく，上図の接点Bで決まる。

ウ：不適切である。市場ポートフォリオは上図の接点Bにあたり，そのリスク
　　はすべてのポートフォリオの中で最小ではない。

エ：不適切である。投資家のリスク回避度は，効率的フロンティアに影響を与え
　　ない。

よって，イが正解である。

ポートフォリオ理論	ランク	1回目		2回目		3回目	
	A	/		/		/	

■**令和2年度　第22問**

以下の文章は，資本資産評価モデル（CAPM）について説明したものである。文中の空欄 A ～ D に入る語句の組み合わせとして，最も適切なものを下記の解答群から選べ。

　　A　は，安全証券と　B　との組み合わせによる　C　の期待値と標準偏差との関係を，　B　との関連において明らかにするものである。しかしながら，　A　の対象は　C　に限定されるから，それ以外のポートフォリオや証券について，その期待収益率とリスクとの関係を　A　から知ることはできない。それを明らかにするのが　D　であり，資本資産評価モデル（CAPM）にほかならない。

〔解答群〕

ア　A：資本市場線　　　　　　B：効率的ポートフォリオ
　　C：市場ポートフォリオ　　D：証券市場線

イ　A：資本市場線　　　　　　B：市場ポートフォリオ
　　C：効率的ポートフォリオ　D：証券市場線

ウ　A：証券市場線　　　　　　B：効率的ポートフォリオ
　　C：市場ポートフォリオ　　D：資本市場線

エ　A：証券市場線　　　　　　B：市場ポートフォリオ
　　C：効率的ポートフォリオ　D：資本市場線

解答	イ

■解説

CAPM（資本資産評価モデル）に関する理解を問う問題である。

資本市場線とは，横軸にリスク（標準偏差），縦軸に期待リターンをとったときに，安全資産と効率的ポートフォリオ（下図の曲線 ABC）上の接点ポートフォリオ（市場ポートフォリオ）を結ぶ直線のことをさす。投資家は自身の選好度合によって，資本市場線上の接点ポートフォリオ（市場ポートフォリオ）と安全資産を組み合わせたポートフォリオに投資を行う。

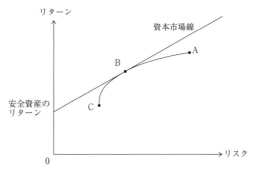

一方，証券市場線とは，横軸に β（ベータ），縦軸に期待リターンをとったときに，CAPM における β と期待リターンの関係を表した直線である。証券市場線は，β の一次関数で表され，切片はリスクフリーレートであり，傾きは市場ポートフォリオのリスクプレミアムを表す。

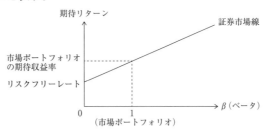

CAPM は，ある株式の期待収益は，β値をとおして市場の期待収益と関係づけられるとして，個別証券の期待収益がどう形成されるのかを理論化したものである。

CAPM では，個別の株式の期待収益率を，「リスクフリーレート＋（市場ポートフォリオの期待リターン－リスクフリーレート）× β」で算出できる。

　＊βとは，株式市場が1％変化したときに，ある個別株式のリターンが何％変化するかを表す係数であり，個別の株式の相対的なリスクを表す。

よって，イが正解である。

ポートフォリオ理論	ランク	1回目		2回目		3回目	
	A	/		/		/	

■平成28年度　第18問（設問1）

　以下のグラフは，ポートフォリオ理論の下での，すべてのリスク資産と無リスク資産の投資機会集合を示している。これに関して，下記の設問に答えよ。

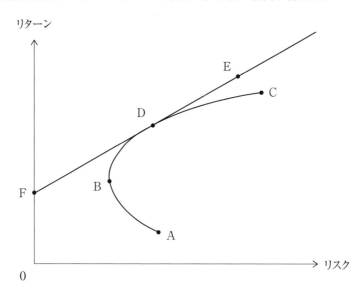

（設問1）

　無リスク資産が存在しない場合の記述として最も適切なものはどれか。

ア　B-C間を効率的フロンティアと呼ぶ。

イ　均衡状態においては，すべての投資家が同一のポートフォリオを所有する。

ウ　合理的な投資家はA-B間から，各人のリスク回避度に応じてポートフォリオを選択する。

エ　投資家のリスク回避度が高くなるほど，点Cに近いポートフォリオを選択する。

解答	ア

■解説

　無リスク資産が存在しない場合のポートフォリオにおける効率的フロンティアに関する理解を問う問題である。

　ポートフォリオとは，複数の資産を組み合わせて，リスクの低減とリターンの最大化を図るような資産構成のことをいい，互いに連動性のない資産でポートフォリオを組むと個別資産のリスクが低減される効果が生じる。

　同一リスクのポートフォリオの中で最も期待収益率の高くなるポートフォリオを効率的ポートフォリオ，効率的ポートフォリオの集合である曲線を，効率的フロンティアという。

　　ア：適切である。無リスク資産が存在しない場合の効率的フロンティアを表す曲線は A-C となるが，リスクが同じであればより高いリターンを選択することになるため，効率的フロンティアは B-C 間となる。

　　イ：不適切である。需要と供給が等しい均衡状態では，投資家はリスク資産のポートフォリオの比率を自由に組み合わせる行動をとることになる。

　　ウ：不適切である。上記アのように，合理的な投資家は，A-B 間のポートフォリオは選択しない。

　　エ：不適切である。リスク回避度が高い投資家ほど，効率的ポートフォリオの中でもリスクが最も低くなる組み合わせを選択するため，点 C ではなく点 B に近いポートフォリオを選択する。

　よって，アが正解である。

ポートフォリオ理論	ランク	1回目	2回目	3回目
	A	/	/	/

■平成 28 年度　第 18 問（設問 2）

　以下のグラフは，ポートフォリオ理論の下での，すべてのリスク資産と無リスク資産の投資機会集合を示している。これに関して，下記の設問に答えよ。

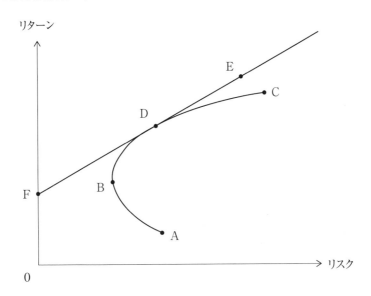

（設問 2）

　無リスク資産が存在する場合の記述として最も適切なものはどれか。

　ア　均衡状態においては，すべての投資家が所有する危険資産と無リスク資産の比率は同じである。

　イ　資金の借り入れが，無リスク資産利子率において無制限に可能である場合，投資家は D-E 間を選択せず，F-D 間から各自のリスク回避度に応じてポートフォリオを選択する。

　ウ　すべてのリスク回避的な投資家は無リスク資産のみに投資する。

　エ　点 D を選択する投資家も存在する。

解答	エ

■解説

　リスク資産と無リスク資産とのポートフォリオにおける効率的フロンティアに関する理解を問う問題である。

　同一リスクのポートフォリオの中で最も期待収益率の高くなるポートフォリオを効率的ポートフォリオ，効率的ポートフォリオの集合である曲線を，効率的フロンティアという。

　この効率的フロンティアは，リスク資産のみでポートフォリオを組成した場合，曲線 BDC となる。

　これに，無リスク資産も組み合わせた場合，無リスク資産 100％とリスク資産 0％の組み合わせであれば，リスクはゼロとなる。効率的フロンティアでは，同じリスクであれば最も高いリターンとなるポートフォリオを選択するため，無リスク資産とリスク資産の投資機会集合の効率的フロンティアを表す曲線は，点 F からスタートして曲線 BDC に引いた接線 FDE となる。

　　ア：不適切である。需要と供給が等しい均衡状態では，投資家はリスク資産と無リスク資産のポートフォリオの比率については自由に組み合わせることができる。

　　イ：不適切である。資金の借り入れが無リスク資産利子率において無制限に可能である場合，投資家は D-E 間を選択する。

　　ウ：不適切である。リスク回避的な投資家も，効率的フロンティアの中から，自身のリスク回避選好度合に応じて選択するため，無リスク資産のみに投資するとは限らない。

　　エ：適切である。投資家の選好により，効率的フロンティア上から点 D を選択することもある。

　よって，エが正解である。

ポートフォリオ理論	ランク	1回目	2回目	3回目
	A	/	/	/

■平成 30 年度　第 17 問

　以下の図は，すべての投資家が共通して直面する危険資産のみから構成される危険資産ポートフォリオの集合を示したものである。この図を用いた説明となる以下の文章の空欄①と②に入る語句の組み合わせとして，最も適切なものを下記の解答群から選べ。

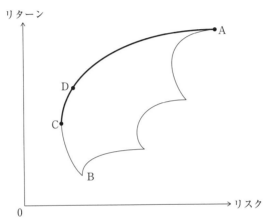

　危険資産のみから構成されるポートフォリオの集合のうち，リスク・リターンの面から望ましい組み合わせのみを選んだ曲線 AC を ① と呼ぶ。

　安全資産と曲線 AC 上の任意の点 D で新しいポートフォリオを作ることにした。

　このとき，新たなポートフォリオのリスク・リターンの組み合わせは安全資産と点 D を結ぶ直線で示される。安全資産と曲線 AC 上の任意の点で作られる最も望ましいリスク・リターンの組み合わせを ② と呼ぶ。

〔解答群〕

　ア　①：投資機会集合　　②：資本市場線

　イ　①：投資機会集合　　②：証券市場線

　ウ　①：有効フロンティア　②：資本市場線

　エ　①：有効フロンティア　②：証券市場線

解答	ウ

■解説

効率的ポートフォリオや有効フロンティアに関する問題である。

問題文の図はリスク資産のみから構成されるポートフォリオの集合を表している。この集合の中で，同一リスクのポートフォリオの中で最も期待収益率の高くなるポートフォリオを効率的ポートフォリオ，効率的ポートフォリオの集合である曲線を効率的（有効）フロンティアという。

以上より，①は有効フロンティアであることがわかる。ここに安全資産を組み合わせた場合，安全資産と有効フロンティアを結んだ直線が新たなポートフォリオとなる。最も効率的な組み合わせは安全資産から伸ばした直線点Dを通る場合であり，これを資本市場線（②）という。

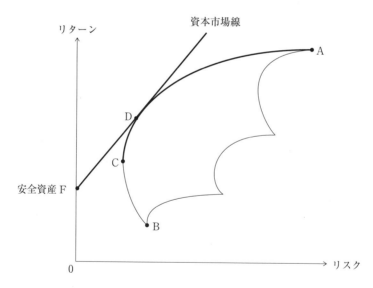

よって，ウが正解である。

ポートフォリオ理論	ランク	1回目		2回目		3回目	
	A	/		/		/	

■令和4年度　第16問

　以下の図は，すべてのリスク資産と安全資産により実行可能な投資機会を表している。投資家のポートフォリオ選択に関する記述として，最も適切なものを下記の解答群から選べ。

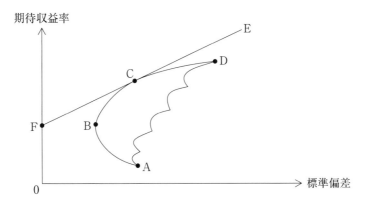

〔解答群〕

　ア　安全資産が存在しない場合，効率的フロンティアは曲線 ABCD である。

　イ　安全資産が存在しない場合，投資家のリスク回避度にかかわらず，リスク資産の最適なポートフォリオは点 C になる。

　ウ　安全資産が存在する場合，投資家のリスク回避度が高いほど，リスク資産の最適なポートフォリオは曲線 BCD 上の点 D 寄りに位置する。

　エ　安全資産が存在する場合で，かつ資金の借り入れができないならば，効率的フロンティアは FCD を結んだ線となる。

411

解答	エ

■解説

　リスク資産と安全資産とのポートフォリオにおける効率的フロンティアに関する理解を問う問題である。

　　ア：不適切である。安全資産が存在しない場合，効率的フロンティアは曲線BCD である。通常の投資家は，リスクが同じ場合，より大きなリターンを選好するため，曲線 AB 上の点は選択されない。

　　イ：不適切である。安全資産が存在しない場合には，投資家のリスク回避度が高いほど点 B 寄り，リスク回避度が低い場合は点 D 寄りが選択される。

　　ウ：不適切である。安全資産が存在する場合には，投資家のリスク回避度にかかわらず，リスク資産の最適なポートフォリオは点 C になる。

　　エ：適切である。安全資産が存在し，かつ資金の借り入れができない場合，効率的フロンティアは FCD を結んだ線となる。

　よって，エが正解である。

2. 資本市場理論

▶▶ 出題項目のポイント

　この項目では，資本市場における資本資産評価モデル（CAPM）についての計算問題および内容の理解を問う問題が出題される。

　CAPMは，特に，株主資本コストを算出する方法として一般的であり，ある株式の期待収益はβ値をとおして，市場の期待収益と関係づけられるとして，株式の期待収益がどう形成されるのかを理論化したものである。

　CAPMでは，株式の期待収益率E（Ri）を，以下のような公式により算出することができる。

　　E（Ri）＝Rf＋[E（Rm）－Rf]×βi

　　　Rf：リスク・フリー・レート

　　　E（Rm）：市場ポートフォリオの期待収益率

　　　βi：i株式のベータ係数

　なお，β係数とは，株式市場が1％変化したときに，ある個別株式のリターンが何％変化するかを表す係数であり，個別の株式の相対的なリスクを表す。

▶▶ 出題の傾向と勉強の方向性

　過去に出題された論点としては，CAPMに関する問題（平成13年度第16問，平成15年度第13問，平成17年度第13問，平成19年度第14問，平成27年度第18問）や，β係数を求めさせる問題（平成21年度第18問，平成26年度第18問）等である。

　勉強の方向性としては，覚えていれば，解答にたどり着けるような基本的な出題も多いため，CAPMの公式は確実に押さえる必要がある。また，CAPMの公式の各構成要素についても，β係数を中心に意味内容を理解しておきたい。

■取組状況チェックリスト

2. 資本市場理論						

ベータ係数

問題番号	ランク	1回目		2回目		3回目
平成26年度 第18問	B	/		/		/

CAPM

問題番号	ランク	1回目		2回目		3回目
平成28年度 第12問（設問2）	A	/		/		/
平成29年度 第20問	A	/		/		/
平成27年度 第18問	A	/		/		/
平成28年度 第12問（設問1）	A	/		/		/

市場リスク

問題番号	ランク	1回目		2回目		3回目
平成26年度 第21問	B	/		/		/
令和5年度 第22問	B	/		/		/

効率的市場仮説

問題番号	ランク	1回目		2回目		3回目
平成30年度 第20問	B	/		/		/
令和2年度 第18問	B	/		/		/
平成26年度 第14問	B	/		/		/
令和5年度 第19問	B	/		/		/

ベータ係数	ランク	1回目		2回目		3回目	
	B	/		/		/	

■平成 26 年度　第 18 問

　A 証券および市場ポートフォリオの収益率に関する以下のデータに基づいて，A
証券のベータ値を計算した場合，最も適切なものを下記の解答群から選べ。

【データ】

	標準偏差
A 証券	10%
市場ポートフォリオ	5%

　A 証券と市場ポートフォリオとの相関係数：0.4

〔解答群〕

　ア　0.4

　イ　0.5

　ウ　0.8

　エ　2

解答	ウ

■解説

β（ベータ）値の理解を問う問題である。

A 証券の β（ベータ）値は，次のように求められる。

$$\text{A 証券の } \beta = \frac{\text{A証券と市場ポートフォリオの共分散}}{\text{市場ポートフォリオの分散}}$$

A 証券の β（ベータ）値を求めるには，A 証券と市場ポートフォリオの共分散を求める必要がある。共分散は相関係数より求められる。

$$\text{相関係数} = \frac{\text{共分散}}{\text{A証券の標準偏差×市場ポートフォリオの標準偏差}}$$

この式より，共分散を求めると，

共分散 = 相関係数 × A 証券の標準偏差 × 市場ポートフォリオの標準偏差

$= 0.4 \times 10 \times 5$

$= 20$

市場ポートフォリオの分散は，市場ポートフォリオの標準偏差より求められる。

市場ポートフォリオの分散 = $5 \times 5 = 25$

共分散と市場ポートフォリオの分散より，A 証券の β（ベータ）値は，

$$\text{A 証券の } \beta = \frac{20}{25}$$

$$= 0.8$$

よって，ウが正解である。

CAPM	ランク	1回目	2回目	3回目
	A	／	／	／

■平成28年度　第12問（設問2）

資本資産評価モデル（CAPM）に関する下記の設問に答えよ。

（設問2）

資本資産評価モデルを前提とした場合，以下の資料に基づく株式の期待収益率として最も適切なものを，下記の解答群から選べ。

【資　　料】

市場ポートフォリオの期待収益率：8%

無リスク資産の期待収益率：3%

β：1.4

実効税率：40%

〔解答群〕

ア　4.4%

イ　7%

ウ　10%

エ　11.2%

解答	ウ

■解説

CAPM（資本資産評価モデル）に関する基本的な理解を問う問題である。

CAPM　では，株式の期待収益率 E（Ri）は，次のように表される。

E（Ri）＝Rf＋［E（Rm）－Rf］× β i

　　　　　Rf：リスク・フリー・レート

　　　　　E（Rm）：市場ポートフォリオの期待収益率

　　　　　β i：i 株式のベータ係数

本問のデータを上記の式にあてはめると，以下のように求められる。

株式の期待収益率＝3% ＋（8% － 3%）× 1.4＝10%

よって，ウが正解である。

CAPM	ランク	1回目	2回目	3回目
	A	／	／	／

■平成29年度 第20問

CAPMが成立する市場において，マーケット・ポートフォリオの期待収益率が6％，安全利子率が1％のとき，当該資産の期待収益率が10％となるベータ値として，最も適切なものはどれか。

ア 1.5

イ 1.8

ウ 2.0

エ 3.0

解答	イ

■解説

CAPM（資本資産評価モデル）に関する理解を問う問題である。

CAPM では，株式の期待収益率 E（Ri）は，次のように表される。

$$E（Ri）= Rf + [E（Rm）- Rf] \times \beta i$$

   Rf：リスク・フリー・レート

   E（Rm）：市場ポートフォリオの期待収益率

   βi：i 株式のベータ係数

本問では，β 値を求められているが，上記式にあてはめて以下のように算出できる。

当該資産の期待収益率 10％

＝安全利子率 1％ + （マーケット期待収益率 6％ - 安全利子率 1％）× β

$$（6％ - 1％）\beta = 10％ - 1％$$
$$\beta = 1.8$$

よって，イが正解である。

CAPM	ランク	1回目	2回目	3回目
	A	／	／	／

■平成27年度　第18問

資本資産評価モデル（CAPM）に関する記述として最も適切なものはどれか。

ア　βが0以上1未満である証券の期待収益率は，無リスク資産の利子率よりも低い。

イ　βがゼロである証券の期待収益率はゼロである。

ウ　均衡状態においては，すべての投資家が，危険資産として市場ポートフォリオを所有する。

エ　市場ポートフォリオの期待収益率は，市場リスクプレミアムと呼ばれる。

解答	ウ

■解説

CAPM（資本資産評価モデル）に関する理解を問う問題である。

CAPMでは，株式の期待収益率 E（Ri）は，次のように表される。

E（Ri）＝Rf＋［E（Rm）－Rf］×β i

　Rf：リスク・フリー・レート

　E（Rm）：市場ポートフォリオの期待収益率

　β i：i 株式のベータ係数

ア：不適切である。上記の式より，証券の期待収益率は，βが0以上1未満の場合でも，無リスク資産の利子率（リスク・フリー・レート）より低くなることはない。

イ：不適切である。上記の式より，βがゼロであっても，リスク・フリー・レートの分が残るため，期待収益率はゼロとはならない。

ウ：適切である。市場の均衡とは，すべての資産について需要と供給が一致している状態のことであり，このような状態のときには，投資家の保有ポートフォリオは危険資産ポートフォリオに一致することになる。

エ：不適切である。市場ポートフォリオの期待収益率は，リスク・フリー・レートと市場リスクプレミアムを合わせたものである。

よって，ウが正解である。

	ランク	1回目		2回目		3回目	
CAPM	A	/		/		/	

■**平成28年度 第12問（設問1）**

資本資産評価モデル（CAPM）に関する下記の設問に答えよ。

（設問1）

資本資産評価モデルを前提とした場合の記述として，最も適切なものはどれか。

ア $\beta = -1$ である資産を安全資産と呼ぶ。

イ $\beta = 1$ であるリスク資産の期待収益率は，市場ポートフォリオの期待収益率と同じである。

ウ $\beta = 2$ であるリスク資産の予想収益率の分散は，$\beta = 1$ であるリスク資産の予想収益率の分散の2倍である。

エ 市場ポートフォリオのリターンが正のとき，$\beta = 0.5$ であるリスク資産の価格が下落することはない。

解答	イ

■解説

CAPM（資本資産評価モデル）のうち，「β」についての理解を問う問題である。

CAPM では，株式の期待収益率 E（Ri）は，次のように表される。

$$E（Ri）= Rf + [E（Rm）- Rf] × β i$$

　　　Rf：リスク・フリー・レート

　　　E（Rm）：市場ポートフォリオの期待収益率

　　　β i：i 株式のベータ係数

βとは，市場全体の収益率が変化した場合に個別証券の収益率がどの程度変化するか（＝市場全体の収益率の変動に対する個別証券の感応度）を表す係数である。

市場平均の値動きと個別証券の値動きとがほとんど同じである場合，βは 1 に近くなり，市場平均より個別証券の変動幅（＝リスク）が大きい場合はβ＞1，小さい場合はβ＜1 となる。

ア：不適切である。β＝0 のとき，個別証券の期待収益率（上記式の E（Ri））は，リスク・フリー・レート（上記式の Rf）と等しくなる。したがって，β＝0 である資産を安全資産と呼ぶ。

イ：適切である。β＝1 の場合の個別証券の期待収益率（上記式の E（Ri））は，市場全体の期待収益率（上記式の E（Rm））と等しくなる。

ウ：不適切である。収益率の変動（証券のリスク）は，市場の変動に関連する変動と，市場全体の変動とは無関係な個別証券固有の変動の 2 種類からなる。β（ベータ）は，このうち，市場の変動に関連する変動（＝システマティック・リスク）に関わる値であり，β値が 2 倍になったとしてもリスク資産の予想収益率の分散も正比例して 2 倍となるわけではない。

エ：不適切である。β＜1 の場合，個別証券の変動幅（＝リスク）は市場全体の変動幅より小さくなるため，期待収益率も小さくなり価格が下落することもある。

よって，イが正解である。

市場リスク	ランク	1回目		2回目		3回目	
	B	／		／		／	

■**平成 26 年度　第 21 問**

システマティック・リスクの意味として，最も適切なものはどれか。

ア　先物価格と現物価格との差が理論値からかい離することにより損益が変動するリスク。

イ　市場全体との相関によるリスクであり，分散化によって消去できないリスク。

ウ　市場で取引量が少ないために，資産を換金しようと思ったときにすぐに売ることができない，あるいは希望する価格で売ることができなくなるリスク。

エ　取引相手に信用供与を行っている場合に，取引相手の財務状況の悪化や倒産により利払いや元本の受取が滞ってしまうリスク。

解答	イ

■解説

　システマティック・リスクの理解を問う問題である。

　収益率の変動（証券のリスク）は，①市場の変動に関連する変動と②市場全体の変動とは無関係な個別証券固有の変動の2つに分解できる。市場の変動に関連する変動をシステマティック・リスク，市場全体の変動とは無関係な個別証券固有の変動をアンシステマティック・リスクと呼ぶ。

　　ア：不適切である。先物価格と現物価格との差が理論値からかい離することにより損益が変動するリスクは，ベーシス・リスクと呼ぶ。

　　イ：適切である。

　　ウ：不適切である。取引量が少ないために，資産を換金しようと思ったときにすぐに売ることができない，あるいは希望する価格で売ることができなくなるリスクは，流動性リスクと呼ぶ。

　　エ：不適切である。取引相手の財務状況の悪化や倒産により利払いや元本の受取が滞ってしまうリスクは，デフォルト・リスクと呼ぶ。

　よって，イが正解である。

市場リスク	ランク	1回目		2回目		3回目	
	B	／		／		／	

■令和5年度　第22問

市場リスクに関する記述として，最も適切な組み合わせを下記の解答群から選べ。

 a 外貨建取引の場合に，為替レートの変動で損益が生じるリスク

 b 貸付先の財務状況の悪化などにより，貸付金の価値が減少ないし消失し，損害を被るリスク

 c 債券を売却するときに，金利変動に伴って債券の市場価格が変動するリスク

 d 市場取引において需給がマッチしないために売買が成立しなかったり，資金繰りに失敗するリスク

〔解答群〕

 ア aとb

 イ aとc

 ウ aとd

 エ bとc

 オ bとd

解答	イ

■解説

市場リスクについて，理解を問う問題である。

　証券のリスクは，市場の変動に関連するリスクと，市場全体の変動とは無関係な個別証券固有のリスクの2つに分けられる。

　市場の変動に関連するリスクを，市場リスク（システマティック・リスク）と呼び，金融市場の価格変動（たとえば，株価，金利，為替レートなど）によって投資の価値が変動するリスクを指す。

　一方，市場全体の変動とは無関係な個別証券固有のリスクをアンシステマティック・リスクと呼ぶ。

　　a：適切である。為替レートの変動によるリスクは，市場リスクに当たる。

　　b：不適切である。信用リスク（貸付先の財務状況悪化によるリスク）は市場の変動とは無関係である。

　　c：適切である。金利変動による債券価格の変動リスクは，市場リスクに当たる。

　　d：不適切である。流動性リスク（市場での取引不成立に関連するリスク）は市場の変動とは無関係である。

　よって，イが正解である。

効率的市場仮説	ランク	1回目		2回目		3回目	
	B	/		/		/	

■平成 30 年度　第 20 問

市場の効率性に関する記述として，最も不適切なものはどれか。

ア　ウィーク型仮説とは，現在の株価は，過去の株価，取引高などを織り込んでいる結果，過去のデータから，将来の株価の変動を予測することは不可能であるとする仮説である。

イ　効率的市場仮説とは，情報が即座に価格に織り込まれることを通じて，市場では効率的な価格形成が達成されているとする仮説である。

ウ　資本市場における取引上の効率性とは，手数料，税金，制度，法律などの面で取引を円滑に実施するための取引システム全般が機能しているかどうかを意味する。

エ　セミストロング型仮説とは，市場の効率性は限定的であるので，ファンダメンタル分析を使って超過収益獲得の機会が存在することを示す仮説である。

解答	エ

■解説

　市場の効率性に関する理解を問う問題である。

　市場の効率性とは，市場において将来の価格の予想形成に利用可能な情報がすべて現在の価格に即座に反応される効率性のことであり，市場が効率的か否かの検証に用いられる情報の範囲によってウィーク型，セミストロング型，ストロング型の3つの仮説に分類される。

①ウィーク型仮説とは，収益率予測可能性における効率性のことであり，価格もしくは収益率の時系列データはすべて価格に反映されているとする仮説である。

②セミストロング型仮説とは，事象研究における効率性のことであり，ウィーク型に加え，有価証券報告書記載の企業財務情報，公定歩合やプライム・レートといったマクロ経済変数，金融情報などの公開情報（ファンダメンタルズ）も株価に反映されているとする仮説である。

③ストロング型仮説とは，私的情報における効率性のことであり，セミストロング型効率性の検証のための情報に加えて，一般投資家が入手困難な非公開情報をも株価に織り込まれているとする仮説である。

（参考：『現代経済学事典』伊東光晴編　岩波書店）

ア：適切である。上記の説明のとおり，ウィーク型仮説とは，現在の株価は，過去の株価，取引高などを織り込んでいる結果，過去のデータから，将来の株価の変動を予測することは不可能であるとする仮説である。

イ：適切である。上記説明のとおり，効率的市場仮説とは，情報が即座に価格に織り込まれることを通じて，市場では効率的な価格形成が達成されているとする仮説である。

ウ：適切である。資本市場における取引上の効率性とは，手数料，税金，制度，法律などの面で取引を円滑に実施するための取引システム全般が機能しているかどうかを意味する。

エ：不適切である。セミストロング型仮説では，ファンダメンタル分析はすでに株価に織り込まれているので，それを使って超過収益獲得の機会が存在することを示すことはできない。

　よって，エが正解である。

効率的市場仮説	ランク	1回目	2回目	3回目
	B	／	／	／

■令和2年度　第18問

　ある企業において，業績が良くなると判断される新情報が市場に流れた場合（t=0），投資家が合理的に行動するならば，この企業の株式の超過収益率をグラフにしたものとして，最も適切なものはどれか。

ア

イ

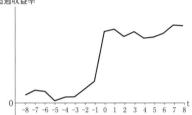

ウ

エ

解答	ア

■解説

効率的市場仮説について理解を問う問題である。

効率的市場仮説とは，すべての利用可能な情報が完全に市場価格に反映されているとする仮説である。情報は即座に価格に織り込まれ，現在の株価は，過去の株価，取引高などを織り込んでいる結果，過去のデータの分析から将来の株価の変動を予測することは不可能であり，平均以上の収益（超過収益）を期待できないとされる。

したがって，業績がよくなると判断される新情報が市場に流れた場合，投資家が合理的に行動するならば，瞬間的に超過収益率が上昇したとしても，すぐに株価に織り込まれ，株価の動きはランダムウォーク（＝将来の株価が過去の動きとは関係なく，ランダムに（確率的に）動くこと）に従い，超過収益は期待できなくなるということになる。

よって，アが正解である。

効率的市場仮説	ランク	1回目		2回目		3回目	
	B	／		／		／	

■平成26年度　第14問

効率的市場仮説に関する記述として，最も適切なものの組み合わせを下記の解答群から選べ。

a　市場が効率的であるとき，市場は完ぺきな予測能力をもっている。

b　効率的市場では，市場価格はすべての入手可能な情報を反映している。

c　効率的市場では市場価格は変動しない。

d　投資家間の激しい競争によって市場効率性は高まる。

〔解答群〕

ア　aとb

イ　aとc

ウ　bとc

エ　bとd

オ　cとd

解答	エ

■解説

効率的市場仮説の理解を問う問題である。

効率的市場仮説とは，「すべての情報が瞬時に更新され価格に反映される」というものである。

　ア：不適切である。効率的市場仮説は，予測能力を条件としていない。

　イ：適切である。効率的市場仮説は，市場価格はすべての入手可能な情報を反映しているとする仮説である。

　ウ：不適切である。効率的市場仮説は，すべての情報が瞬時に更新され価格に反映される。

　エ：適切である。投資家間の激しい競争によって，市場の情報の反映度が高まるため市場効率性は高まる。

よって，エが正解である。

効率的市場仮説	ランク	1回目		2回目		3回目	
	B	／		／		／	

■**令和 5 年度　第 19 問**

　効率的市場仮説（セミストロング型）に関する記述として，最も適切なものはどれか。

　　ア　インサイダー取引によっても，市場の期待を上回る過大なリターンを獲得できない。

　　イ　市場価格は公に入手可能な情報を反映する。

　　ウ　市場価格は規則的に変動する。

　　エ　すべての証券の将来の価格は確実に予測できる。

解答	イ

■**解説**

効率的市場仮説について理解を問う問題である。

効率的市場仮説（セミストロング型）は，市場が公に利用可能なすべての情報は既に証券価格に反映されているという考え方であり，公開されている情報を基に取引を行っても，市場平均を上回る利益を得ることは一般に困難であるとされる。

ア：不適切である。インサイダー取引は公開情報に基づかないため，セミストロング型の効率的市場仮説とは前提が異なる。

イ：適切である。セミストロング型の効率的市場仮説では，市場価格は公に入手可能な情報を反映していると考える。

ウ：不適切である。新しい情報が発生すると市場価格はそれを瞬時に織り込んで変動するため，規則的に変動するとはいえない。

エ：不適切である。効率的市場仮説では，新しい情報が市場に現れるまで現在の価格が最良の推定値ではあるが，すべての証券の将来の価格が確実に予測できるというわけではない。

よって，イが正解である。

第 **10** 章

企業価値

1. 企業価値評価

▶▶ 出題項目のポイント

この項目では，企業価値または株主価値を評価するための各手法の考え方や内容，および各手法による具体的な評価額算出についての理解が問われる。

企業の価値は，一義的に決めることは難しく，各企業の状況や評価の目的等によって，さまざまな評価手法が利用される。

一般的に企業価値の計算アプローチ手法は，コストアプローチ，インカムアプローチ，マーケットアプローチに大別される。

コストアプローチとは，貸借対照表の純資産額をベースとして企業価値評価を行う方法であり，インカムアプローチとは，企業が将来生みだす収益価値をベースとして企業価値を評価する方法である。また，マーケットアプローチとは，対象企業と類似する上場企業の財務状況を参考に企業価値を評価する方法である。

試験対策上は，各アプローチ法の用語と意義，およびそれぞれの代表的な計算手法について理解しておく必要がある。

▶▶ 出題の傾向と勉強の方向性

企業価値および株主価値評価に関する問題は，過去10年より前では，平成17年度第12問，平成23年度第20問，平成24年度第20問に出題されている。出題された場合には設問数が多くなりやすい傾向にある。

また，過去の出題内容では，各評価アプローチ手法の用語や意義を問う問題や，簡単な計算問題が含まれている。

したがって，各手法の内容や基本的な算出方法等についてはひととおり理解し，典型的な問題が出題された場合には確実に得点できるように対策しておく必要がある。

■取組状況チェックリスト

| 1. 企業価値評価 | | | | | | |

企業価値評価

問題番号	ランク	1回目		2回目		3回目	
令和元年度 第22問（設問1）	A	／		／		／	
平成26年度 第20問（設問1）	A	／		／		／	
平成26年度 第20問（設問3）	A	／		／		／	
令和3年度 第22問（設問1）	A	／		／		／	
令和3年度 第22問（設問2）	A	／		／		／	
令和5年度 第20問	A	／		／		／	
令和4年度 第19問	B	／		／		／	
平成30年度 第21問（設問1）	B	／		／		／	
平成30年度 第21問（設問2）	B	／		／		／	

株主価値評価

問題番号	ランク	1回目		2回目		3回目	
令和4年度 第18問	C*	／		／		／	
令和3年度 第21問	C*	／		／		／	

＊ランクCの問題と解説は，「過去問完全マスター」のHP（URL：https://jissen-c.jp/）よりダウンロードできます。

企業価値評価	ランク	1回目		2回目		3回目	
	A	/		/		/	

■令和元年度　第 22 問（設問 1）

　A 社は，5,000 万円の資金を必要とする新規事業を始めようとしている。この投資により毎期 300 万円の営業利益を確実に得ることができ，この営業利益はフリーキャッシュフローに等しいものとする。今，5,000 万円の資金を調達するために，次の 2 つの相互排他的資金調達案が提案されている。

　MM 理論が成り立つものとして，下記の設問に答えよ。

（第 1 案）5,000 万円すべて株式発行により資金調達する。
（第 2 案）2,500 万円は株式発行により，残額は借り入れにより資金調達する。なお，利子率は 5％である。

（設問 1）

　第 2 案の自己資本利益率として，最も適切なものはどれか。ただし，法人税は存在しないものとする。

ア　6％

イ　7％

ウ　8％

エ　12％

解答	イ

■解説

負債利用がある場合の自己資本利益率（ROE）の算出に関する問題である。

自己資本利益率（ROE）は，以下の算式により求められる。

自己資本利益率（％）＝利益（本問データからは，営業利益）÷自己資本

自己資本利益率（ROE）
＝（営業利益300万円－借入2,500万円×利子率5％）÷2,500万円
＝175万円÷2,500万円
＝7％

よって，イが正解である。

企業価値評価	ランク	1回目	2回目	3回目
	A	／	／	／

■平成 26 年度　第 20 問（設問 1）

　企業価値評価に関する次の文章を読んで，下記の設問に答えよ。

　企業価値評価では，一般的に①PBR や PER などの諸比率を用いた _____ に代表されるマーケット・アプローチと呼ばれる手法のほか，企業の期待キャッシュフローの割引現在価値によって評価額を推計する②DCF アプローチ，企業の保有する資産や負債の時価などから企業価値を評価するコスト・アプローチといった手法も用いられている。

（設問 1）

　文中の空欄に入る語句として，最も適切なものはどれか。

　　ア　収益還元法

　　イ　純資産価額法

　　ウ　マルチプル法（乗数法）

　　エ　リアルオプション法

解答	ウ

■解説

　企業価値評価の理解を問う問題である。

　企業価値の評価法は，大きく３つに大別することができる。実際の市場の類似企業と比較をベースとするマーケット・アプローチ，企業の過去の蓄積をベースとしたコスト・アプローチ，企業の将来の収益性をベースとしたインカム・アプローチがある。

アプローチ	評価法
マーケット・アプローチ	マルチプル法　等
コスト・アプローチ	時価純資産価額法　等
インカム・アプローチ	収益還元法，DCF 法　等

　PBR や PER などの比率を用いた評価方法は，マーケット・アプローチであり，マルチプル法が該当する。

　よって，ウが正解である。

企業価値評価	ランク	1回目		2回目		3回目	
	A	/		/		/	

■**平成 26 年度　第 20 問（設問 3）**

企業価値評価に関する次の文章を読んで，下記の設問に答えよ。

企業価値評価では，一般的に①PBR や PER などの諸比率を用いた￣￣￣￣に代表されるマーケット・アプローチと呼ばれる手法のほか，企業の期待キャッシュフローの割引現在価値によって評価額を推計する②DCF アプローチ，企業の保有する資産や負債の時価などから企業価値を評価するコスト・アプローチといった手法も用いられている。

（設問 3）

文中の下線部②について，以下の問いに答えよ。

A 社の財務データは以下のとおりである。なお，A 社の営業利益は，利息・税引前キャッシュフローに等しく，将来も永続的に期待されている。A 社は負債を継続的に利用しており，その利息は毎年一定である。また，A 社の法人税率は 40％であり，税引後利益はすべて配当される。負債の利子率が 5％，株式の要求収益率が 9％であるとき，負債価値と株主資本価値とを合わせた A 社の企業価値を DCF 法によって計算した場合，最も適切な金額を下記の解答群から選べ。

【A 社のデータ】　（単位：万円）
営業利益 1,100　　支払利息 500
税引前利益 600　　法人税（税率：40％）240
税引後利益 360

〔解答群〕

　ア　4,000 万円

　イ　6,000 万円

　ウ　14,000 万円

　エ　14,333 万円

解答	ウ

■解説

　企業価値の算出方法のうち，DCF 法（インカムアプローチ）についての理解を問う問題である。

　負債価値の算式は，以下のとおりとなる。

$$負債価値 = \frac{支払利息}{負債の利子率}$$

$$= \frac{500}{0.05}$$

$$= 10,000$$

　一方，株主価値の算式は，以下のとおりとなる。

$$株主価値 = \frac{税引後利益}{株式の要求収益率}$$

$$= \frac{360}{0.09}$$

$$= 4,000$$

　負債価値と株主価値より，

$$企業価値 = 株主価値 + 負債価値$$
$$= 4,000 + 10,000$$
$$= 14,000 万円$$

　よって，ウが正解である。

企業価値評価	ランク	1回目		2回目		3回目	
	A	／		／		／	

■令和 3 年度　第 22 問（設問 1）

企業価値評価に関する以下の文章を読んで，下記の設問に答えよ。

企業価値評価の代表的な方法には，将来のフリー・キャッシュフローを　A　で割り引いた現在価値（事業価値）をベースに企業価値を算出する方法である　B　法や，会計利益を割り引いた現在価値をベースとして算出する収益還元法がある。

（設問 1）

文中の空欄 A と B に入る語句および略語の組み合わせとして，最も適切なものはどれか。

　　ア　A：加重平均資本コスト　　B：DCF

　　イ　A：加重平均資本コスト　　B：IRR

　　ウ　A：自己資本コスト　　　　B：DCF

　　エ　A：自己資本コスト　　　　B：IRR

解答	ア

■解説

企業価値評価に関する理解を問う問題である。

企業価値の評価法は，大きく3つに大別することができる。実際の市場の類似企業と比較をベースとするマーケット・アプローチ，企業の過去の蓄積をベースとしたコスト・アプローチ，企業の将来の収益性をベースとしたインカム・アプローチがある。

それぞれのアプローチの代表的な評価法は，以下のとおりである。

アプローチ	評価法
マーケット・アプローチ	マルチプル法　等
コスト・アプローチ	時価純資産価額法　等
インカム・アプローチ	収益還元法，DCF法　等

本問における，将来のフリー・キャッシュフローを現在価値に割り引いて企業価値を算出する手法は，上記のうち，インカム・アプローチの代表的な評価法であるDCF法にあたり，現在価値への割引計算には，加重平均資本コストを用いる。

よって，アが正解である。

企業価値評価	ランク	1回目		2回目		3回目	
	A	／		／		／	

■**令和 3 年度　第 22 問（設問 2）**

　企業価値評価に関する以下の文章を読んで，下記の設問に答えよ。

　企業価値評価の代表的な方法には，将来のフリー・キャッシュフローを　A　で割り引いた現在価値（事業価値）をベースに企業価値を算出する方法である　B　法や，会計利益を割り引いた現在価値をベースとして算出する収益還元法がある。

　これらとは異なるアプローチとして，類似の企業の評価尺度を利用して評価対象企業を相対的に評価する方法がある。利用される評価尺度は　C　と総称され，例としては株価と 1 株当たり純利益の相対的な比率を示す　D　や，株価と 1 株当たり純資産の相対的な比率を示す　E　がある。

（設問 2）

　文中の空欄 C～E に入る語句および略語の組み合わせとして，最も適切なものはどれか。

　　ア　C：ファンダメンタル　　D：EPS　　E：BPS

　　イ　C：ファンダメンタル　　D：PER　　E：PBR

　　ウ　C：マルチプル　　D：EPS　　E：BPS

　　エ　C：マルチプル　　D：PER　　E：PBR

解答	エ

■**解説**

　企業価値評価に関する理解を問う問題である。

　企業価値の評価法には，実際の市場の類似企業と比較をベースとするマーケット・アプローチ，企業の過去の蓄積をベースとしたコスト・アプローチ，企業の将来の収益性をベースとしたインカム・アプローチがある。

アプローチ	評価法
マーケット・アプローチ	マルチプル法　等
コスト・アプローチ	時価純資産価額法　等
インカム・アプローチ	収益還元法，DCF法　等

　本問における，類似の企業の評価尺度を利用して評価対象企業を相対的に評価する方法は，上記のうち，マーケット・アプローチの代表的な評価法であるマルチプル法にあたる。

　マルチプル法の例として，株価と1株当たり純利益の相対的な比率を示すのはPER（Price Earnings Ratio：株価収益率）であり，株価と1株当たり純資産の相対的な比率を示すのはPBR（Price Book-value Ratio：株価純資産倍率）である。

　よって，エが正解である。

企業価値評価	ランク	1回目		2回目		3回目	
	A	╱		╱		╱	

■**令和 5 年度　第 20 問**

　以下のデータに基づいて，A 社の株主価値を割引キャッシュフローモデルに従って計算したとき，最も適切なものを下記の解答群から選べ。ただし，これらの数値は毎年 3%ずつ増加する。また，A 社には現在も今後も負債がなく，株主の要求収益率は 6%である。

【A 社の次期の予測データ】

(単位：万円)

税引後純利益	1,200
減価償却費	300
設備投資額	500
正味運転資本増加額	100

〔解答群〕

　ア　15,000 万円

　イ　30,000 万円

　ウ　35,000 万円

　エ　70,000 万円

解答	イ

■解説

割引キャッシュフローモデルによる株式価値の評価に関する理解を問う問題である。

割引キャッシュフローモデル（Discount Cash Flow：DCF 法）とは，企業が生み出すキャッシュフローに注目して企業価値を算出する方法であり，具体的にはフリーキャッシュフローを現在価値に割り引くことで企業価値を算出する。

本問では，A 社の株主価値を求められているが，A 社には現在も今後も負債がないことが前提とされているため，企業価値＝株主価値となる。

A 社の株主（企業）価値を割引キャッシュフローモデルに従って計算するにあたっては，まずフリーキャッシュフロー（FCF）を求める必要がある。

フリーキャッシュフロー（FCF）は，以下のように計算される。

FCF＝税引後純利益＋減価償却費－設備投資額－正味運転資本増加額
　　　＝1,200 万円＋300 万円－500 万円－100 万円
　　　＝900 万円

次に，FCF を割引いて現在価値に換算する。
FCF が一定割合で成長する場合の企業価値は，以下のように計算する。
なお，加重平均資本コストは，本問では負債がないため株主の要求収益率（株主資本コスト）6%を使用すればよい。

企業価値＝1 年後の FCF ÷（加重平均資本コスト－FCF の成長率）
　　　　＝900 万円 ÷（6%－3%）
　　　　＝30,000 万円

よって，イが正解である。

企業価値評価	ランク	1回目		2回目		3回目	
	B	／		／		／	

■**令和4年度　第19問**

非上場会社の株式評価の方法に関する記述として，最も適切なものはどれか。

　ア　時価純資産方式では，対象会社が事業を継続することを前提とする場合，再調達時価を用いるべきである。

　イ　収益還元方式は，将来獲得すると期待される売上高を割り引いた現在価値に基づき，株式評価を行う方法である。

　ウ　簿価純資産方式は，客観性に優れた株式評価方式のため他の方式よりも優先して適用されるべきである。

　エ　類似業種比準方式とは，対象会社に類似する非上場会社の過去の買収事例をベースに株式評価を行う方法である。

解答	ア

■**解説**

非上場会社の株式評価の方法について理解を問う問題である。

企業価値や株式価値の評価法には，大きく分けて以下の３種類がある。
・コスト・アプローチ：対象企業の過去の蓄積をベースとする評価法。主に，純資産額法等がある。
・マーケット・アプローチ：実際の取引市場（マーケット）の類似企業の株価との比較をベースとする評価法。主に，マルチプル法（類似業種比準法）等がある。
・インカム・アプローチ：対象企業の将来の収益性をベースとする評価法。主に，収益還元法，DCF法等がある。

ア：適切である。時価純資産方式は，コスト・アプローチの一種で，会社保有の資産の時価から負債の時価を控除した額（時価純資産）をもって評価額とする方法である。事業継続が前提であれば，用いる時価は再調達時価（再取得する場合に予想される購入原価）とすることが妥当である。

イ：不適切である。収益還元方式は，インカム・アプローチの一種で，将来獲得すると期待される利益またはキャッシュフローに基づいて評価を行う方法である。

ウ：不適切である。簿価純資産方式は，コスト・アプローチの一種で，対象会社の帳簿価額（簿価純資産）に基づく方法である。会社保有の資産負債の時価とは乖離した評価額となる可能性が高いため，一般的に，他の方式よりも優先して適用される方法ではない。

エ：不適切である。類似業種比準方式は，マーケット・アプローチの一種で，対象会社と類似する業種の上場会社の株価をベースに，１株当たりの利益・配当・純資産額との比較で評価額を算出する方法である。

よって，アが正解である。

企業価値評価	ランク	1回目		2回目		3回目	
	B	／		／		／	

■平成 30 年度　第 21 問（設問 1）

　以下の損益計算書について，下記の設問に答えよ。

損益計算書

営業利益	150	百万円
支払利息	50	
税引前利益	100	百万円
税金（40%）	40	
税引後利益	60	百万円

　なお，当期の総資産は 1,500 百万円（＝有利子負債 1,000 百万円 ＋ 株主資本 500 百万円）とする。

　また，当社では ROA を営業利益÷総資産と定義している。

（設問 1）

　営業利益は経営環境によって変動する。したがって，投下資本を一定とした場合，それに応じて ROA も変動する。ROA が 15% に上昇した場合，ROE は何%になるか，最も適切なものを選べ。

　　ア　17%

　　イ　21%

　　ウ　35%

　　エ　39%

解答	イ

■解説

　財務レバレッジに関する問題である。

　レバレッジとはテコまたはテコの作用を意味するが，財務レバレッジとは，企業の負債に対する利用度を意味する。その依存の程度を表す尺度は「レバレッジ比率」と称され，負債比率（負債÷自己資本）または他人資本構成比率（負債÷総資本）がその比率として用いられる。レバレッジ比率の大きさは自己資本利益率あるいは1株当たり利益率と密接なつながりを持つ。

（参考：『企業ファイナンス入門』菊井髙昭・宮本順二朗著　財団法人　放送大学教育振興会）

　本問では ROE について求めることが要求されている。

　現在の ROA＝営業利益 150 百万円÷総資産 1,500 百万円＝10％ である。

　投下資本が一定であり，ROA が 15％ になった場合は，

　15％＝営業利益 a ÷ 1,500 百万円となり，a＝225 百万円となる。

　営業利益が 225 百万円の場合，税引き前利益＝175 百万円，税金＝70 百万円，税引き後利益＝105 百万円となる。

　ROE＝税引き後利益 105 百万円÷株主資本 500 百万円＝21％

　以上より，ROA が 15％ 上昇した場合の ROE は 21％ となる。

　よって，イが正解である。

企業価値評価	ランク	1回目		2回目		3回目	
	B	/		/		/	

■平成 30 年度　第 21 問（設問 2）

以下の損益計算書について，下記の設問に答えよ。

損益計算書

営業利益	150	百万円
支払利息	50	
税引前利益	100	百万円
税金（40％）	40	
税引後利益	60	百万円

　なお，当期の総資産は 1,500 百万円（＝有利子負債 1,000 百万円＋株主資本 500 百万円）とする。

　また，当社では ROA を営業利益÷総資産と定義している。

（設問 2）

　ROA の変動に対して ROE の変動を大きくさせる要因として，最も適切なものはどれか。

　　ア　安全余裕率

　　イ　売上高営業利益率

　　ウ　負債比率

　　エ　流動比率

解答	ウ

■解説

　財務レバレッジに関する問題である。

　財務レバレッジとは，企業の負債に対する利用度を意味する。その依存の程度を表す尺度は「レバレッジ比率」と称され，負債比率（負債÷自己資本）または他人資本構成比率（負債÷総資本）がその比率として用いられる。レバレッジ比率の大きさは自己資本利益率（ROE）あるいは1株当たり利益（EPS）と密接なつながりを持つ。（参考：『企業ファイナンス入門』菊井髙昭・宮本順二朗著　財団法人　放送大学教育振興会）

　ROA（＝Return On Assets）は，総資産に対してどれだけ利益（本問では営業利益）を生み出すことができたかという指標であるのに対し，ROE（＝Return On Equity）は，株主資本に対してどれだけ利益を稼得できたかということを表す指標である。

　上記の財務レバレッジ，すなわち負債の利用度が大きいほど，ROAが変動したときにはテコの原理が働いてROEの変動は大きくなる。

　選択肢の中で財務レバレッジにあたるのはウの負債比率である。

　よって，ウが正解である。

2.　株式投資指標

▶▶ 出題項目のポイント

　この項目では，株式投資に当たって，株価の妥当性の判断材料として利用される各種指標についての理解を問われる。

　代表的な指標には，株価収益率（PER），株価純資産倍率（PBR），1 株当たり当期純利益（EPS），1 株当たり純資産額（BPS），配当性向，1 株当たり配当金（DPS），配当利回り等がある。

　試験対策上は，各指標の算式を確実に覚えておくほか，各指標の数値の大小の意味合いについても理解しておく必要がある。

$$PER（倍）= \frac{株価}{1株当たり当期純利益}$$

$$PBR（倍）= \frac{株価}{1株当たり純資産}$$

$$BPS（1株当たり純資産額）= \frac{純資産}{発行済株式数}$$

$$EPS（1株当たり当期純利益）= \frac{当期純利益}{発行済株式総数}$$

$$配当性向（\%）= \frac{配当金総額}{当期純利益}$$

$$配当利回り（\%）= \frac{1株当たり配当金}{株価} = \frac{配当金総額}{時価総額}$$

$$自己資本利益率（\%）= \frac{当期純利益}{純資産}$$

　各指標は PER や EPS，BPS や PBR など，混同しやすいので，「最後の文字が R は分子が株価」「最後の文字が S は分母が株式数」等，覚え方を工夫するとよい。

▶▶ 出題の傾向と勉強の方向性

　株式投資指標については，頻出分野となっている。各指標の数値そのものを問う計算問題のほか，いくつかの指標の数値データから別の指標を算出させるような応用問題も出題されており，各指標の算式の正確な暗記が必須である。

　また，指標名は，日本語表記だけでなく，アルファベットの略語表記のみでも出題

されているため，それぞれ正確に覚えておく必要がある。

■取組状況チェックリスト

2. 株式投資指標						
株式投資指標						
問題番号	ランク	1回目		2回目		3回目
平成 26 年度 第 20 問（設問 2）	B	／		／		／
令和元年度 第 19 問	B	／		／		／

株式投資指標	ランク	1回目		2回目		3回目	
	B	/		/		/	

■平成 26 年度　第 20 問（設問 2）

企業価値評価に関する次の文章を読んで，下記の設問に答えよ。

　企業価値評価では，一般的に①PBR や PER などの諸比率を用いた　　　　に代表されるマーケット・アプローチと呼ばれる手法のほか，企業の期待キャッシュフローの割引現在価値によって評価額を推計する②DCF アプローチ，企業の保有する資産や負債の時価などから企業価値を評価するコスト・アプローチといった手法も用いられている。

（設問 2）

　文中の下線部①に関する記述として，最も適切なものはどれか。

　　ア　PBR とは，株価を 1 株当たり売上総利益で除して求められる。

　　イ　PBR とは，株価を 1 株当たり売上高で除して求められる。

　　ウ　PBR とは，株価を 1 株当たり純資産で除して求められる。

　　エ　PBR とは，株価を 1 株当たり当期純利益で除して求められる。

解答	ウ

■**解説**

　株式投資指標である PBR の理解を問う問題である。

　PBR の算式は以下のとおりとなる。

$$PBR（株価純資産倍率）= \frac{株価}{1株当たり純資産} \times 100$$

　よって，ウが正解である。

株式投資指標	ランク	1回目		2回目		3回目	
	B	／		／		／	

■**令和元年度　第 19 問**

自己資本利益率（ROE）は，次のように分解される。

$$ROE = \frac{1株当たり利益}{株価} \times \frac{株価}{1株当たり自己資本簿価}$$

この式に関する記述として，最も適切なものはどれか。

ア　$\dfrac{1株当たり利益}{株価}$ は，加重平均資本コスト（WACC）と解釈される。

イ　$\dfrac{株価}{1株当たり自己資本簿価}$ が小さくなっても，ROE が低くなるとは限らない。

ウ　$\dfrac{株価}{1株当たり自己資本簿価}$ は，株価収益率（PER）である。

エ　ROE が $\dfrac{1株当たり利益}{株価}$ を上回る場合には，株価は 1 株当たり自己資本簿価より小さくなる。

解答	イ

■解説

　自己資本利益率（ROE）についての理解を問う問題である。

　　ア：不適切である。

　　　　$\dfrac{1\text{株当たり利益}}{\text{株　価}}$ は，PER（株価収益率）の逆数である。

　　　　加重平均資本コスト（WACC）は，調達源泉別の資本コストを各調達額
　　　の占める割合で加重平均して算出した企業全体の資本コストのことである。

　　イ：適切である。

　　　　$\dfrac{\text{株　価}}{1\text{株当たり自己資本簿価}}$ が小さくなったとしても，本問の ROE の分解式
　　　からも分かるように，$\dfrac{1\text{株当たり利益}}{\text{株　価}}$ が大きくなった場合には，ROE は
　　　低くはならない。

　　ウ：不適切である。

　　　　$\dfrac{\text{株　価}}{1\text{株当たり自己資本簿価}}$ は，PBR（株価純資産倍率）である。

　　エ：不適切である。

　　　　ROE が $\dfrac{1\text{株当たり利益}}{\text{株　価}}$ を上回る場合は，ROE の分解式より，
　　　$\dfrac{\text{株　価}}{1\text{株当たり自己資本簿価}}$ が 1 よりも大きい状態ということになる。

　　　　したがって，株価は 1 株当たり自己資本簿価より大きくなっていることに
　　　なる。

　よって，イが正解である。

第 11 章

デリバティブとリスク管理

1. オプション取引

▶▶ 出題項目のポイント

　オプション取引とは，デリバティブ（金融派生商品）の 1 つで，将来，あらかじめ定められた価格（行使価格）で原資産を購入あるいは売却できる権利を売買する取引である。

　原資産とは，先物やオプション取引のベースとなる金融商品や現物商品のことである。

　主にリスク・ヘッジや投機目的で行われ，権利行使可能な期間の違いにより，ヨーロピアン・タイプとアメリカン・タイプとがある。ヨーロピアン・タイプは，権利行使が期日に限定されるのに対し，アメリカン・タイプは，期日までいつでも権利行使することが可能である。

　また，将来買うことのできる権利を，コール・オプション，将来売ることのできる権利を，プット・オプションという。コール・オプション，プット・オプションとも，売買されるものであるから，それぞれ買う側と売る側が存在する。したがって，問題にあたるときは，どちらのサイド（買う側か売る側か）の，どちらの権利（買う権利か売る権利か）について扱われているのか，混乱しないように気をつけたい。

　なお，オプションの買い手は，売り手に対して，オプションの対価としてオプション料を支払う。オプションは権利であるから，実際の価格変動によっては，買い手は自己に不都合のないように放棄できる。各オプションの買い手と売り手が，原資産の価格変動によってどの程度の利益を得て損失を被るのか，利益や損失の上下限はどの組み合わせの時に期待できるのか等について，それぞれシミュレーションして理解しておくと，対策の完成度は高くなる。

▶▶ 出題の傾向と勉強の方向性

　オプション取引については，平成 14 年度第 15 問，平成 15 年度第 14 問，平成 18 年度第 12 問，平成 19 年度第 15 問，平成 21 年度第 19 問，平成 24 年度第 21 問，平成 25 年度第 23 問，平成 26 年度第 22 問，平成 29 年度第 25 問，平成 30 年度第 15 問，令和元年度第 14 問と 11 回の出題実績がある。また，先物取引やスワップ取引等，他の種類のデリバティブ（金融派生商品）と合わせれば，毎年何らかの出題がみられる。さらに，平成 14 年度や平成 21 年度には，2 次試験でも出題されている。

オプション取引の過去の傾向を見ると，出題された場合には設問数が多くなる（＝配点が大きくなる）こと，オプション取引の種類の用語等について繰り返し出題されていることが特徴的である。

したがって，過去の出題内容を中心に学習し，オプション種類ごとの取引効果を簡単な数値例で確かめるところまで対策し，得点可能性を高めておくべき分野といえる。

■取組状況チェックリスト

1. オプション取引				
オプション取引				
問題番号	ランク	1回目	2回目	3回目
令和2年度 第15問	A	／	／	／
平成26年度 第22問	A	／	／	／
平成30年度 第15問	A	／	／	／
令和元年度 第14問	A	／	／	／
平成29年度 第25問	A	／	／	／
令和3年度 第23問	A	／	／	／

オプション取引	ランク	1回目		2回目		3回目	
	A	／		／		／	

■**令和2年度　第15問**

オプションに関する記述として，最も適切なものはどれか。

ア　「10,000円で買う権利」を500円で売ったとする。この原資産の価格が8,000
　　円になって買い手が権利を放棄すれば，売り手は8,000円の利益となる。

イ　「オプションの買い」は，権利を行使しないことができるため，損失が生じ
　　る場合，その損失は最初に支払った購入代金（プレミアム）に限定される。

ウ　オプションにはプットとコールの2種類あるので，オプション売買のポジシ
　　ョンもプットの売りとコールの買いの2種類ある。

エ　オプションの代表的なものに先物がある。

<table>
<tr><td>解答</td><td>イ</td></tr>
</table>

■**解説**

　オプション取引に関する理解を問う問題である。

　オプション取引とは，将来，あらかじめ定められた価格（行使価格）で原資産を購入，あるいは売却できる権利を売買する取引である。購入できる権利をコールオプション，売却できる権利をプットオプションという。

　ア：不適切である。10,000円で買う権利の行使を買い手が放棄した場合，売り手の利益は受け取ったオプション料500円である。

　イ：適切である。オプションの買い手はオプション料を支払って権利を買っているため，不利な相場変動で権利を行使すると損失が生じる場合などには，その権利は行使しないことができる。その場合，支払ったオプション料の分だけが損失となる。

　ウ：不適切である。プットの売りと買い，コールの売りと買い，の4種類がある。

　エ：不適切である。先物は，対象物について将来の一定の時期に一定の価格で売買することを現時点で約定する取引である。オプション取引は将来売買できる権利を売買する取引であり，その代表的なものとして先物取引があるわけではない。

　よって，イが正解である。

オプション取引	ランク	1回目		2回目		3回目	
	A	/		/		/	

■平成 26 年度　第 22 問

コール・オプションの価値に関する記述として，最も不適切なものはどれか。

ア　他の条件が一定であるとき，金利が高ければコール・オプションの価値は高くなる。

イ　他の条件が一定であるとき，原資産の価格が高ければコール・オプションの価値は高くなる。

ウ　他の条件が一定であるとき，原資産の価格変動性が高ければコール・オプションの価値は低くなる。

エ　他の条件が一定であるとき，行使価格が高ければコール・オプションの価値は低くなる。

解答	ウ

■解説

コール・オプションの価値の理解を問う問題である。

オプションには，「オプションの買い」，「オプションの売り」がある。さらに，オプションには，買う権利である「コール・オプション」，売る権利である「プット・オプション」がある。

また，一般的に，オプションの価値は，①原資産の価格，②行使価格，③原資産の価格変動性，④満期までの残存期間，⑤金利がある。

価値の変動要因	コール・オプションの価値
原資産の価格	原資産の価格が高い場合，原資産を買う権利であるコール・オプションの価値は高くなる。
行使価格	行使価格が高くなる場合，コール・オプションの価値は低くなる。
原資産の価格変動性	価格変動性が高い場合，原資産の価格が高くなる可能性が高くなるため，コール・オプションの価値は高くなる。
満期までの残存期間	満期までの残存期間が長い場合，価格の変動による利益を得る可能性が高くなるため，コール・オプションの価値は高くなる。
金利	金利が高い場合，行使価格の現在価値が低くなるため，コール・オプションの価値は高くなる。

ア：適切である。コール・オプションの価値は高くなる。

イ：適切である。コール・オプションの価値は高くなる

ウ：不適切である。コール・オプションの価値は高くなる。

エ：適切である。コール・オプションの価値は低くなる。

よって，ウが正解である。

オプション取引	ランク	1回目		2回目		3回目	
	A	/		/		/	

■平成30年度　第15問

コールオプションの価格に関する以下の文章の空欄①～④に入る語句の組み合わせとして，最も適切なものを下記の解答群から選べ。

コールオプションの価格は，権利行使したときに得られる　①　価値とこれに上乗せされる　②　価値の合計から構成されている。　①　価値は　③　価格から　④　価格を控除することにより得られる。　③　価格 － 　④　価格 ≦ 0 のときは　①　価値はゼロとなる。

〔解答群〕

ア　①：時間的　　②：本質的　　③：権利行使　　④：原資産

イ　①：時間的　　②：本質的　　③：原資産　　④：権利行使

ウ　①：本質的　　②：時間的　　③：権利行使　　④：原資産

エ　①：本質的　　②：時間的　　③：原資産　　④：権利行使

解答	エ

■解説

コールオプションの価格に関する問題である。

コールオプションとは，一定の価格で株式などの資産を購入できる権利のことである。あらかじめ定められた価格（権利行使価格）で一定数の資産を購入できる権利である。将来の購入価格があらかじめ決まっているため，原資産の価値が上昇すれば利益を得ることができる。

購入者はオプション料金（＝プレミアム）を払って権利を買う。たとえば，将来1,000円である株式を購入できる権利を100円で購入するといった具合である。

権利行使価格を原資産価格が上回れば利益が出るが，逆の場合は権利を行使しない，つまり，コールオプションの価値はゼロとなり，プレミアムは無駄になる。

本質的価値とは，最終決済日における原資産価格から権利行使価格を控除したときの差のことであり，その差がゼロ以下になる場合は，コールオプションの本質的価値はゼロになる。

なお，時間的価値とは，プレミアムから本質的価値を控除したものであり，本質的価値がゼロの場合は時間的価値＝プレミアム価格となる。

以上を踏まえ，問題文の空欄に文字を埋めていくと，以下のようになる。

コールオプションの価格は，権利行使したときに得られる ①本質的 価値とこれに上乗せされる ②時間的 価値の合計から構成されている。①本質的 価値は ③原資産 価格から ④権利行使 価格を控除することにより得られる。③原資産 価格 － ④権利行使 価格 ≦ 0 のときは ①本質的 価値はゼロとなる。

よって，エが正解である。

オプション取引	ランク	1回目	2回目	3回目
	A	／	／	／

■令和元年度　第14問

オプションに関する記述として，最も不適切なものはどれか。

ア　オプションの価格は，オプションを行使した際の価値，すなわち本質的価値
　　と時間的価値から成り立っている。

イ　オプションの時間的価値はアット・ザ・マネーのとき，最大となる。

ウ　コールオプションにおいて，原資産価格が行使価格を上回っている状態を，
　　イン・ザ・マネーと呼ぶ。

エ　本質的価値がゼロであっても，時間的価値が正であれば，オプションを行使
　　する価値がある。

解答	エ

■解説

オプション取引に関する理解を問う問題である。

オプション取引とは，将来，あらかじめ定められた価格（行使価格）で原資産を購入，あるいは売却できる権利を売買する取引である。

ア：適切である。オプションの価格は，権利行使したときに得られる本質的価値とこれに上乗せされる時間的価値の合計から構成されている。

　　本質的価値とは，最終決済日における原資産価格から権利行使価格を控除したときの差のことであり，時間的価値とは，プレミアムから本質的価値を控除したものである。

イ：適切である。アット・ザ・マネーとは，オプションの買い手がオプションを行使したときに，利益ゼロ，すなわち行使価格と市場価格が等しい状態である。従って，この状態のとき，本質的価値はゼロとなり，オプション価格は時間的価値のみからなる。時間的価値は，アット・ザ・マネーから離れ，満期までに状況が変化する可能性が少なくなるほど小さくなる，したがって，アット・ザ・マネーのときに，時間的価値は最大となる。

ウ：適切である。イン・ザ・マネーとは，オプション取引の買い手が権利を行使した場合に，利益が出る状態のことを指す。コール・オプションでは，原資産価格＞権利行使価格の場合である。

エ：不適切である。本質的価値がゼロの場合は，アウト・オブ・ザ・マネー（オプションの買い手が権利を行使した場合に，損失が出る状態。コール・オプションでは，原資産価格＜権利行使価格，プット・オプションでは，原資産価格＞権利行使価格）か，アット・ザ・マネー（オプションの買い手がオプションを行使したときに，利益ゼロとなる状態）のため，時間的価値に関わらず，オプションを行使する価値はない。

よって，エが正解である。

オプション取引	ランク	1回目		2回目		3回目	
	A	/		/		/	

■平成 29 年度　第 25 問

　行使価格 1,200 円のプットオプションをプレミアム 100 円で購入した。満期時点におけるこのオプションの損益図として，最も適切なものはどれか。

ア
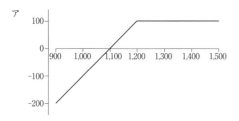

イ
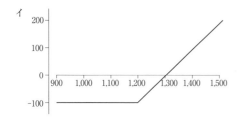

ウ
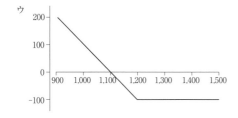

エ
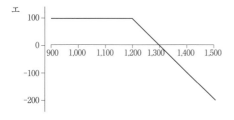

解答	ウ

■解説

オプション取引（買い手側のプット・オプション取引）に関する理解を問う問題である。

プット・オプション取引とは，将来，あらかじめ定められた価格（行使価格）で原資産を売却できる権利を売買する取引である。

プット・オプションの保有者は，権利を行使して原資産を売却するのか，その権利を放棄するのか，選択が可能である。

プット・オプションの買い手は，購入時にオプション料を支払うが，期日に行使価格よりも原資産価格が上回っていれば，権利を放棄することで，被る損失を支払ったオプション料のみに限定できる。反対に下回っていれば，権利行使を行い，行使価格と原資産価格との差益を得ることができる。

これを損益図表にすると，プレミアム（＝オプション料）100円で購入したため，原資産価格1,100円（行使価格1,200円－プレミアム100円）の時点では損益0円，原資産価格が1,100円を下回れば権利行使により差額利益が発生し，1,100円を上回れば権利放棄によりプレミアム100円分の損失となる状態を表すものとなる。

よって，ウが正解である。

オプション取引	ランク	1回目		2回目		3回目	
	A	／		／		／	

■令和3年度　第23問

オプションに関する記述として，最も適切なものはどれか。

ア　他の条件を一定とすれば，権利行使価格が高いほどコール・オプションの価値は高くなる。

イ　他の条件を一定とすれば，行使までの期間が短いほどコール・オプションの価値は高くなる。

ウ　プット・オプションを購入した場合，権利行使価格を大きく超えて原資産価格が上昇しても，損失の額はプレミアムに限定される。

エ　プット・オプションを売却した場合，権利行使価格を大きく下回って原資産価格が下落しても，損失の額はプレミアムに限定される。

解答	ウ

■解説

オプション取引に関する理解を問う問題である。

オプション取引とは，将来，あらかじめ定められた価格（権利行使価格）で原資産を購入，あるいは売却できる権利を売買する取引である。購入できる権利をコールオプション，売却できる権利をプットオプションという。

　ア：不適切である。コール・オプションは権利行使価格で購入できる権利のため，権利行使価格が低いほどコール・オプションの価値は高くなる。

　イ：不適切である。行使までの期間が長いほうが，価格の変動による利益を得る可能性が高くなるため，コール・オプションの価値は高くなる。

　ウ：適切である。プット・オプションの購入者は，期日に権利行使価格よりも原資産価格が上回った場合，権利を放棄することで，購入時に支払ったオプション料（＝プレミアム）のみに損失を限定できる。

　エ：不適切である。プット・オプションを売却した場合には，権利行使価格を大きく下回って原資産価格が下落するほど損失は大きくなり，支払ったオプション料（＝プレミアム）以上の損失となることがある。

よって，ウが正解である。

2. 先物取引

▶▶ 出題項目のポイント

　先物取引（フューチャー）とは，所定の原資産を，将来の一定時点に所定の価格で売買する契約をする，予約取引である。

　先渡取引（フォワード）も，意義は同様であるが，先物取引が，一定の取引条件を定型化し取引所で取引されるのに対し，先渡取引は個別の相対契約である点で異なる。また，先物取引では反対売買による差金決済によるのに対し，先渡取引では原則として受け渡しが行われる。

　為替予約取引は，上記のうちの，先渡取引の1つである。

　為替予約とは，将来の一定の期日において，あらかじめ定めた為替相場で外貨を売買することを約する取引をいう。これにより，為替相場の変動リスクをヘッジすることができる。

　試験対策上は，独特な用語や取引概念の基本的な意味内容と，損益がどの時点のレートをもとにどの部分に生じるのかについての理解が必要である。

▶▶ 出題の傾向と勉強の方向性

　先物取引については，平成18年度第12問，平成20年度第21問，平成22年度第18問，平成24年度第22問，平成29年度第21問と過去5回の出題実績がある。また，オプション取引やスワップ取引等，他の種類のデリバティブ（金融派生商品）と合わせれば，毎年何らかの出題がみられる。さらに，為替予約については，平成14年度や平成21年度の2次試験でも出題がされている。

　近年，中小企業においても国際取引と無縁ではいられないため，特に為替予約の仕組みについては十分に理解しておく必要がある。

■取組状況チェックリスト

2. 先物取引						

為替予約						
問題番号	ランク	1回目		2回目		3回目
令和5年度 第23問	B	／		／		／
平成30年度 第19問	B	／		／		／

先物取引						
問題番号	ランク	1回目		2回目		3回目
平成29年度 第21問	B	／		／		／
令和4年度 第20問	B	／		／		／

為替予約	ランク	1回目		2回目		3回目	
	B	／		／		／	

■令和5年度　第23問

次の文章の空欄AとBに入る語句の組み合わせとして，最も適切なものを下記の解答群から選べ。ただし，手数料，金利などは考えないこととする。

現在の為替相場（直物）は1ドル130円である。3か月後にドル建てで商品の仕入代金1万ドルを支払う予定の企業が，1ドル131円で1万ドルを買う為替予約（3か月後の受け渡し）を行うとする。このとき，3か月後の為替相場（直物）が134円になると，為替予約をしなかった場合に比べて円支出は　A　。他方，3か月後の為替相場（直物）が125円になると，為替予約をしなかった場合に比べて円支出は　B　。

〔解答群〕

　ア　A：3万円多くなる　　　B：6万円少なくなる

　イ　A：3万円少なくなる　　B：6万円多くなる

　ウ　A：4万円多くなる　　　B：5万円少なくなる

　エ　A：4万円少なくなる　　B：5万円多くなる

解答	イ

■**解説**

　為替予約について理解を問う問題である。

　本問においては，ドル建て仕入代金の支払い 1 万ドルについて，為替予約（ドル買い）を 1 ドル 131 円で行うことによる円支出額に対する効果について求められている。
　具体的には，為替予約（ドル買い）と 3 か月後の為替相場とを比較して，3 か月後の為替予約をしていた場合と，していなかった場合の円支出の差を計算する。

　　Ａ：3 か月後の為替相場（直物）が，1 ドル 134 円（円安）となった場合

　　　（為替予約 131 円／ドル − 3 か月後の為替相場 134 円／ドル）× 1 万
　　　＝△ 3 万円

　　　→為替予約をしていた場合，3 か月後の円支出は，3 万円少なく済む。

　　Ｂ：3 か月後の為替相場（直物）が，1 ドル 125 円（円高）となった場合

　　　（為替予約 131 円／ドル − 3 か月後の為替相場 125 円／ドル）× 1 万 ＝ 6 万円

　　　→為替予約をしていた場合，3 か月後の円支出は，6 万円多くなる。

　よって，イが正解である。

為替予約	ランク	1回目		2回目		3回目	
	B	／		／		／	

■平成 30 年度　第 19 問

　以下の一連の取引に対する 3 月 10 日時点の記述として，最も適切なものを下記の解答群から選べ。なお，当店では振当処理を採用しており，決算日は 3 月 31 日である。

20X1 年 2 月 15 日（取引発生時）
　　商品 1 万ドルを仕入れ，代金は買掛金とした。
　　直物為替レートは，1 ドル 100 円であった。
20X1 年 3 月 10 日
　　上記の買掛金について為替予約をした。
　　直物為替レートは 1 ドル 103 円であった。
　　先物為替レートは 1 ドル 106 円であった。

〔解答群〕
　ア　買掛金は 6 万円減少する。

　イ　為替差損は 6 万円である。

　ウ　直先差額は△3 万円である。

　エ　直先差額は△6 万円である。

解答	ウ

■解説

　為替予約の振当処理に関する問題である。

　振当処理とは，「為替予約等により固定されたキャッシュ・フローの円貨額により外貨建金銭債権債務を換算し，直物為替相場による換算額との差額を，為替予約等の契約締結日から外貨建金銭債権債務の決済日までの期間にわたり配分する方法」（外貨建取引等の会計処理に関する実務指針第3項）である。

　為替予約取引の原則的な処理は，決算時に為替予約を時価評価して，評価差額は当期の為替損益とする（金融商品会計基準Ⅳ．4，外貨建て取引会計基準一．2．(1)④）。本問で問われている振当処理は，当分の間，特例として認められている例外的な処理である。

　具体的な会計処理は以下のようになる。

＜取引発生時（20X1年2月15日）＞

　　取引時の直物為替レート@100円／ドル×商品1万ドル＝100万円

　　（借方）仕入　100万円　（貸方）買掛金　100万円

＜為替予約時（20X1年3月10日）＞

　　取引発生時から為替予約日までに生じている直物為替相場の変動による差額（＝直直差額）については予約日の属する期の損益とし，残額（＝直先差額）は予約日から決済日の属する期までの期間にわたって配分する。

　　・直直差額＝（@103円／ドル－@100円／ドル）×商品1万ドル＝3万円

　　・直先差額＝（@106円／ドル－@103円／ドル）×商品1万ドル＝3万円

　　（借方）為替差損　3万円　（貸方）買掛金　6万円

　　（借方）前払費用　3万円

　以上より，3月10日時点で買掛金は6万円増加し，認識される為替差損（＝直直差額）は3万円，決算時に期間配分を行う直先差額は3万円となる。

　よって，ウが正解である。

先物取引	ランク	1回目		2回目		3回目	
	B	╱		╱		╱	

■平成 29 年度　第 21 問

　先渡取引（フォワード）と先物取引（フューチャー）に関する記述として，最も不適切なものはどれか。

ア　原則的に先物取引は取引所で，先渡取引は店頭（相対）で取引が行われる。

イ　先物取引では，契約の履行を取引所が保証しているため，信用リスクは少ないといえる。

ウ　先渡取引では，期日までに約定したものと反対の取引を行い，差金決済により清算される。

エ　先渡取引では，原資産，取引条件などは取引の当事者間で任意に取り決める。

解答	ウ

■解説

　先物取引に関する理解を問う問題である。

　広義の先物取引は，対象物について将来の一定の時期に一定の価格で売買すること
を現時点で約定する取引であり，取引所で行われるか否か，と，決済の仕方によって，
先渡取引と先物取引とに分かれる。

　　ア：適切である。先物取引は取引所で取引され，先渡取引は店頭で行われる。

　　イ：適切である。取引所を通して行う先物取引の利点である。

　　ウ：不適切である。先渡取引では，期日に現物決済（現物の受渡し）がなされる。

　　エ：適切である。店頭（相対）で行われる先渡取引の特徴である。

　よって，ウが正解である。

先物取引	ランク	1回目		2回目		3回目	
	B	/		/		/	

■令和4年度　第20問

先物取引および先渡取引に関する記述として，最も適切なものはどれか。

ア　先物価格と現物価格の差は，満期日までの長さとは関連がない。

イ　先物取引では取引金額を上回る額の証拠金を差し入れる必要がある。

ウ　先物取引における建玉は，清算値段により日々値洗いされる。

エ　先渡取引は，先物取引と異なり，ヘッジ目的に用いられることはない。

解答	ウ

■解説

　先物取引および先渡取引についての理解を問う問題である。

　先物取引（フューチャー）および先渡取引（フォワード）は，特定の対象物について，将来の一定の時期に一定の価格で売買することを約定する取引である。

　取引が取引所で行われ，差金決済による決済が行われる場合を，先物取引といい，取引が店頭（相対）で行われ，現物による決済が行われる場合を，先渡取引という。

　ア：不適切である。先物価格と現物価格の差は，満期日までの長さと関連があり，通常は満期日までの期間が長いほど，差が大きくなる。

　イ：不適切である。取引所で行われる先物取引における証拠金とは，約束の履行を確実なものにするために，取引の当事者が差入れる預託金をいうが，取引金額を上回る額を差し入れる必要はない。

　ウ：適切である。先物取引における建玉は，清算値段（時価）により日々値洗いが行われ，相場変動により証拠金に不足が生じた場合には，追加証拠金の預託が必要になる。

　エ：不適切である。先渡取引も先物取引と同様に，価格変動リスクが想定される対象物のヘッジ手段として用いられる場合もある。

　よって，ウが正解である。

3. スワップ取引

▶▶ 出題項目のポイント

　スワップ取引とは，金利または通貨等の異なるキャッシュ・フローを，当事者間の合意による相対契約により，一定期間交換する取引である。

　金利スワップとは，固定金利と変動金利を交換する等，同一通貨間で金利を交換する取引である。また，通貨スワップとは，異種通貨間で金利および元本を交換する取引である。スワップ取引は，相場変動を回避することや，資金調達やその運用を有利に実現すること等を目的として利用される。

▶▶ 出題の傾向と勉強の方向性

　この分野では，金利スワップ取引の基本的な内容についての文章題が，平成 23 年度第 21 問で初めて出題された。デリバティブ関連の出題は，過去において，オプション取引および為替予約等の先物取引が主であり，近年の経済情勢としても特にスワップ取引が注目を集めるような事情も見当たらない。そのため，スワップ取引については，特徴の理解程度にとどめ，対策の優先度は下げてよいといえる。

■取組状況チェックリスト

3. スワップ取引

4. その他のリスク

その他のリスク

問題番号	ランク	1回目		2回目		3回目	
平成 30 年度 第 14 問	C*	/		/		/	
平成 29 年度 第 22 問	C*	/		/		/	
令和元年度 第 18 問	C*	/		/		/	
令和 2 年度 第 16 問	C*	/		/		/	

＊ランク C の問題と解説は，「過去問完全マスター」の HP（URL：https://jissen-c.jp/）よりダウンロードできます。

第12章

その他財務・会計に関する事項

1. M&A の基礎知識

▶▶ 出題項目のポイント

　この項目では，その他財務・会計に関する事項として，M&A に関する基礎用語の理解を問う問題が出題されている。

　M&A（Mergers and Acquisitions）とは，企業の合併や買収の総称である。

　合併は，複数の企業組織が法的に 1 つになる企業組織再編手法であるのに対し，買収は，対象企業の株式を一定数以上取得することによって支配権を獲得するものである。合併の種類としては，吸収合併や新設合併等がある。

　一方，買収の代表的手法としては，TOB，MBO，EBO，MBI，LBO 等がある。

　買収には，友好的買収と敵対的買収とがあり，敵対的買収に対する防衛策としては，ポイズン・ピル，グリーン・メール，ホワイトナイト，クラウン・ジュエル（焦土作戦），黄金株，パックマン・ディフェンス，ゴールデン・パラシュート等，多くの手法がある。

▶▶ 出題の傾向と勉強の方向性

　近年，M&A 手法は，上場企業等の大型案件のみでなく，中小企業の後継者問題への解決策としても一般的に活用されるようになっている。そのため，中小企業診断士試験対策上も，事業承継の手段という位置づけで出題された平成 22 年度第 20 問のように，M&A に関する諸内容は重要性を増していると考えられる。

　M&A に関する出題は，過去 11 年間のうち 3 回なされているが，直近 5 年間での出題はない。いずれも M&A とその防衛策手法の用語の意義を問うものであり，出題用語もほぼ重複している。

■取組状況チェックリスト

1．M&A の基礎知識						
M&A 手法						
問題番号	ランク	1 回目		2 回目		3 回目
平成 28 年度　第 13 問	C*	／		／		／

＊ランク C の問題と解説は，「過去問完全マスター」の HP（URL：https://jissen-c.jp/）よりダウンロードできます。

参考文献

・伊藤邦雄『ゼミナール現代会計入門』日本経済新聞社

・クリフィックス税理士法人『最新会計基準入門』アスペクト

・中小企業庁 HP『「中小企業の会計に関する検討会報告書」の公表について』

・齋藤忠志『よくわかる国際取引の経理実務』日本実業出版社

・伊藤眞，荻原正佳『金融商品会計の完全解説』財務詳報社

・「企業会計原則」

・「原価計算基準」

■財務・会計　出題範囲と過去問題の出題実績対比

大分類	中分類	ページ	H26	H27	H28
簿記の基礎	簿記の原理	11～14			
	会計帳簿	17～30	第1問, 第4問	第2問	第1問
	決算処理一巡	33～38		第3問	
企業会計の基礎	損益計算書	45～66	第2問	第1問	
	貸借対照表	71～92		第4問, 第5問	第5問
	会計基準	電子版	第5問		
	企業結合と連結会計	97～110	第8問		第3問
	税効果会計	113～118	第3問		
	会計ディスクロージャー	電子版			第2問
原価計算	原価の定義と分類	125～132		第6問	第6問
	原価計算の種類	135～154	第11問(削除)	第7問	第7問
経営分析	経営比率分析	159～188	第9問, 第10問	第11問	第9問 (設問2)
	損益分岐点分析	191～210	第7問	第10問	第8問 (設問2)
利益と資金の管理	予算・実績差異分析	215～218		第8問	
	セールス・ミックス	—			
	部門別損益計算	—			
	資金繰りと資金計画	225～230			
キャッシュ・フロー（CF）	キャッシュ・フロー計算書	235～246			第9問設問1
	CFの種類と算出	249～252		第9問	
資金調達と配当政策	資本コスト	257～278	第19問	第14問	第14問, 第16問
	配当政策	281～288		第12問	
	最適資本構成	291～310	第15問	第13問	
	資金調達手段	313～326	第6問		第4問, 第10問
投資決定	設備投資の経済性計算	331～350	第12問, 第13問	第15問, 第16問	
	投資評価基準	353～364	第16問		第17問
	不確実性下の投資決定	電子版			
証券投資論	ポートフォリオ理論	371～412	第17問	第17問, 第19問	第11問, 第15問, 第18問
	資本市場理論	415～436	第14問, 第18問, 第21問	第18問	第12問
企業価値	企業価値評価	441～458	第20問 (設問1) (設問3)		
	株式投資指標	461～464	第20問 (設問2)		
デリバティブとリスク管理	オプション取引	469～480	第22問		
	先物取引	483～490			
	スワップ取引	—			
	その他のリスク	電子版			
その他財務・会計に関する事項	M＆Aの基礎知識	電子版			第13問

※電子版とは，PDFで提供しているランクCの問題のことです。

H29	H30	R1	R2	R3	R4	R5
			第2問		第2問	
	第1問, 第3問	第1問		第2問		第1問
		第4問			第1問	
第1問, 第2問, 第4問	第2問, 第7問	第6問	第1問	第1問, 第3問, 第6問, 第11問	第3問	第2問
第3問	第5問	第2問, 第7問	第4問, 第8問, 第9問	第5問	第5問, 第8問, 第10問, 第11問	第3問, 第7問
第5問, 第7問			第3問, 第5問		第4問, 第9問	
	第4問	第3問	第6問	第4問		第4問
第6問		第8問			第7問	第6問
		第5問				第5問, 第8問
第10問					第6問	第16問
第8問, 第9問	第8問, 第9問	第9問	第10問, 第14問	第7問	第12問(設問1)	第10問
第11問, 第12問	第10問	第11問	第11問, 第12問	第10問	第17問	第11問, 第12問(設問1・2), 第21問
	第11問		第21問	第12問	第12問(設問2)	
				第8問		
				第13問	第13問	第13問
第13問	第12問	第12問	第13問	第9問		第9問
第18問, 第24問	第13問	第21問	第20問	第15問		
				第16問	第23問	第14問
第17問		第22問(設問2)	第24問	第17問		第15問(設問1・2)
第14問	第6問	第20問	第7問	第14問		
第15問		第10問, 第16問	第17問, 第23問	第18問, 第19問	第14問	
	第22問	第23問			第21問, 第22問	第17問
第16問						
第19問, 第23問	第16問, 第17問, 第18問	第13問, 第15問, 第17問	第19問, 第22問	第20問	第15問, 第16問	第18問
第20問	第20問		第18問			第19問, 第22問
	第21問	第22問(設問1)		第21問, 第22問	第18問, 第19問	第20問
		第19問				
第25問	第15問	第14問	第15問	第23問		
第21問	第19問				第20問	第23問
第22問	第14問	第18問	第16問			

■編著者

過去問完全マスター製作委員会

中小企業診断士試験第1次試験対策として，複数年度分の過去問題を
論点別に整理して複数回解くことで不得意論点を把握・克服し，効率
的に合格を目指す勉強法を推奨する中小企業診断士が集まった会。

「過去問完全マスター」ホームページ

https://jissen-c.jp/

頻出度ランクCの問題と解説は，ホームページから
ダウンロードできます（最初に，簡単なアンケートがあります）。
また，本書出版後の訂正（正誤表），重要な法改正等も
こちらでお知らせします。
誤植・正誤に関するご質問もこちらにお願いいたします。ただし，
それ以外のご質問に対しては回答しかねます。

2024年3月20日　第1刷発行

2024年版　中小企業診断士試験
過去問完全マスター　② 財務・会計

編著者　過去問完全マスター製作委員会
発行者　脇　坂　康　弘

発行所　株式会社　同友館

東京都文京区本郷 2-29-1
郵便番号　113-0033
電話　03(3813)3966
FAX　03(3818)2774
https://www.doyukan.co.jp/

落丁・乱丁本はお取替え致します。
ISBN978-4-496-05683-3

藤原印刷
Printed in Japan